Die Rolle freiberuflicher Hebammen in Netzwerken Frühe Hilfen

Noreen Naranjos Velazquez

Die Rolle freiberuflicher Hebammen in Netzwerken Frühe Hilfen

Eine quantitative, egozentrierte Netzwerkanalyse

Noreen Naranjos Velazquez
Kindheitspädagogik
IU International University of Applied
Sciences
Rostock, Deutschland

Bei der vorliegenden Publikation handelt es sich um eine Dissertation der Universität Rostock.
Interessenkonflikt

Die Autorin gibt an, dass sie während der Erhebungsphase 2015 im Geburtshaus Am Vögenteich GmbH (Rostock) in der Vernetzungsstelle „Abenteuer Familie" angestellt war. Es handelte sich um eine durch Mittel der Bundesinitiative Netzwerke Frühe Hilfen und Familienhebammen (2012–2015) finanzierte Projektstelle in Teilzeit.

ISBN 978-3-658-40952-4   ISBN 978-3-658-40953-1 (eBook)
https://doi.org/10.1007/978-3-658-40953-1

Die Deutsche Nationalbibliothek verzeichnet diese Publikation in der Deutschen Nationalbibliografie; detaillierte bibliografische Daten sind im Internet über http://dnb.d-nb.de abrufbar.

© Der/die Herausgeber bzw. der/die Autor(en), exklusiv lizenziert an Springer Fachmedien Wiesbaden GmbH, ein Teil von Springer Nature 2023
Das Werk einschließlich aller seiner Teile ist urheberrechtlich geschützt. Jede Verwertung, die nicht ausdrücklich vom Urheberrechtsgesetz zugelassen ist, bedarf der vorherigen Zustimmung des Verlags. Das gilt insbesondere für Vervielfältigungen, Bearbeitungen, Übersetzungen, Mikroverfilmungen und die Einspeicherung und Verarbeitung in elektronischen Systemen.
Die Wiedergabe von allgemein beschreibenden Bezeichnungen, Marken, Unternehmensnamen etc. in diesem Werk bedeutet nicht, dass diese frei durch jedermann benutzt werden dürfen. Die Berechtigung zur Benutzung unterliegt, auch ohne gesonderten Hinweis hierzu, den Regeln des Markenrechts. Die Rechte des jeweiligen Zeicheninhabers sind zu beachten.
Der Verlag, die Autoren und die Herausgeber gehen davon aus, dass die Angaben und Informationen in diesem Werk zum Zeitpunkt der Veröffentlichung vollständig und korrekt sind. Weder der Verlag, noch die Autoren oder die Herausgeber übernehmen, ausdrücklich oder implizit, Gewähr für den Inhalt des Werkes, etwaige Fehler oder Äußerungen. Der Verlag bleibt im Hinblick auf geografische Zuordnungen und Gebietsbezeichnungen in veröffentlichten Karten und Institutionsadressen neutral.

Planung/Lektorat: Stefanie Probst
Springer VS ist ein Imprint der eingetragenen Gesellschaft Springer Fachmedien Wiesbaden GmbH und ist ein Teil von Springer Nature.
Die Anschrift der Gesellschaft ist: Abraham-Lincoln-Str. 46, 65189 Wiesbaden, Germany

Zusammenfassung

Durch die Bundesinitiative Netzwerke Frühe Hilfen und Familienhebammen (2012–2015) wurden neben dem strukturellen Aufbau auch systematische intersektorale Vernetzungsaktivitäten gefördert. Inwiefern freiberufliche Hebammen dabei die oft beschriebene Vermittlerrolle einnehmen, wurde am Beispiel der Hansestadt und dem Landkreis Rostock aus sozialökologischer Perspektive sowie entlang ausgewählter Qualitätsanforderungen an Netzwerke Früher Hilfen untersucht. Da standardisierte Untersuchungen in Deutschland fehlen, wurden Merkmale der Vernetzungsaktivität unter Kontrolle von personenbezogenen sowie netzwerkbezogenen Kennzeichen mittels quantitativer Online-Befragung (2015/2016) erhoben. Es nahmen freiberufliche Hebammen ($N=18$) und Klientinnen ($N=289$) teil. Neben Merkmalen egozentrierter Netzwerke wurde die therapeutische Allianz mit dem Working-Alliance-Inventory-Short Revised (WAI-SR) erfasst. Gründe für bzw. gegen Vernetzungsaktivitäten der Hebammen wurden nach quantitativer Textanalyse in die Mehrebenenanalyse aufgenommen. Es konnten signifikante, geringe Effekte der intersektoralen Kontaktaufnahme zu Hebammen auf ausgehende Kontakte durch die Gesundheitsfachkräfte selbst nachgewiesen werden. Ein Einfluss der Zusatzqualifikation zur Familienhebamme auf die Beziehungsstärke war dagegen nicht ersichtlich. Allerdings traten signifikante Effekte der Beziehungsstärke auf die Zufriedenheit der Zusammenarbeit mit Netzwerkpartnern auf. Die Inanspruchnahme von Angeboten Früher Hilfen durch Klientinnen mit Kindern sowie der Einfluss der Zufriedenheit rund um die Angebotsnutzung während der Schwangerschaft auf die Beziehungsgestaltung zur Hebamme wurden mittels multipler linearer Regression untersucht. Nachgewiesen wurden geringe positive Effekte der Zufriedenheit auf die therapeutische Allianz aus Perspektive der Klientinnen. Es ist zudem von Effekten der Hebammenbetreuung nach der Geburt auf die Netzwerkheterogenität von Klientinnen auszugehen. Hierbei wurden ebenso signifikante Effekte der Netzwerkheterogenität während der Schwangerschaft nachgewiesen. Vorliegende Befunde liefern erstmalig Erkenntnisse zur Beziehungsgestaltung sowie zu Vernetzungsaktivitäten aus Perspektive von Klientinnen und freiberuflichen Hebammen. Es werden Implikationen für netzwerkbezogene Forschungsmethoden, die evidenzbasierte Optimierung regionaler Netzwerke Früher Hilfen sowie für die Kompetenzentwicklung potenzieller Akteure Früher Hilfen aus Ergebnissen der egozentrierten Netzwerkanalyse abgeleitet.

Schlagwörter Frühe Hilfen • Vernetzung • freiberufliche Hebamme • Egozentrierte Netzwerkanalyse • Mehrebenenanalyse • Multiple lineare Regression • Therapeutische Allianz

Abstract

The structural development and the promotion of systematic intersectoral networking activities were two of the main aims of the Federal Initiative for Early Prevention (2012-2015). The extent to which freelance midwives actually take over the often described mediating role was examined using the example of the district and the city of Rostock from a socio-ecological perspective and specifically selected quality requirements for networks of early prevention. Due to the fact that standardized investigations are missing in Germany, characteristics of the networking activity under the control of person-related and network-related characteristics were ascertained by quantitative online surveys (2015/2016). Freelance midwives ($N=18$) and clients ($N=289$) have participated in the surveys. As well as working with features of the ego-centered networks, the therapeutic working alliance was ascertained using the Working Alliance Inventory Short Revised (WAI-SR). In addition to the quantitative text analysis, reasons for or against networking activities by midwives were also included in the multilevel analysis. Significant, low effects of intersectoral contact with midwives on outgoing contacts by health professionals themselves were proven. Contrary, an impact of the additional training to become a family midwife did not show any reflection on the relationship strength. But the strength of relationships showed a significant influence on the satisfaction of working with network partners. The use of early intervention projects by clients with children and the influence of satisfaction with the use of offers during pregnancy on the relationship with the midwife were examined by multiple linear regression analysis. Slightly positive effects of satisfaction on the therapeutic working alliance from the perspective of the clients have been proven. It can also be assumed that there is an effect of midwifery care after the birth on the network heterogeneity of clients. Significant effects of network heterogeneity during pregnancy have been proven. For the first time, the available findings provide insights into the formation of relationships and network activities from the perspective of clients and freelance midwives. Implications for network-related research methods, the evidence-based optimization of regional networks as well as for the competence development of potential actors of early prevention projects are derived from the egocentric network analysis.

Keywords Early childhood intervention • Networking • Freelance midwives • Egocentric network analysis • Multilevel analysis • Multiple linear regression • Therapeutic working alliance

Einleitung

Nach der Jahrtausendwende wurden erneut dramatische Fälle von Kindesmissbrauch und Vernachlässigung in Deutschland bekannt (Bathke, 2014; Brand & Jungmann, 2014; Renner & Sann, 2010; Renner, 2010; Ziegenhain et al., 2011, S. 29). Regionale Hilfesysteme handelten zu spät bzw. nahmen Anzeichen ungünstiger Rahmenbedingungen in Familien nur unzureichend wahr. Nach heutigem Wissensstand können entwicklungsgefährdende bzw. nicht entwicklungsfördernde Kontexte in der frühen Kindheit – allen voran während der Zeit der Schwangerschaft und des ersten Lebensjahrs – durch vernetzte, lokale Hilfs- und Beratungsangebote günstig beeinflusst werden (Albuquerque, Aguiar & Magalhães, 2020; Bohler & Franzheld, 2018; Ziegenhain et al., 2011, S. 269). Eine zentrale Bedeutung wird dabei der Begleitung durch Hebammen bzw. Familienhebammen zugeschrieben, da sie in einer von Vertrauen geprägten Beziehung mit Familien arbeiten und damit erfahrungsgemäß eine wichtige Position innerhalb des sozialen Netzwerkes der Klientinnen einnehmen (Bohler & Franzheld, 2018; DHV, 2014; Krahl, Radu, Erdin, Grylka-Bäschlin & Pehlke-Milde, 2018, S. 4ff.; A. Lohmann, 2015, S. 21; Schlüter-Cruse & Sayn-Wittgenstein, 2017; Ziegenhain et al., 2011, S. 87). Folglich ist davon auszugehen, dass diese Gesundheitsfachkräfte eine Lotsenfunktion in einem regionalen, professionellen Netzwerk erfüllen können, um Familien mit erhöhtem Beratungs- und Hilfebedarf zur Inanspruchnahme weiterer Unterstützungsangebote zu aktivieren. Diese spezielle Art des systematischen Zugangs und individueller Vermittlung von Familien in verschiedensten Lebenslagen wird in Netzwerken Früher Hilfen vielfach als vorteilhaft beschrieben (Hahn, Sandner, Adamaszek & Ayerle, 2013, S. 20; Sann, 2020; Scharmanski & Renner, 2018). Aufgrund dessen gehören sie zu den Fachkräften, die während der Bundesinitiative Netzwerke Frühe Hilfen und Familienhebammen (2012–2015) verstärkt bei der Vernetzung von größtenteils bereits bestehenden regionalen Angeboten mit eingebunden werden sollten (Bundesministerium für Familie, Senioren, Frauen und Jugend (BMFSFJ), 2011). Der angestrebte Auf- und Ausbau von Netzwerken stand und steht jedoch bis dato vor drei grundsätzlichen Herausforderungen.

Erstens sind aus der Perspektive der Kinder- und Jugendhilfe kontinuierliche Netzwerkaktivitäten wie diese nicht neu. Gleichwohl stellt sich hier aufgrund der angestrebten freiwilligen Zusammenarbeit zwischen Kinder- und Jugendhilfe mit freiberuflich tätigen Gesundheitsfachkräften die Frage, wie ohne gesetzliche Grundlage, bei ausbleibender Honorierung sowie ohne die bisher für Jugendämter gewohnten hierarchischen Regelungen eine nachhaltige, systematische Vernetzung mit Hebammen bzw. Familienhebammen möglich sein kann. Zweitens dienen die im Rahmen der Bundesinitiative zur Verfügung gestellten finanziellen Mittel dem Aufbau und der Optimierung passgenauer Netzwerkstrukturen in den einzelnen Städten und Kommunen. Bei der Betrachtung effizienter Netzwerke als eigenständige Systeme kann jedoch ein struktureller Auf- und Ausbau der Netzwerke nur ein erster Schritt auf einem langen gemeinsamen Wegs in Richtung nachhaltig etablierter Vernetzungs- und Kooperationsstrukturen sein (Fischer, 2014; Sann, 2020). Zu Recht bezeichnete Sann (2014) die Frühen Hilfen demnach auch als ein „Generationsprojekt", das Netzwerkakteure auf allen Ebenen – beginnend in der Praxis über den fachwissenschaftlichen Diskurs bis hinauf in die Koordinationsebene – vor Herausforderungen stellt, die jede intersektorale Kooperation mit sich bringen kann. Neben verschiedenen gesetzlichen Grundlagen, Arbeitsweisen und dem spezifischen Fachjargon können auch Rollenbilder über potenzielle Kooperationspartner der Frühen Hilfen als Gründe dafür angeführt werden (Ayerle, Mattern & Behrens, 2014; Fischer, 2014; Sann, 2014, 2020). Dementsprechend ist es notwendig, in einem nächsten Schritt die Vernetzungssituation aus der Perspektive potenzieller Netzwerkakteure Früher Hilfen näher zu betrachten. So wurden zwar vor der Bundesinitiative konkrete Anforderungen für die Umsetzung des Netzwerkaufbaus aus in Deutschland realisierten Modellprojekten abgeleitet, allerdings liegen diesen nur Perspektiven der jeweiligen Koordinierungs- und Steuerungsstellen zugrunde (NZFH, 2014c, S. 8). Das Fehlen verschiedener Perspektiven auf die tatsächliche Vernetzungssituation birgt jedoch auf lange Sicht die Gefahr, dass sich falsche Rollenerwartungen zur Aufgabe einzelner Akteure, wie z. B. Hebammen bzw. Familienhebammen, entwickeln (Ayerle et al., 2014; Schlüter-Cruse, Schnepp & Sayn-Wittgenstein, 2016). Vor dem Hintergrund der in Deutschland beobachteten Unterversorgung (DHV, 2015, 2016b, 2017) mit außerklinischer Hebammenhilfe stellt sich drittens die Frage, wie viele Familien aufgrund begrenzter Kapazitäten überhaupt von freiberuflichen Hebammen betreut werden können. Durch fehlende bundesweite und länderspezifische Statistiken können hierfür lediglich Schätzwerte ausgehend von den Geburtenzahlen und Mitgliedschaften in Hebammenverbänden angegeben werden (Lange, 2013). Diese dritte Herausforderung ist vor allem deshalb kennzeichnend, weil trotz des Fachkräftemangels Hebammen bzw. Familienhebammen in den Frühen Hilfen eine an Bedeutung gewinnende Rolle einnehmen (Makowsky & Wallmeyer-Andres, 2015, S. 7). In diesem Zusammenhang gibt es Grund für Bedenken, ob die von Netzwerken Frühe Hilfen mit in den Blick genommene Risikoklientel durch Hebammen überhaupt erreicht werden kann (Schücking, 2011).

Elaborierte Forschungsergebnisse zum Kontext Früher Hilfen in Deutschland liegen vor. Genauere Merkmale, bspw. in Bezug auf intersektorale Kooperationen bzw. Vernetzungsaktivitäten, sind bislang jedoch weitestgehend unbekannt (NZFH, 2014c, S. 20; Sann, 2020; Schlüter-Cruse et al., 2016). Vor allem mag dies auch dadurch begründet sein, dass intersektorale Vernetzung im Kontext Früher Hilfen bis dato als zentrales Entwicklungsziel beschrieben werden kann (Jungmann, 2018). Hinzu kommt, dass sich Ergebnisse der deutschen Forschungslandschaft aufgrund der verschiedenen strukturellen Voraussetzungen nur beschränkt auf einzelne Bundesländer übertragen lassen (M. Albrecht, Loos, Sander, Schliwen & Wolfschütz, 2012, S. 1; Kindler & Suess, 2010). Unbeantwortet bleibt auch im internationalen Forschungsdiskurs die Frage, wie freiberufliche Hebammen in außerklinischen Handlungsfeldern mit anderen Professionen und Leistungssystemen, wie bspw. der Kinder- und Jugendhilfe, kooperieren (Schlüter-Cruse et al., 2016). Weitere Forschungslücken sind hinsichtlich des Zugangs der Gesundheitsfachkräfte zu verzeichnen. Erste empirische Hinweise für systematische Zugänge über Hebammen und damit relevante Akteure in Netzwerken Frühe Hilfen liegen vor (Anding et al., 2013; NZFH, 2014c, S. 21; Scharmanski & Renner, 2018). Gleichwohl stellt sich aber die weiterführende Frage, wie genau Familien in belastenden Lebenslagen erreicht werden können (Küster, Pabst & Sann, 2017a; Lang et al., 2015; Lengning & Zimmermann, 2009, S. 6). Im Rahmen der Prävalenz- und Versorgungsforschung des Nationalen Zentrums Früher Hilfen haben sich hier entgegen den oben aufgeführten Annahmen nicht Hebammen bzw. Familienhebammen, sondern die flächendeckend etablierten gesetzlich verankerten U-Untersuchungen über die Kinderärztinnen und die Kinderärzte als erfolgreich erwiesen (Eickhorst et al., 2015; Eickhorst et al., 2016; Eickhorst & Liel, 2020). Akteure in Netzwerken Frühe Hilfen schätzen jedoch die Kooperation mit Hebammen bzw. Familienhebammen im Gegensatz zur Zusammenarbeit mit Kinderärztinnen und Kinderärzten höher ein (NZFH, 2014c, S. 23). Wie genau intersektorale Kooperationen aus der Perspektive von

Hebammen aussehen, bleibt ebenso offen (Schlüter-Cruse & Sayn-Wittgenstein, 2017). Mithilfe der egozentrierten Netzwerkanalyse wird in der vorliegenden Arbeit die Rolle der Hebammen im Netzwerk Frühe Hilfen in der Hansestadt und im Landkreis Rostock untersucht. Ein besonderes Augenmerk liegt darüber hinaus auf dem Arbeitsbündnis zwischen Hebammen und Klientinnen. Auf diese Weise werden Aussagen über die lokalen Voraussetzungen nach bundesweiten Vernetzungsaktivitäten im Kontext der Bundesinitiative Netzwerke Frühe Hilfen und Familienhebammen möglich (Kindler & Suess, 2010). Damit leistet die vorliegende Arbeit einen Forschungsbeitrag zur Beschreibung der Kontexte Früher Hilfen in Deutschland aus Perspektive von Hebammen bzw. Familienhebammen als relevante Akteure in regionalen Netzwerken. Ausgehend von drei ausgewählten Qualitätsanforderungen an Netzwerke Frühe Hilfen – Zugang, Beziehungsgestaltung, Vernetzung – wird hierfür die Rolle der Hebamme, vor allem auch durch die ergänzende Perspektive von Klientinnen mit Kindern, näher beleuchtet (NZFH, 2014c, S. 12f.). Als theoretische Basis dient dabei das für Präventionsprojekte relevante und oft genutzte sozialökologische Modell (Bronfenbrenner 1993). Ergänzt wird dieses Konzept durch das netzwerktheoretische Konzept der sozialen Homogenität, um Netzwerkmechanismen einordnen zu können (Klärner & Lippe, 2020; Perry, Pescosolido & Borgatti, 2018, S. 168ff.). Dementsprechend wurden bei der Online-Befragung personenbezogene und netzwerkbezogene Merkmale erhoben. Darüber hinaus wurden offene Antwortformate im Fragebogen der freiberuflichen Hebammen mittels quantitativer Textanalyse deduktiv ausgewertet. Durch die Integration dieser Variablen wird eine Möglichkeit aufgezeigt, netzwerkbezogene Prozesse aus der Perspektive von einem Netzwerkakteur oder einer Netzwerkakteurin – Individuum oder Berufsgruppe – zu analysieren. Zur statistischen Analyse eingesetzt wurden Mehrebenenanalysen sowie multiple lineare Regressionsanalysen. Das im Rahmen der vorliegenden Promotionsschrift genutzte Vorgehen ist als Vorschlag zu betrachten, Netzwerke Früher Hilfen nach dem ersten strukturellen Aufbau theoriegeleitet und evidenzbasiert weiterzuentwickeln. Abgeleitet werden zudem Implikationen für die Forschungs- und die Vernetzungspraxis im Kontext Früher Hilfen.

Inhaltsverzeichnis

1	**Theoretische und konzeptionelle Grundlagen**	1
1.1	Risiko- und Schutzfaktoren in der frühen Kindheit	1
1.2	Sozialökologische Theorie	5
1.3	Soziale Homogenität	8
1.4	Therapeutische Allianz	9
2	**Prävention von Kindeswohlgefährdung**	13
2.1	Vernachlässigung und Misshandlung im Säuglingsalter	13
2.2	Präventionsmaßnahmen	15
3	**Netzwerke Frühe Hilfen**	19
3.1	Entwicklung in Deutschland	19
3.2	Ziele	20
3.3	Akteure	22
	3.3.1 Berufsbild der Hebamme	22
	3.3.2 Berufsbild der Familienhebamme	25
3.4	Qualitätsanforderungen: Praxiserfahrung und Zukunftsorientierung	29
4	**Integration konzeptioneller und theoretischer Konzepte im Kontext der Prävention**	33
4.1	Vernetzung der Hebamme in Netzwerken Frühe Hilfen	34
4.2	Interaktion der Hebamme mit der Klientin	36
5	**Stand der Forschung**	39
5.1	Internationale Untersuchungen	40
5.2	Deutschland	55

	5.2.1 Vernetzung von Hebammen: originäre Hebammenhilfe	55
	5.2.2 Vernetzung von Hebammen: Steuerungs- und Koordinierungsebene Früher Hilfen	56
	5.2.3 Netzwerkakteure Früher Hilfen beschreiben Vernetzung mit Hebammen	58
	5.2.4 Hebammen und Familienhebammen beschreiben Vernetzung	60
	5.2.5 Wahrnehmung von Klientinnen zur Vernetzung durch Hebammen	62
	5.2.6 Zugang zu Familien in belastenden Lebenslagen	63
	5.2.7 Beziehungsgestaltung: Fachkraft und Klientin	66
5.3	Mecklenburg-Vorpommern und Hansestadt Rostock	67

6 Zusammenfassung, Einordnung der eigenen Arbeit und Ableitung der Fragestellungen 75
 6.1 Zusammenfassende Darstellung des Forschungsstandes 75
  6.1.1 Vernetzung 75
  6.1.2 Zugang und Beziehungsgestaltung 77
 6.2 Forschungslücken 79
 6.3 Forschungsleitende Fragestellungen und Ableitung der Hypothesen 80
  6.3.1 Perspektive der Hebammen 81
  6.3.2 Perspektive der Klientinnen 84

7 Methodik 87
 7.1 Forschungsdesign und Untersuchungsstichprobe 87
 7.2 Operationalisierung 89
  7.2.1 Personenbezogene Daten 89
  7.2.2 Netzwerkbezogene Daten 91
 7.3 Untersuchungsinstrumente 96
 7.4 Datenerhebung 98
  7.4.1 Planung der Stichproben 98
  7.4.2 Online-Befragung 100
  7.4.3 Durchführung der Untersuchung 101
 7.5 Datenaufbereitung und statistische Datenanalyse 104
  7.5.1 Quantitative egozentrierte Netzwerkanalyse 104
  7.5.2 Mehrebenenanalyse 105

	7.5.3	Mehrebenenanalyse: Stichprobe 1	107
	7.5.4	Multiple lineare Regression: Stichprobe 2	108
	7.5.5	Auswertung offener Antwortformate	112
	7.5.6	Umgang mit fehlenden Daten	131
	7.5.7	Gütekriterien und Skalenbildung	134
8	**Ergebnisse**		**139**
	8.1	Stichprobe 1: Hebammen	139
	8.1.1	Deskriptive Auswertung von Ego-Level Daten	140
	8.1.2	Deskriptive Auswertung von Alter-Level Daten	149
	8.1.3	Hypothese 1	155
	8.1.4	Hypothese 2	161
	8.1.5	Hypothese 3	166
	8.2	Stichprobe 2: Klientinnen	171
	8.2.1	Deskriptive Auswertung personenbezogener Daten	172
	8.2.2	Deskriptive Auswertung: Netzwerkdaten während der Schwangerschaft	174
	8.2.3	Deskriptive Auswertung: Netzwerkdaten nach Geburt bis zum dritten Geburtstag	184
	8.2.4	therapeutische Allianz: netzwerkbezogene Daten	195
	8.2.5	Hypothese 4	196
	8.2.6	Hypothese 5	202
9	**Diskussion, Interpretation und kritische Würdigung**		**209**
	9.1	Zugänge zur Klientel durch optimierte Vernetzung	209
	9.1.1	Hypothese 1: Vernetzungsaktivität durch aktives Netzwerk erhöhen	212
	9.1.2	Hypothese 2: Beziehungsstärke im Kontext von Vernetzung	215
	9.1.3	Hypothese 3: Intersektorale Zusammenarbeit in Abhängigkeit von der Beziehungsstärke	218
	9.2	Hypothese 4: Therapeutische Beziehungen während der Schwangerschaft	219
	9.3	Hypothese 5: Netzwerkheterogenität nach der Geburt bis zum dritten Geburtstag	221
	9.4	Kritische Würdigung und Implikationen für Kontexte Früher Hilfen	222
	9.5	Methodenkritik	225

9.6	Implikationen für die Forschungspraxis	226
	9.6.1 Datenerhebung	226
	9.6.2 Egozentrierte Netzwerkanalyse	228
9.7	Implikationen für die Vernetzungspraxis	230
9.8	Fazit	233

Literaturverzeichnis 235

Abkürzungsverzeichnis

AICC	Informationskriterium von Hurvich und Tsai
α	Signifikanzniveau
α_c	Cronbachs Alpha
b	nicht standardisierter Regressionskoeffizient
β	standardisierter Regressionskoeffizient
BGB	Bürgerliches Gesetzbuch
BKiSchG	Bundeskinderschutzgesetz
Blau Index H	Heterogenitätsmaß nach Blau
BMFSFJ	Bundesministerium für Familie, Senioren, Frauen und Jugend
BZgA	Bundeszentrale für gesundheitliche Aufklärung
d	Effektstärke nach Cohen
d_{DW}	Durbin/Watson Statistik
df	Freiheitsgrade
EgoID	Identifikationsnummer für Ego
EI Index	Homophiliemaß nach Krackhardt und Stern
F	F-Wert
F_{kalk}	berechneter F-Wert
F_{krit}	kritischer F-Wert
f^2	Effektstärke nach Cohen
GKV-Spitzenverband	Spitzenverband Bund der Krankenkassen
HebAPrV	Hebammenausbildungs- und Prüfungsverordnung
HebBO	Berufsordnung für Hebammen und Entbindungspfleger
HebG	Gesetz über den Beruf der Hebamme und des Entbindungspflegers
IQB	Interquartilsbereich

ISCED	International Standard Classification of Education
k_h	Anzahl der Kategorien zur Berechnung des *Blau Index H*
KI	95 %-Konfidenzintervall
KiD 0-3	Prävalenzstudie „Kleinkinder in Deutschland"
KJSG	Kinder- und Jugendstärkungsgesetz
KKG	Gesetz zur Kooperation und Information im Kinderschutz
KMO	Kaiser-Meyer-Olkin-Kriterium
korr. R^2	korrigierter Determinationskoeffizient
LHebG	Landeshebammengesetz
M	arithmetisches Mittel
Max	Maximum
MCAR	völlig zufällig fehlende Werte
MCAR-Test	Test zur Überprüfung fehlender Werte nach Little
Md	Median
Min	Minimum
MOOCs	Massive Open Online Courses
M-V	Mecklenburg-Vorpommern
N	Gesamtstichprobe
n	Teilstichprobe
N_{koeff}	Anzahl der Koeffizienten im restriktiven Modell
N_{restr}	Anzahl der Restriktionen
NZFH	Nationale Zentrum Frühe Hilfen
p	p-Wert
Power (1-β)	statistische Power
PrävG	Präventionsgesetz
ρ	Intraklassen-Korrelation
r_{it}	Trennschärfe (part-whole korrigiert)
R^2	Determinationskoeffizient
R_{restr}^2	Determinationskoeffizient des Modells mit Restriktionen
RESET-Test	Modellspezifikationstest
σ_ε^2	Varianz der Level-1-Residuen
σ_{u0}^2	Varianz der zufälligen Achsenabschnitte
σ_{u01}	Kovarianz von Achsenabschnitt und Steigung
SD	Standardabweichung
SE	Standardfehler
SGB	Sozialgesetzbuch
t	T-Wert
τ	Kendall's Tau
V	Crámers V

VIF	Varianzinflationsfaktor
WAI-SR	Working Alliance Inventory-Short Revised
Wald-Z	z-Wert der Wald-Statistik
x^2	Chi-Quadrat-Wert
z	z-Wert der Fisher-Z-Transformation
Z	z-Statistik

Abbildungsverzeichnis

Abb. 1.1	theoretische und konzeptionelle Basis der vorliegenden Promotionsschrift	5
Abb. 1.2	sozialökologisches Modell aus Perspektive der Klientin	6
Abb. 1.3	sozialökologisches Modell aus Perspektive der Hebamme	7
Abb. 3.1	Elemente regionaler Vernetzung	22
Abb. 4.1	Regionale Vernetzung als eine dynamische Proxy-Variable	35
Abb. 7.1	Mehrebenenstruktur	106
Abb. 8.1	therapeutische Allianz und Zusatzqualifikation zur Familienhebamme	143
Abb. 8.2	EI Index und Zusatzqualifikation zur Familienhebamme	144
Abb. 8.3	Gründe für ausgehende Kontaktaufnahmen zu anderen Fachkräften und Spannweite vom EI Index: sozialökologisches Kategoriensystem	145
Abb. 8.4	Gründe gegen ausgehende Kontaktaufnahmen zu anderen Fachkräften und Spannweite vom EI Index: sozialökologisches Kategoriensystem	146
Abb. 8.5	vermutete Gründe für ausbleibende Kontaktaufnahmen durch andere Fachkräfte und Spannweite vom EI Index: sozialökologisches Kategoriensystem	147
Abb. 8.6	Blau Index H während der Schwangerschaft: Subgruppe 1	176
Abb. 8.7	Blau Index H während der Schwangerschaft und ISCED-Bildungsgrad der Klientin: Subgruppe 1	177

Abb. 8.8	Zufriedenheit rund um die Angebotsnutzung während Schwangerschaft: Subgruppe 1	179
Abb. 8.9	Zufriedenheit rund um die Angebotsnutzung während Schwangerschaft und Alter letztgeborenes Kind: Subgruppe 1	180
Abb. 8.10	Zufriedenheit rund um die Angebotsnutzung und ISCED-Bildungsgrad (Klientin) während Schwangerschaft: Subgruppe 1	181
Abb. 8.11	Zufriedenheit mit der Zusammenarbeit verschiedener Einrichtungen während Schwangerschaft: Subgruppe 1	182
Abb. 8.12	Zufriedenheit mit der Zusammenarbeit verschiedener Einrichtungen während Schwangerschaft und Alter letztgeborenes Kind: Subgruppe 1	183
Abb. 8.13	Zufriedenheit mit der Zusammenarbeit verschiedener Einrichtungen während Schwangerschaft und ISCED-Bildungsgrad (Klientin): Subgruppe 1	184
Abb. 8.14	Blau Index H nach Geburt bis zum dritten Geburtstag: Subgruppe 2	187
Abb. 8.15	Blau Index H nach Geburt bis zum dritten Geburtstag und Alter letztgeborenes Kind: Subgruppe 2	188
Abb. 8.16	Blau Index H nach Geburt bis zum dritten Geburtstag und ISCED-Bildungsgrad (Klientin): Subgruppe 2	189
Abb. 8.17	Inanspruchnahme originärer Hebammenhilfe nach Geburt bis zum dritten Geburtstag und ISCED-Bildungsgrad (Klientin): Subgruppe 2	191
Abb. 8.18	Inanspruchnahme Familienhebamme nach Geburt bis zum dritten Geburtstag und ISCED-Bildungsgrad (Klientin): Subgruppe 2	192
Abb. 8.19	Inanspruchnahme originärer Hebammenhilfe nach Geburt und Anzahl der Kinder: Subgruppe 2 (ja: n = 208, nein: n = 45)	193
Abb. 8.20	Inanspruchnahme Familienhebamme nach Geburt bis zum dritten Geburtstag und Anzahl der Kinder: Subgruppe 2 (ja: n = 12, nein: n = 241)	193
Abb. 8.21	Inanspruchnahme originärer Hebammenhilfe nach Geburt bis zum dritten Geburtstag und monatliches Einkommen: Subgruppe 2 (ja: n = 208, nein: n = 45)	194

Abb. 8.22	Inanspruchnahme Familienhebamme nach Geburt bis zum dritten Geburtstag und monatliches Einkommen: Subgruppe 2 (ja: n = 12, nein: n = 241)	194
Abb. 8.23	therapeutische Allianz: Subgruppe 2	195
Abb. 8.24	therapeutische Allianz und Alter letztgeborenes Kind: Subgruppe 1	196
Abb. 8.25	therapeutische Allianz und ISCED-Bildungsgrad (Klientin): Subgruppe 1	197
Abb. 9.1	Implikationen für die Forschungs- und Vernetzungspraxis am Beispiel der Online-Plattform „inforo" (BZgA, 2021)	232

Tabellenverzeichnis

Tab. 1.1	Risikofaktoren: Beispiele	3
Tab. 1.2	Fragestellungen der drei Dimensionen der therapeutischen Allianz	10
Tab. 2.1	statistische Daten für 2014: Beratungsstellen in Mecklenburg-Vorpommern (adaptiert nach K. Voß, 2015)	15
Tab. 3.1	originäre Hebammenbetreuung rund um die Geburt	25
Tab. 3.2	Leistungen und Rahmenbedingungen von Familienhebammen und Hebammen (Mattern & Lange, 2012)	28
Tab. 3.3	Qualitätsanforderungen an die Angebote Früher Hilfen	30
Tab. 5.1	Internationale Untersuchungen: systematische Darstellung der Übersichtsarbeiten	43
Tab. 5.2	Internationale Untersuchungen: systematische Darstellung relevanter Studien	52
Tab. 5.3	Bundesweite Untersuchungen: systematische Darstellung relevanter Studien	69
Tab. 6.1	Zusammenfassung: Stand der Forschung	78
Tab. 7.1	Anstellungsverhältnis und Zusatzqualifikation der Hebamme (N = 18)	88
Tab. 7.2	Stichprobe Klientinnen: Subgruppen (N = 289)	88
Tab. 7.3	Potenzielle Akteure in Netzwerken Frühe Hilfen	91
Tab. 7.4	Angebote für Klientinnen im Kontext Früher Hilfen	93
Tab. 7.5	Berechnung Blau Index H	94
Tab. 7.6	Übersicht erhobene Variablen: Stichprobe 1 und Stichprobe 2	95

Tab. 7.7	Umrechnung: Effektgröße d in f^2	100
Tab. 7.8	aufgenommene personenbezogene Variablen (Stichprobe 2: Klientinnen)	109
Tab. 7.9	aufgenommene netzwerkbezogene Variablen (Stichprobe 2: Klientinnen)	110
Tab. 7.10	offene Antworten: Stichprobe Hebammen	117
Tab. 7.11	systematische Zusammenfassung offener Antworten von Hebammen	120
Tab. 7.12	Zuordnung systematisierter Antworten zu neuen Variablen	121
Tab. 7.13	offene Antwortformate teilnehmender Hebammen und Stand der Forschung	123
Tab. 7.14	systematische Zusammenfassung offener Antworten von Klientinnen	125
Tab. 7.15	Kategorien zur Systematisierung offener Antworten von Klientinnen	132
Tab. 8.1	Anstellung und Zusatzqualifikation teilnehmender Hebammen (N = 18)	141
Tab. 8.2	Wohnort von Klientinnen (N = 18)	141
Tab. 8.3	vertraglich geregelte Kooperationen und Bundesinitiative Netzwerke Frühe Hilfen und Familienhebammen (n = 16)	142
Tab. 8.4	vertraglich geregelte Kooperationen und Zusatzqualifikation zur Familienhebamme (N = 18)	142
Tab. 8.5	Unterschiede ausgewählter Variablen und Kategorisierung von Gründen für oder gegen Kontaktaufnahmen	148
Tab. 8.6	vertraglich geregelte Kooperationen mit Hebammen sortiert nach Sektoren	149
Tab. 8.7	eingehende Kontakthäufigkeiten: Hebammen	150
Tab. 8.8	ausgehende Kontakthäufigkeiten: Hebammen	152
Tab. 8.9	Beziehungsstärke zwischen Hebamme und Netzwerkakteurinnen sowie Netzwerkakteuren	153
Tab. 8.10	Einschätzung der Zusammenarbeit zwischen Hebamme und Netzwerkakteurinnen sowie Netzwerkakteuren	154
Tab. 8.11	Ergebnisse zu Hypothese 1	156
Tab. 8.12	Ergebnisse zu Hypothese 2	162
Tab. 8.13	Ergebnisse: Hypothese 3	167

Tab. 8.14	Zusammensetzung Stichprobe 2 (N = 289): Subgruppe 1 und Subgruppe 2	172
Tab. 8.15	Zusammensetzung Stichprobe: Subgruppe 1 und Subgruppe 2	173
Tab. 8.16	Angebotsnutzung während Schwangerschaft: Subgruppe 1 und Subgruppe 2	175
Tab. 8.17	Informationsquellen zu Angeboten während Schwangerschaft	178
Tab. 8.18	Angebote auch bei älteren Geschwisterkindern genutzt	185
Tab. 8.19	Angebotsnutzung Geburt bis zum dritten Geburtstag: Subgruppe 2	186
Tab. 8.20	Angebotsnutzung Geburt bis zum dritten Geburtstag und ISCED-Bildungsgrad (Klientin): Subgruppe 2	190
Tab. 8.21	aufgenomene Variablen: Regressionsmodell Hypothese 4	198
Tab. 8.22	RESET-Test: Hypothese 4	200
Tab. 8.23	Ergebnis Regressionsmodell Hypothese 4: Subgruppe 1	202
Tab. 8.24	aufgenomene Variablen: Regressionsmodell Hypothese 5	203
Tab. 8.25	RESET-Test: Hypothese 5	205
Tab. 8.26	Ergebnis Regressionsmodell Hypothese 5:Subgruppe 2	207
Tab. 9.1	Ergebnisse: systematische Darstellung entlang der drei Qualitätsanforderungen	210

Theoretische und konzeptionelle Grundlagen 1

Interventionen oder Betreuungsangebote, wie die Begleitung durch eine freiberufliche Hebamme bzw. Familienhebamme rund um die Phase der Geburt, müssen spezifische Merkmale aufweisen, um die Wahrscheinlichkeit des Erfolgs erhöhen zu können. Ausgehend von Risiko- und Schutzfaktoren sind auf theoretischen und empirischen Annahmen basierende Mechanismen mit in den Blick zu nehmen. Auf diese Weise können ungünstige Entwicklungspfade der Adressatin, des Kindes und eventuell des familiären Umfeldes gezielt positiv beeinflusst werden (Olds, 2010). Grundlegender Gedanke des biopsychosozialen Risiko- und Schutzfaktoren-Modells ist, dass menschliche Entwicklungsverläufe in jeder Lebensphase durch endogene und exogene Faktoren beeinflusst werden. Es handelt sich dabei um komplexe Interaktionen verschiedener Einflussfaktoren bzw. Kontexte (Bronfenbrenner, 1977, 1979; Fingerle, 2008; U. Petermann, Petermann & Damm, 2008; Sroufe, Carlson, Levy & Egeland, 1999). Frühe Erfahrungen spielen dabei eine wichtige Rolle, weil die frühe Kindheit, insbesondere das erste Lebensjahr, aufgrund fortschreitender Reifungsprozesse von zahlreichen sensiblen Phasen geprägt ist (Cierpka, 2012b; U. Petermann et al., 2008; Sroufe et al., 1999). Auch aus Perspektive der Mutter ist zu hinterfragen, wie skizzierte, sich gegenseitig beeinflussende Faktoren in speziellen Lebenssituationen wirken. Gemeint sind bspw. Transitionen im Verlauf des Lebens, wie die Geburt des ersten Kindes (Erstelternschaft) (Rutter, 1990; 1996).

1.1 Risiko- und Schutzfaktoren in der frühen Kindheit

Das Risiko- und Schutzfaktoren-Modell basiert auf der Grundannahme, dass zwischen Risikofaktoren und protektiven Faktoren Wechselwirkungen existieren, die

© Der/die Autor(en), exklusiv lizenziert an Springer Fachmedien Wiesbaden GmbH, ein Teil von Springer Nature 2023
N. Naranjos Velazquez, *Die Rolle freiberuflicher Hebammen in Netzwerken Frühe Hilfen*, https://doi.org/10.1007/978-3-658-40953-1_1

ideale Entwicklungsprozesse ermöglichen bzw. verhindern (Zimmermann, 2000; 2002).

Risikofaktoren

Von Risikofaktoren ist die Rede, wenn sich durch ihre Existenz die Wahrscheinlichkeit für eine abweichende Entwicklung erhöht (Jungmann & Reichenbach, 2016, S. 10; Masten & Gewirtz, 2006; F. Petermann, Kusch & Niebank, 1998, S. 203). Externe und interne Auslöser können, wie in Tabelle 1.1 exemplarisch dargestellt, Ursache hierfür sein. Letztere sind biologischer oder psychologischer Art (Laucht, Schmidt & Esser, 2002; F. Petermann & Resch, 2013). Sie werden auch als Vulnerabilitätsfaktoren beschrieben. „*Vulnerabilität* bezeichnet eine besondere Empfindlichkeit gegenüber Umweltbedingungen" (F. Petermann & Resch, 2013). Diese liegt bspw. im Säuglings- und Kleinkindalter vor (Lengning & Zimmermann, 2009, S. 14; A. Lohmann, 2015, S. 18; Sann & Schäfer, 2008; Ziegenhain et al., 2011, S. 31). Aus Perspektive der Frau beginnt eine vulnerable Phase bereits mit Beginn der Schwangerschaft (Adamaszek, Brand, Kurtz & Jungmann, 2013). Externe Auslöser sind umgebungsbezogene Risikofaktoren wie bspw. „Mehrlingsgeburten" (F. Petermann & Resch, 2013). Zu weiteren Risikofaktoren dieser Ebene, auch Stressoren genannt, gehören bspw. „ein aversives Wohnumfeld, Armut, [...] Arbeitslosigkeit, geringer Bildungsstand" (F. Petermann & Resch, 2013, Auslassung: N.V.). Ferner gehören Faktoren im Zusammenhang mit Eltern bzw. Partnerschaft, wie z. B. „frühe Elternschaft, Ein-Eltern-Familie" (Laucht et al., 2002), eine hohe Anzahl an Kindern (Toussaint, 2007) oder die elterliche Vergangenheit in beschriebenen Risikosettings (Jungmann, Brand & Kurtz, 2011) dazu. Die aufgeführten Risikofaktoren erhöhen die Wahrscheinlichkeit für das Auftreten von Vernachlässigung, als eine Form von Kindeswohlgefährdung im Säuglings- und Kleinkindalter (Liel et al., 2020; NZFH, 2014c, S. 18; Ziegenhain, Fries, Bütow & Derksen, 2004, S. 112 f.). Trotz der Kenntnis zu spezifischen Risikofaktoren ist es nicht möglich, konkrete Angaben über deren Auswirkungen zu machen. Dies hängt einerseits damit zusammen, dass eine klare Trennung verschiedener Risikofaktoren aufgrund der wechselseitigen Beeinflussung nicht möglich ist (Adamaszek, Brand et al., 2013; Jungmann & Reichenbach, 2016, S. 9). Andererseits gibt es empirische Belege dafür, dass „Risikofaktoren selten isoliert auftreten, sondern sich in bestimmten Familien und bei bestimmten Kindern häufen." (Laucht et al., 2002). Neben dieser Risikokumulation kann es zudem zu einer gegenseitigen Verstärkung einzelner Risikofaktoren kommen, welche wiederum die Wahrscheinlichkeit für einen abweichenden Entwicklungsverlauf erhöhen (Julius, 2009; Masten & Gewirtz, 2006; Oerter, 2018;

F. Petermann & Resch, 2013). Eine Kumulation tritt v. a. dann auf, wenn Schutzfaktoren, wie bspw. eine stabile Eltern-Kind-Beziehung fehlen (Brisch, 2008; Jungmann et al., 2011; Renner, 2012, S. 13). Ebenso ist dies bei minderjährigen Schwangeren bzw. Müttern zu beobachten (Toussaint, 2007). Gleichzeitig beeinflusst die kumulative Wirkung von Risikofaktoren die Eltern-Kind-Interaktion negativ (Ziegenhain, Derksen & Dreisörner, 2004). Schleiffer (2009) betont zudem, dass gerade psychosoziale Risikofaktoren vorrangig kumulativ auftreten, wobei Armut häufig anderen vorausgeht (Gilliam, Meisels & Mayes, 2005).

Tab. 1.1 Risikofaktoren: Beispiele. (Eigene Darstellung)

Risikofaktoren	
intern	extern
biologisch Ursachen psychologisch Aspekte Frühgeburt Behinderung	psychosoziale Aspekte Mehrlingsgeburt Armut geringer Bildungsstand Ein-Eltern-Familie fehlende Unterstützung durch soziales Umfeld

Schutzfaktoren
Es kann sein, dass Risikofaktoren bekannt sind, aber dennoch keine von der Norm abweichende kindliche Entwicklung zu beobachten ist. In diesem Fall ist nach dem Risiko- und Schutzfaktoren-Modell davon auszugehen, dass spezifische *Schutzfaktoren* bzw. dessen *Schutzmechanismen* aktiv werden (U. Petermann et al., 2008; Rutter, 1996; Ziegenhain et al., 2011, S. 31; Zimmermann, 2002). Die Existenz mehrerer Schutzfaktoren hat, ebenso wie dies bei Risikofaktoren der Fall ist, eine kumulative Wirkung (Jungmann & Reichenbach, 2016, S. 11; F. Petermann & Resch, 2013). Schutzfaktoren sind messbare Attribute aufseiten des Individuums, wie zum Beispiel eine positives Temperament, oder des sozialen Kontextes, wie zum Beispiel ein heterogenes Netzwerks, welches vor allem bei komplexen Problemlagen von Bedeutung ist (Eickhorst et al., 2016; Masten & Gewirtz, 2006; Sann, 2020). Letztere werden als *externe Schutzfaktoren* bezeichnet. Als externe Schutzfaktoren auf Ebene der Familie können bspw. auch die Eltern-Kind-Bindung und das daraus resultierende positive Elternverhalten benannt werden (Brand & Jungmann, 2013b; Gasteiger-Klicpera, Julius & Klicpera, 2008; Jungmann et al., 2011; Jungmann & Reichenbach, 2016, S. 11; U. Petermann et al., 2008). *Interne Schutzfaktoren* sind demgegenüber auf Ebene

des Kindes bzw. der Eltern selbst zu verorten. Es handelt sich hierbei um „angeborene Merkmale oder erworbene Resilienzen" (F. Petermann & Resch, 2013). Resilienz steht grundsätzlich in Verbindung mit „persönlichkeitsbezogenen (personalen) und sozialen Schutzfaktoren" (Fingerle, 2008). Beispielsweise kann ein möglicher Zusammenhang zwischen sicheren Bindungsbeziehungen und Selbstwirksamkeitserfahrungen angenommen werden (Jungmann & Reichenbach, 2016, S. 12).

Zusammenfassung und Ausblick
Die Wechselwirkungen zwischen Risiko- und Schutzfaktoren sind bei jeder Art von Präventions- und Interventionsangeboten mit in den Blick zu nehmen (Zimmermann, 2000). In der Praxis sollte der Fokus vorrangig auf modifizierbaren Risikofaktoren liegen (Olds, 2010). Hierzu gehören bspw. ungünstige umgebungsbezogene Voraussetzungen. Zur Erklärung des Einflusses dieses sozialen Kontextes auf das Individuum, kann die sozialökologische Theorie von Urie Bronfenbrenner (1993) herangezogen werden. Um eine Veränderung des gegebenen Kontextes anzustoßen, bedarf es neben günstigen Rahmenbedingungen, wie bspw. interprofessionellen Vernetzung und Zusammenarbeit, der Interaktion zwischen mindestens zwei Individuen, wie bspw. Mutter und Fachkraft. Zur Erklärung von Interaktionen wie diesen sind bei Präventionsprogrammen zwei weitere theoretische Elemente heranzuziehen (Brand & Jungmann, 2013b; Olds, 2010). Dies gilt immer dann, wenn es um die Wirkung von Programmen geht, wenn also Programmziele mit den jeweiligen Ergebnissen abgeglichen werden. Ausgehend von den angesprochenen Wechselwirkungen sowie den umgebungsbezogenen Faktoren kann ein solcher Vergleich nur dann stattfinden, wenn Qualitätsanforderungen für das Gelingen eines Präventionsangebots bekannt sind (Rönnau & Fröhlich-Gildhoff, 2008, S. 59; Stiftung EINE CHANCE FÜR KINDER, 2020, S. 27). Neben der oben genannten Vernetzung relevanter Akteure gehört hierzu ein weiteres Kriterium, welches im Kontext seiner sozialökologischen Einbettung in der vorliegenden Arbeit näher untersucht wird: die Arbeitsbeziehung. Präventionsprogramme werden hierbei als „soziale Dienstleistungen, die von Fachkräften aus der Kinder- und Jugendhilfe, dem Gesundheitswesen oder von Ehrenamtlichen durchgeführt werden" (Lenzmann, Bastian, Lohmann, Böttcher & Ziegler, 2010) aufgefasst. Mit Blick auf die sozialökologische Systemtheorie liegt das besondere Augenmerk dabei nicht auf der jeweiligen, professionsspezifischen Technik zur Umsetzung des Angebots, sondern vielmehr auf der Arbeitsbeziehung sowie dessen Voraussetzung, d. h. der Zufriedenheit mit Angeboten aus der Perspektive Beteiligter. Erweitert werden diese Betrachtungen, wie in Abbildung 1.1 dargestellt, um das netzwerktheoretische Konzept der sozialen

Homogenität, um weitere Wechselwirkungen innerhalb des sozialen Netzwerkes beschreiben zu können (Perry et al., 2018, S. 168).

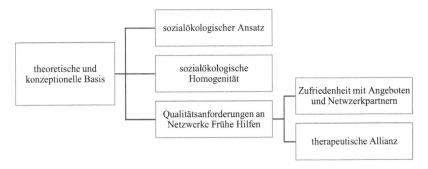

Abb. 1.1 theoretische und konzeptionelle Basis der vorliegenden Promotionsschrift

1.2 Sozialökologische Theorie

Die sozialökologische Systemtheorie beschreibt eine gegenseitige Abhängigkeit einzelner Systeme. Jedes Individuum wird durch einen Austausch mit seinem sozialen Umfeld, sogenannten Systemen, beeinflusst. Parallel dazu kann jede Person seine Entwicklung auch innerhalb dieser Systeme beeinflussen (Bronfenbrenner & Morris, 2006; Garbarino & Sherman, 1980; Olds, 2002). Personen wie bspw. das Kind und die Mutter, stellen jeweils eigene Mikrosysteme dar, interagieren im Mesosystem Familie miteinander und zeichnen sich durch ihre kontinuierliche Beteiligung im Leben desselben aus. Ebenso können in diesem Mesosystem Akteure aus Netzwerken Früher Hilfen (Exosystem) für eine zeitlich begrenzte Phase beteiligt sein. Die jeweiligen gesetzlichen Rahmen und die Förderung der Koordination des Aufbaus dieser Netzwerke durch das Nationale Zentrum Frühe Hilfen (NZFH) werden im Makrosystem abgebildet (Bronfenbrenner, 1993, S. 41). Aufgrund der Interdependenz der einzelnen Systeme profitieren Hebammen bzw. Familienhebammen als Gesundheitsfachkräfte (Mikrosystem) einerseits von Netzwerken Frühe Hilfen (Exosystem) und damit auch vom bundesweit koordinierten Auf- und Ausbau derselbigen (Makrosystem). Gleichzeitig können sie diese Entwicklungen auf Bundesebene (Makrosystem) aktiv durch gezielte Zusammenarbeit mit potenziellen Akteuren von Netzwerken Frühe Hilfen (Exosystem) beeinflussen. Hier ergibt sich ein Anknüpfungspunkt zu netzwerktheoretischen Konzepten, denn die gesamte Netzwerkforschung ist unabhängig vom jeweiligen netzwerktheoretischen Paradigma im Mesosystem zu verorten (Fuhse, 2009). Die beschriebene Interaktion, bspw. zwischen Klientin (Mikrosystem) und Hebammen bzw. Familienhebammen (Exosystem), ist neben der Verortung im Mesosystem zudem innerhalb des Chronosystems zu betrachten. Letzteres dient der Analyse von Transitionen. Nach Bronfenbrenner (1993, S. 43) handelt es sich hierbei um ökologische Übergänge, wie bspw. die Geburt eines Kindes, welche vereinzelt professioneller Unterstützung bedürfen (Bronfenbrenner & Morris, 2006). Unterscheiden lassen sich nach Bronfenbrenner (1993, S. 43 ff.) normative und non-normative Übergänge. Letztere beschreiben bspw. den „Übergang zur Elternschaft im Teenageralter" (Adamaszek, Brand et al., 2013). Die Zeit rund um die Geburt wird dagegen bei volljährigen Müttern als normative Transition bezeichnet. Abbildung 1.2 fasst das sozialökologische Modell nach Bronfenbrenner (1976) aus Perspektive der Klientin zusammen.

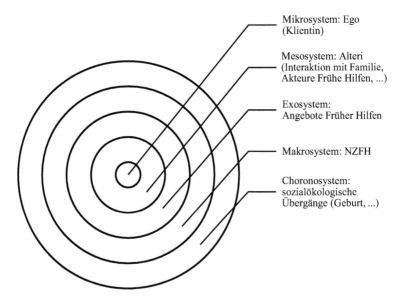

Abb. 1.2 sozialökologisches Modell aus Perspektive der Klientin. (Eigene Darstellung)

Freiberufliche Hebammen bzw. Familienhebammen gehören zu jenen Akteuren Früher Hilfen, welche z. B. im Gegensatz zu Fachkräften von Geburtskliniken, Familien über einen langen Zeitraum hinweg begleiten können (Ziegenhain et al. 2011, S. 86). Damit bieten sie langfristige Kontakte, die normalerweise

1.2 Sozialökologische Theorie

charakteristisch sind für traditionelle Familienstrukturen, an und erfüllen eine Voraussetzung dafür, dass ihre Interaktion mit der Klientin zu Veränderungen, wie bspw. die Stärkung von Schutzfaktoren, führen kann (Bronfenbrenner & Morris, 2006). Auch aus Perspektive der Fachkraft, bspw. Hebamme bzw. Familienhebamme, können Übergänge im Sinne einer professionellen Weiterentwicklung bzw. von erweiterten Aufgabenbereichen beschrieben und dementsprechend, wie in Abbildung 1.3 dargestellt, im Chronosystem verortet werden.

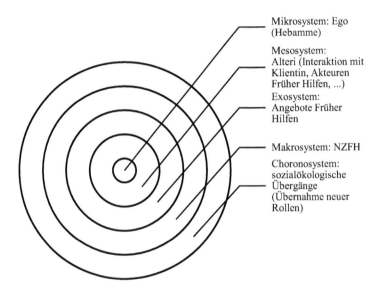

Abb. 1.3 sozialökologisches Modell aus Perspektive der Hebamme. (Eigene Darstellung)

Diese Überlegung steht im Zusammenhang mit bundesweiten Entwicklungen (Makrosystem), die aufgrund neuer rechtlicher Grundlagen, wie bspw. das Bundeskinderschutzgesetz (BKiSchG), das Gesetz zur Kooperation und Information im Kinderschutz (KKG) oder später ab dem Jahr 2021 das Kinder- und Jugendstärkungsgesetz (KJSG) veränderte Rahmenbedingungen darstellen (BMFSFJ, 2021; NZFH, 2014a, S. 13 ff.). Durch den Aufbau von Netzwerken Früher Hilfen werden regionale Angebote und potenzielle Akteure sichtbar. Damit einher gehen auch Erwartungen an Hebammen bzw. Familienhebammen als potenzielle Netzwerkakteurinnen. Diese ergeben sich aus den neuen Möglichkeiten eines gezielten, aber aufgrund des veränderten Kontextes auch vereinfachten Austausches (Mesosystem) zwischen verschiedenen Leistungssystemen (Sektoren), wie bspw. Mitarbeitenden der Kinder- und Jugendhilfe sowie Gesundheitsfachkräften. Ausgehend von dieser sozialökologischen Grundidee ergibt sich die weiterführende Frage nach notwendigen Qualitätsmerkmalen der Interaktion zwischen Fachkraft und Klientin sowie in Bezug auf das sie umgebende sozialökologische System.

1.3 Soziale Homogenität

Netzwerktheoretische Paradigmen beschäftigen sich mit Zusammenhängen zwischen sozialer Struktur und Individuen (Fuhse, 2016, S. 179 ff.). Sie bieten bspw. eine Erklärung dafür, warum sich Netzwerkaktivitäten einzelner Akteure, trotz gleicher Merkmale bzw. Voraussetzungen voneinander unterscheiden können (Borgatti & Lopez-Kidwell, 2011; Lois, 2013). Ausgangspunkt dieses netzwerktheoretischen Theorems ist die Einbettung (embeddedness) des Akteurs in die jeweiligen sozialen Kontexte (Granovetter, 1985). Mithilfe einer Skizze der sozialen Struktur lässt sich diese Einbettung eines Akteurs und damit seine Rolle im Netzwerk beschreiben (Gruber & Rehrl, 2010). Hierbei spielen in Anlehnung an White (2008, S. 16) weniger die Netzwerkakteure selbst, als vielmehr die Beziehungen untereinander eine Rolle. Der Begriff der Beziehung meint hier die Interaktion zwischen zwei Akteuren eines Netzwerkes, die spezifische Merkmale aufweisen (Borgatti, Everett & Johnson, 2018, S. 315; Fuhse, 2016, S. 187; Perry et al., 2018, S. 131 ff.). Theoretisch lassen sich mindestens drei verschiedene Mechanismen beschreiben, die zu sozialer Homogenität führen. Hierzu gehört erstens Homophilie. Egozentrierte Netzwerke können oft als homophil beschrieben werden, weil Individuen (Egos) dazu tendieren, sich mit Personen (Alteri) zu verbinden, die ähnliche Attribute, wie z. B. Herkunft, Geschlecht, Ausbildung oder Religion aufweisen. Dieser Mechanismus ist nicht nur im privaten Bereich, sondern auch auf professioneller Ebene zu beobachten (A. Lohmann, Lenzmann, Bastian, Böttcher & Ziegler, 2010). Es ist davon auszugehen, dass homophile Netzwerke das Handeln oder auch die Kommunikation vereinfachen, da sich im Laufe der Zeit bspw. ein einheitlicher Fachjargon oder einheitliche Verfahren etablieren. Fachkräfte pflegen etwa den Austausch innerhalb derselben Profession (Rogers, 1983, S. 19). Ein zweiter Netzwerkmechanismus, der soziale Homogenität zwischen Ego und Alteri begünstigt, ist die Verfügbarkeit. Dies ist z. B. dann der Fall, wenn eine Gesundheitsfachkraft aufgrund struktureller Voraussetzungen in ihrem Umfeld nur die Möglichkeit zur Interaktion mit Alteri aus ihrem Fachbereich hat. Der dritte Netzwerkmechanismus bezieht sich auf die gegenseitige Beeinflussung von Ego und seinen Alteri. So tendieren diese bei häufiger Interaktion im Laufe der Zeit zur Ausbildung eines homogenen Netzwerkes. Homogenität kann hier in Bezug auf Einstellungen, Entscheidungsfindungen oder auch bestimmte Verhaltensweisen beobachtet werden. Dieser dritte Netzwerkmechanismus unterscheidet sich von den zwei zuerst genannten, Homophilie und Verfügbarkeit, insofern, als dass hier existierende Beziehungen als Ursache von Homogenität angesehen werden können (Perry et al., 2018, S. 168). Die vorgestellte Grundidee von Homophilie bezieht sich auf die Ähnlichkeit zwischen Ego und seinen Alteri, wie bspw. Hebamme (Ego) und Netzwerkakteuren Frühe Hilfen (Alteri). Demgegenüber ist von Homogenität die Rede, wenn es um die Ähnlichkeit der Alteri selbst geht. Wenn bspw. das egozentrierte Netzwerk einer Hebamme nur Alteri aus dem Bereich der Kinder- und Jugendhilfe aufweisen würde, wäre dies in Bezug auf die verschiedenen Sektoren stark heterophil, jedoch gleichzeitig auch homogen (Perry et al., 2018, S. 171).

1.4 Therapeutische Allianz

Der professionstheoretischen Annahme folgend, dass Frühe Hilfen von ihrer Grundidee her mit sozialen Dienstleistungen vergleichbar sind, stellt sich die Frage, wie genau die Arbeitsbeziehung zwischen Fachkraft und Klientin beschrieben werden kann. Dabei geht es vor allem um die Voraussetzungen dieser professionellen Beziehung. Die Zufriedenheit mit einem Angebot stellt hier einen wichtigen Indikator dar (Lenzmann et al., 2010; Schrödter & Ziegler, 2007, S. 25). Neben professionstheoretischen Betrachtungen werden Arbeitsbeziehungen auch im Kontext von Präventionsprogrammen Früher Hilfen thematisiert. Sie gelten als Voraussetzung dafür, dass eine Intervention bspw. die Veränderung mütterlicher, dysfunktionaler Bindungsmuster bewirken kann. Notwendig sind „nahezu therapeutische Bündnisse zwischen den Fachkräften und den Familien, die frühzeitig während der Schwangerschaft geknüpft werden." (Brand & Jungmann, 2013a). Dies ist insofern von Bedeutung, als das Kleinstkinder selbst als Trigger traumatisierter Eltern wirken können. Obwohl Eltern die selbst erfahrene Gewalt ablehnen, werden sie ihren eigenen Kindern gegenüber gewalttätig. Es ist nach Brisch (2020) ferner davon auszugehen, dass die therapeutischen Beziehungen vergleichbar sind mit einer sicheren Basis, und zwar bezüglich der „Qualitäten der Feinfühligkeit" (Jungmann & Reichenbach, 2016, S. 36). Darüber hinaus profitiert auch der Säugling von veränderten Bindungsmustern. Die ist insofern wichtig, als dass drei von vier Phasen der Bindungsentwicklung während der ersten Lebensmonate stattfinden (Jungmann & Reichenbach, 2016, S. 36). Zudem ist aus bindungstheoretischer Perspektive bekannt, dass nicht verarbeitete Traumata von Eltern nach der Kindesmisshandlung zu den zweit stärksten Prädiktoren für die Entwicklung desorganisierter Bindungsmuster gehört. Diese wiederum führen signifikant häufig zu externalisierenden Verhaltensstörungen im Kindesalter (Brisch, 2020). Diese ursprünglich in der Psychotherapie bzw. Psychoanalyse diskutierten therapeutischen Bündnisse wurden bspw. auch im US-amerikanischen Hausbesuchsprogramm „Nurse Family Partnership" mit fokussiert. Hier wurden diese innerhalb des sozialökologischen Rahmenmodells und zwar im Mesosystem, wo der intensive Austausch zwischen Fachkraft und Klientin stattfindet, als Grundvoraussetzung des Programmerfolgs verortet (Brand & Jungmann, 2014; Olds & Kitzman, 1993; Olds, 2006). Auch zwischen Gesundheitsfachkräften wie bspw. Hebammen und Klientinnen wurden intensive Bündnisse rund um die Phase der Geburt beobachtet (Doherty, 2009, 2010). Zu einer speziellen Art therapeutischer Bündnisse gehört bspw. die therapeutische Allianz (Doherty, 2009; Lenzmann et al., 2010; S. Lohmann, 2007). Es basiert auf dem in Tabelle 1.2 zusammengefassten von Bordin (1979) vorgelegten dreidimensionalen Konzept der therapeutischen Allianz, die ab dem ersten Zusammentreffen von Klientin und Fachkraft aufgebaut wird (Bachelor & Horvath, 2000; Hentschel, 2005). Zentral für die Zusammenarbeit ist der Aufbau einer Beziehung (Bond), die u. a. gekennzeichnet ist durch Sympathie, Respekt und Vertrauen. Während der sozialen Interaktion zwischen Hebamme bzw. Familienhebamme und Klientin kommt es nach Bordins (1979) Konzept zudem zur Aushandlung gemeinsamer Ziele (Goals) und eine Zusammenarbeit hinsichtlich gezielt ausgewählter Aufgaben (Tasks).

Tab. 1.2 Fragestellungen der drei Dimensionen der therapeutischen Allianz. (Eigene Darstellung nach Hatcher & Barends, 2006)

Therapeutische Allianz nach Bordin (1979)		
Bond	**Goals**	**Tasks**
Sind Vertrauen und Respekt in solch einem Maß vorhanden, damit Ziele und Aufgaben fokussiert werden können?	Bis zu welchem Grad kann eine Übereinstimmung bezüglich der Ziele festgestellt werden?	Bis zu welchem Grad kann eine Übereinstimmung bezüglich relevanter Aufgaben festgestellt werden?

1.4 Therapeutische Allianz

Einschätzungen zur Intensität therapeutischer Beziehungen sind abhängig von der jeweiligen Perspektive. So wird diese Intensität durch Fachkräfte anders eingeschätzt als durch die Klientinnen selbst (Bachelor & Horvath, 2000). Ferner ist davon auszugehen, dass diese Beziehung während der ersten fünf Treffen zwischen Fachkraft und Klientel aufgebaut wird. Geschieht dies nicht, verringert sich die Wahrscheinlichkeit für einen positiven Verlauf des jeweiligen Therapie- oder Unterstützungsangebots (Horvath, 2000).

Prävention von Kindeswohlgefährdung 2

Die in den vorherigen Kapiteln skizzierten Wechselwirkungen verschiedener Risiko- und Schutzfaktoren stellen eine „Kindeswohlgefährdung im weiteren Sinne" dar. Nachfolgende Aspekte gehören zur „Kindeswohlgefährdung im engeren Sinne" (Jungmann & Refle, 2011). Die gesetzliche Bestimmung einer Kindeswohlgefährdung ist in § 1666 BGB (Bürgerliches Gesetzbuch) zu verorten, wobei keine einheitliche Definition des Kindeswohls vorliegt. Als Orientierung werden sowohl die Grundrechte von Kindern und Jugendlichen als auch die UN-Kinderrechtskonvention genutzt (Ziegenhain et al., 2011, S. 257). Ein Großteil der Kinder, die von gerichtlichen Verfahren nach § 1666 betroffen ist, ist zwischen null und drei Jahren alt (Lengning & Zimmermann, 2009, S. 14).

2.1 Vernachlässigung und Misshandlung im Säuglingsalter

Es lassen sich verschiedene Kategorien von Kindeswohlgefährdung im Kindesalter beschreiben: physische oder emotionale Vernachlässigung und sexueller bzw. körperliche Missbrauch (Engfer, 2016; Wolff, 2008; Ziegenhain, Fries et al., 2004, S. 113; Ziegenhain et al., 2011, S. 31 f.). Für das Säuglingsalter benennen Ziegenhain et al. (2004, S. 113 f.) typische Formen der Kindeswohlgefährdung, die häufig auftreten und lebensbedrohlich sein können. Hierzu gehören das Schütteln sowie das invasive Füttern des Säuglings. Beide Formen sind als Resultat massiver Überforderungssituationen seitens der Eltern anzusehen. Im Gegensatz dazu sind zwei typische Vernachlässigungsformen vorrangig auf fehlende Information bzw. Unfähigkeit der Eltern zurückzuführen. Hierzu gehört eine mangelhafte Ernährung des Säuglings, die z. B. aufgrund von fehlendem Wissen über die Zubereitung von Säuglingsnahrung zustande kommt und unter

© Der/die Autor(en), exklusiv lizenziert an Springer Fachmedien Wiesbaden GmbH, ein Teil von Springer Nature 2023
N. Naranjos Velazquez, *Die Rolle freiberuflicher Hebammen in Netzwerken Frühe Hilfen*, https://doi.org/10.1007/978-3-658-40953-1_2

anderem auch zu Dehydration führen kann. Ebenso in dieser Kategorie zu verorten sind fehlender Schutz und unterlassene elterliche Aufsicht, aufgrund einer Fehleinschätzung des kindlichen Entwicklungsstandes und dem damit einhergehenden Unfallrisiko. Aus US-amerikanischen Erhebungen ist bekannt, dass Vernachlässigung von Schutzbefohlenen zur häufigsten Form von Kindeswohlgefährdung gehört. Mehr als die Hälfte bis zwei Drittel aller gemeldeten Fälle wurden als eben diese eingestuft (Engfer, 2016). Im Gegensatz zur gesamten frühkindlichen Entwicklungsphase versterben im ersten Lebensjahr bedeutend mehr Kleinkinder aufgrund von Misshandlung und Vernachlässigung (Ziegenhain, 2008). Zudem kann ein möglicher Zusammenhang beider Gewaltformen beschrieben werden, denn Kindesmisshandlung folgt oft „früher erzieherischer Vernachlässigung" (Kindler, 2008). Für Deutschland liegen im Gegensatz zu Kanada, Großbritannien oder den USA keine konkreten Angaben zur Häufigkeit von Kindesmisshandlungen vor (Künster, Knorr, Fegert & Ziegenhain, 2010a; Engfer, 2016; Künster, Schöllhorn, Knorr, Fegert & Ziegenhain, 2010; Renner & Sann, 2013; Ziegenhain et al., 2011, S. 29). Es ist von einer hohen Dunkelziffer auszugehen, denn die mithilfe der kriminalpolizeilichen Statistik erfassten Fälle, weisen keine Aussagekraft auf. Grund hierfür ist, dass diese lediglich das Anzeigeverhalten Dritter wiederspiegeln (NZFH, 2014c, S. 10). Im Jahr 2014 wurden ca. 3 649 Fälle häuslicher Gewalt gegen Schutzbefohlene erfasst (Bundeskriminalamt, 2014, S. 179). Für das Bundesland Mecklenburg-Vorpommern (M-V) liegen aus dem Jahr 2014 statistische Daten von Beratungsstellen gegen häusliche Gewalt vor, die auf eine bedeutend höhere Fallzahl häuslicher Gewaltopfer hinweisen. Die Kennzahlen beziehen sich auf Erwachsene und Kinder unter 18 Jahren, welche durch Frauenhäuser, Beratungsstellen oder Interventionsstellen erfasst wurden. Beispielsweise beraten und begleiten Mitarbeitende von Interventionsstellen gegen häusliche Gewalt und Stalking nicht nur Klientinnen und Klienten, die die Beratungsstelle selbst aufsuchen. Ein wesentlicher Teil der Arbeit ist proaktiv, das heißt, Opfer werden nach einem Polizeieinsatz kontaktiert. Folglich ist davon auszugehen, dass diese Fallzahlen aussagekräftiger sind als jene, die mittels kriminalpolizeilicher Statistik erfasst werden. Aus Tabelle 2.1 ist zu entnehmen, dass im Jahr 2014 insgesamt 3 406 Kinder und 3 884 Erwachsene in M-V registriert wurden (K. Voß, 2015). Im selben Jahr wurden insgesamt 366 Kinder und Jugendliche in der Rostocker Interventionsstelle erfasst. Davon waren ca. 50 % ($n = 181$) der Kinder, im Alter zwischen null und sechs Jahren. Im nachfolgenden Jahr wurden ähnlich viele Kinder und Jugendliche ($N = 376$) begleitet (Interventionsstelle gegen häusliche Gewalt und Stalking Rostock, 2015, S. 5).

Tab. 2.1 statistische Daten für 2014: Beratungsstellen in Mecklenburg-Vorpommern (adaptiert nach K. Voß, 2015)

Beratungsstellen	Anzahl der Standorte	Erwachsene	Kinder (< 18 Jahre)	Gesamt
Beratungsstellen gegen sexualisierte Gewalt	5	291	249	540
Frauenhäuser	9	304	299	603
ambulante Beratung		778	599	1 377
Interventionsstellen gegen häusliche Gewalt und Stalking	5	2 059	1 756	3 815
Beratungsstellen für Betroffene von häuslicher Gewalt	8	452	503	955
GESAMT		**3 884**	**3 406**	**7 290**

2.2 Präventionsmaßnahmen

Präventionsmaßnahmen und die Vernetzung relevanter Netzwerkakteure sind zur Vermeidung von Kindeswohlgefährdung unabdingbar (Ziegenhain et al., 2011, S. 269). Durch sie wird das Ziel verfolgt, „mögliche kritische Entwicklungsverläufe zu verhindern oder zumindest abzupuffern" (Ziegenhain et al., 2011, S. 32). Da eine lebensbedrohliche Kindeswohlgefährdung schon im Säuglingsalter auftreten kann, sollten (werdende) Eltern mit Informations- und Unterstützungsbedarf bereits frühzeitig begleitet werden (Cierpka, 2015; Ziegenhain, Fries et al., 2004, S. 113 ff.). Präventionsangebote sollten unabhängig von ihrer Art auf dem in § 1 des Kinder- und Jugendhilfegesetzes ausgeführten Grundgedanken, dass jedes Kind „ein Recht auf Förderung seiner Entwicklung und auf Erziehung zu einer eigenverantwortlichen und gemeinschaftsfähigen Persönlichkeit" (Bundesministerium der Justiz und für Verbraucherschutz, 2019a) hat, basieren. Im Kontext der gesunden frühkindlichen Entwicklung wird Angeboten von Fachkräften des Gesundheitswesens, neben der Kinder- und Jugendhilfe, eine besondere präventive Aufgabe zugeschrieben. Hierbei geht es vorrangig um die „Vermittlung in frühe und rechtzeitige Hilfen" (Ziegenhain et al., 2011, S. 44). Idealerweise fängt die Begleitung durch Fachkräfte des Gesundheitswesens, wie bspw. der Hebamme bzw. Familienhebamme, mit Beginn der Schwangerschaft an (Frank, 2008; Suchodoletz, 2007). Aufgaben des deutschen Gesundheitswesens werden im Sozialgesetzbuch V (SGB V) und im Sozialgesetzbuch IX (SGB IX) beschrieben. „Im § 2 SGB IX wird der Vorrang der *Prävention* betont." (Ziegenhain et al., 2011, S. 83). Es ist zwischen primär-, sekundär- und tertiärpräventiven Angeboten zu unterscheiden (Ziegenhain et al., 2011, S. 256). Universelle, primärpräventive Angebote richten sich im Sinne einer Gesundheitsprävention an alle Eltern (Ziegenhain et al., 2011, S. 240). Hierzu gehört bspw. die in Deutschland bestehende Möglichkeit, ab der Schwangerschaft bis zum Ende der Stillzeit eine Hebammenbetreuung in Anspruch zu nehmen (§ 134a Versorgung mit Hebammenhilfe SGB V). Dies impliziert eine „Gesundheitsberatung und -erziehung nicht nur der Frauen, sondern auch in der Familie und in der Gemeinde" (Mändle, 2003a). Zudem gehören zu primärpräventiven Angeboten der Hebamme auch die psychosozialen Leistungen, die im Rahmen der originären Hebammenhilfe mit erbracht werden (Horschitz, Meysen, Schaumberg, Schoenecker & Seltmann, 2015, S. 16). Durch solch eine umfangreiche Hebammenbetreuung besteht zudem die Möglichkeit, eventuelle Risikofaktoren frühzeitig erkennen zu können (Cierpka, 2012a). In diesem Fall wären Familien an selektive, sekundärpräventive Angebote weiterzuvermitteln (Horschitz et al., 2015, S. 16; Ziegenhain et al., 2011, S. 240). Das Ziel dieser besteht darin, „erste Anzeichen von abweichendem Verhalten möglichst früh erkennen und ihnen entgegenwirken zu können." (Ziegenhain et al., 2011, S. 269). Beispielsweise gehört die Begleitung durch Familienhebammen zur sekundären Prävention (Ayerle et al., 2014; Mattern & Lange, 2012b; Sann, 2020). Die Familienhebamme ist ferner im tertiärpräventiven Hilfebereich tätig, wobei diese Tätigkeit hierbei einen, die Kinder- und Jugendhilfe unterstützenden Charakter aufweist (Hahn et al., 2013, S. 10). Es geht dabei um eine Verminderung möglicher Folgen bestehender Störungen, wobei auch eine ganzheitliche Gesundheitsförderung eine wichtige Rolle spielt (Ziegenhain et al., 2011, S. 269). Auch Kindeswohlgefährdung durch Misshandlung oder Vernachlässigung gehört zu einem Indikator für tertiärpräventive Angebote, wobei die Familienhebamme mit anderen Akteuren der Kinder- und Jugendhilfe in der Familie tätig ist (Hahn et al., 2013, S. 10). Berufsständische Vertreterinnen der Hebammen positionieren sich gegen diese Einordnung im tertiärpräventiven Bereich. Als Hauptargument wird angeführt, dass Familienhebammen im Gegensatz zu Jugendämtern keine Kontrollfunktion, sondern vielmehr eine Begleitfunktion innehaben (Ayerle et al., 2014; Deutscher Hebammenverband e. V., 2014; Mattern & Lange, 2012b).

2.2 Präventionsmaßnahmen

Chancen und Grenzen präventiver Angebote
Grundsätzlich ist bei allen Präventionsprogrammen im Kontext von Missbrauch und Vernachlässigung im Kindesalter nicht von unmittelbaren, positiven Effekten auszugehen. Deshalb sollten diese Programme langfristig angelegt sein und spezifische Merkmale aufweisen (Kindler, 2008):

a) „eine zumindest teilweise aufsuchende, lebensweltnahe Arbeitsweise,
b) eine Interventionsdauer von deutlich mehr als einem halben Jahr, meist ein bis eineinhalb Jahren,
c) einen Arbeitsschwerpunkt auf einer alltagsnahen, detaillierten und geplanten Anleitung und Unterstützung der Eltern bei der angemessenen Versorgung und Erziehung vorhandener Kinder und
d) eine von vornherein eingeplante Möglichkeit zur bedarfsgerechten Ergänzung der Hilfe durch weitere Dienste, wie etwa Krisenintervention, Bereitschaftspflege in Krisensituationen, sozialpsychiatrische Dienste und Suchtberatung."

Die von Kindler (2008) aufgeführten Aspekte (a – d) treffen z. B. auf das Tätigkeitsfeld von Familienhebammen zu (Hahn et al., 2013, S. 9 f.). Darüber hinaus zeigt sich, dass Präventionskonzepte in der Gesamtschau eine unmittelbare Nähe zur familiären Lebenswelt als wichtige Voraussetzung aufweisen (Frank, 2008). Niedrigschwelligkeit ist hierbei wichtig (Laucht, 2015; Ziegenhain, 2008). U. Petermann et al. (2008) betonen zudem, dass eine Orientierung „an der aktuellen psychosozialen Lebenssituation und dem psychischen Befinden der Mutter" erfolgen muss. Diese Aspekte sind v. a. zur Erreichung von benachteiligten gesellschaftlichen Schichten, wie bspw. in Armut lebende Familien mit niedrigem Bildungsniveau, wichtig (Suchodoletz, 2007). Grund hierfür ist, dass diese bei präventiven Angeboten eine unterrepräsentierte Zielgruppe darstellen (Adamaszek, Schneider, Refle, Helm & Brand, 2013; Jungmann & Refle, 2011; NZFH, 2021b). Gleichzeitig ist auch bekannt, dass bei Kumulation mehrerer psychosozialer Risikofaktoren das Risiko einer Kindeswohlgefährdung steigt. In diesem Zusammenhang ist gleichwohl der Vorteil aufsuchender Präventionsprogramme Früher Hilfen, wie bspw. die Unterstützung durch Gesundheitsfachkräfte, anzuführen. So ist davon auszugehen, dass diese auch von Familien mit niedrigem sozioökonomischen Status gut angenommen werden (Eickhorst et al., 2016; Sann, 2020).

Netzwerke Frühe Hilfen 3

3.1 Entwicklung in Deutschland

Die Idee Früher Hilfen entstammt der Frühförderung und lässt sich aus § 1 SGB IX ableiten (Lengning & Zimmermann, 2009, S. 11). Der Fokus lag hierbei auf der frühestmöglichen Förderung behinderter Kinder. Die erstmalige Umsetzung von Projekten dieser Art erfolgte in den 1960er-Jahren in den USA (Feldman, 2004). Seit einigen Jahren werden Konzepte Früher Hilfen auch im Kontext von Kindeswohlgefährdung thematisiert (Ziegenhain et al., 2011, S. 29). Die Grundidee, möglichst frühzeitig Familien Angebote zur Verfügung zu stellen, um ungünstige Entwicklungsverläufe bei Kindern zu verhindern, wurde jedoch bereits 1986 im 7. Kinder- und Jugendbericht aufgegriffen (Bathke, 2014). Bis dato wird in Deutschland der Begriff Frühe Hilfen bezüglich der inhaltlichen Neuorientierung weder einheitlich definiert, noch einem einzigen Konzept folgend in der Praxis umgesetzt (Mattern & Lange, 2012b; Schone, 2014; Ziegenhain et al., 2011, S. 30). Die begrifflichen und damit auch konzeptionellen Differenzen sind ebenso im internationalen Vergleich von Angeboten Früher Hilfen zu beobachten (Guralnick, 2005). Trotz dieser definitorischen Differenzen lassen sich für Deutschland inhaltliche Schnittstellen identifizieren. So geht es bei Angeboten Früher Hilfen um jene, „die früh und rechtzeitig vorgehalten werden, um mögliche spätere Kindeswohlgefährdung und Vernachlässigung zu vermeiden oder zumindest abzupuffern." (Ziegenhain et al., 2011, S. 30). Diese doppelte Dimension Früher Hilfen verweist dementsprechend darauf, dass es sich um möglichst frühzeitige Angebote rund um die Geburt handelt. Die zweite Dimension bezieht sich mit frühzeitig auf einen Zeitpunkt vor dem Einsetzen einer möglichen Krise (Bathke, 2014; Schone, 2014). Gemäß dem wissenschaftlichen Beirat des Nationalen Zentrums Frühe Hilfen (NZFH) handelt sich damit um universell präventive und selektiv präventive Angebote. Sollten diese nicht zugunsten des Kindeswohls greifen, obliegt Akteuren Früher Hilfen auch die Weitervermittlung an Anbieter tertiärer Präventionsangebote (Ziegenhain et al., 2011, S. 30). Dementsprechend richtet sich die Grundidee Früher Hilfen an Familien, die aufgrund kumulativ wirkender Risikofaktoren, wie bspw. belastende Lebenslagen, an eigene Kompetenzgrenzen kommen (Eickhorst et al., 2016; NZFH, 2014c, S. 12; Renner & Sann, 2013; Schone, 2014). Bis nach der Jahrtausendwende existierten in Deutschland nur vereinzelte Ansätze zur Prävention im Kontext häuslicher Gewalt, die sich sowohl auf die Säuglingsphase als auch das Kleinkindalter konzentrierten (Ziegenhain, Fries et al., 2004, S. 115). Ebenso fehlte es zum damaligen Zeitpunkt an wissenschaftlich fundierten Anknüpfungspunkten zum Thema, welche die Konzeption von wirksamen Präventionsmaßnahmen ermöglicht hätten (Kindler, 2008). Im Rahmen der Novellierung des § 8a SGB VIII des Kinder- und Jugendhilfegesetzes zum 01. Oktober 2005 wurde das Thema Kinderschutz verstärkt in entsprechenden Fachkreisen thematisiert (Fegert, 2008, S. 204 f.; Ziegenhain et al., 2011, S. 29). Währenddessen initiierte die Bundesregierung das Aktionsprogramm „Frühe Hilfen für Eltern und Kinder und soziale Frühwarnsysteme" (2006–2010) finanziert durch das BMFSFJ, wodurch Modellprojekte in allen Bundesländern Deutschlands durchgeführt und wissenschaftlich begleitet werden konnten (BMFSFJ, 2006; Brand & Jungmann, 2012; Sann & Schäfer, 2008; Ziegenhain et al., 2011, S. 29). Koordiniert wurden diese Modellprojekte durch das NZFH. Träger dieser Koordinierungsstelle sind die Bundeszentrale für gesundheitliche Aufklärung (BZgA) und das Deutsche Jugendinstitut e. V. (NZFH, 2020, S. 8). Dem Aktionsprogramm folgte die Verwaltungsvereinbarung Bundesinitiative Netzwerke Frühe Hilfen und Familienhebammen (2012–2015), die auf dem KKG basiert (BMFSFJ, 2011). Um effiziente und etablierte regionale Netzwerke Frühe Hilfen langfristig zu sichern, folgte die Einrichtung der Fonds über die Bundesstiftung Frühe Hilfen (BMFSFJ, 2015; Sann, 2020; Scharmanski & Renner, 2018).

3.2 Ziele

Primäres Ziel des Aufbaus lokaler Unterstützungssysteme in Städten und Gemeinden ist es, regional vernetzte Angebote für Familien mit Kindern bereits ab dem Zeitpunkt der Schwangerschaft zur Verfügung zu stellen. Der Fokus liegt dabei auf Kindern bis zu einem Alter von drei Jahren. Durch die frühzeitige Kontaktaufnahme zu (werdenden) Eltern soll die familiäre Situation verbessert werden. Dabei stehen drei zentrale Aspekte im Vordergrund. Erstens geht es um die alltagspraktische Begleitung dieser Familien. Hierbei liegt der Fokus auf der Förderung der elterlichen Beziehungs- und Erziehungskompetenz (Brand & Jungmann, 2013a; A. Lohmann, 2015, S. 18; Olds, 1990; Renner, van Staa, Neumann, Sinß & Paul, 2021; Vonderlin & Pauen, 2013; Ziegenhain et al., 2011, S. 30). Zweitens geht es in Netzwerken Früher Hilfen um den „Schutz von Kleinkindern, die Früherkennung von Risiken und Gefährdungen" (Ziegenhain et al., 2011, S. 269). Drittens ist es notwendig, dass Familien selbst ein Verständnis für ihren realen Hilfebedarf entwickeln. Gerade bei niedrigschwelligen Angeboten, wie bspw. die Betreuung durch eine Hebamme, ist davon auszugehen, dass „persönliche Begegnungen und ein gelingender Beziehungsaufbau" (NZFH, 2014b, S. 7) zwischen Klientel und Fachkraft die Zielerreichung ebenso maßgeblich beeinflussen.

Vernetzung als Voraussetzung für das Gelingen Früher Hilfen ist auch aus entsprechenden Projekten im englischsprachigen Raum bekannt. Daraus ergibt sich eine weitere Zieldimension Früher Hilfen auf professioneller Ebene. Neben den oben formulierten Zielen auf Ebene der Familie geht es um den strukturierten, deutschlandweiten Aufbau interprofessioneller sowie intersektoraler, regionaler Netzwerke (Brand & Jungmann, 2013a; Sann, 2020). Aus einer ersten Evaluierung der Modellprojekte ging hervor, dass nicht nur die Einführung derselben genügt (Helming, Sandmeier, Sann & Walter, 2007). Vielmehr bedarf es zur Zielerreichung einer intensiveren Kooperation zwischen Gesundheitswesen und der Kinder- und Jugendhilfe (BMFSFJ, 2006; A. Lohmann, 2015, S. 19; NZFH, 2014b, S. 6; Sann, 2020). So ist in Deutschland eine historisch begründete Entwicklung beider Systeme in unterschiedlichen Bereichen zu verzeichnen. Trotz dieser unterschiedlichen Perspektiven ist eine Annäherung dringend notwendig, um Familien nachhaltige Hilfsangebote auf regionaler Ebene zur Verfügung zu stellen (A. Lohmann, 2015, S. 19; Sann & Schäfer, 2008). In Deutschland ist die Vernetzungsarbeit jedoch erschwert, da potenzielle Akteure Früher Hilfen auf Grundlage verschiedener Sozialgesetzbücher handeln (Künster, Knorr et al., 2010a). Ausführungen vom NZFH (2014b) zeigen, dass neben dem interdisziplinären Austausch sowie dem Aufbau einer regionalen Vernetzungsstruktur vorrangig auch eine „einzelfallbezogenen Zusammenarbeit zwischen Professionellen und Familien/Betroffenen" (S. 6) notwendig ist – wie in Abbildung 3.1 dargestellt.

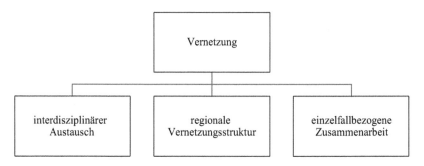

Abb. 3.1 Elemente regionaler Vernetzung. (Eigene Darstellung)

3.3 Akteure

Potenzielle Akteure Früher Hilfen lassen sich vier Sektoren zuordnen. Ausgehend von Erfahrungen aus den Modellprojekten des Aktionsprogrammes, liegt ein besonderes Augenmerk auf relevanten Akteuren des Gesundheitswesens, wie bspw. Hebammen bzw. Familienhebammen (Ayerle et al., 2014; NZFH, 2020, S. 8; Sann, 2020; Ziegenhain et al., 2011, S. 64). Hebammen gehören neben Gesundheits- und Krankenpflegenden, die im Gesundheitsbereich am häufigsten vertreten sind (A. Lohmann, 2015, S. 57). Zudem sollten neben Akteuren aus dem Bereich der Kinder- und Jugendhilfe sowie dem Gesundheitssystem auch Akteure aus der Schwangerschaftsberatung, bzw. Schwangerschaftskonfliktberatung als Beispiel für psychosoziale Beratungsstellen und „materieller Hilfen" teilhaben. Zu Letzteren gehören bspw. Jobcenter und Sozialleistungsträger, die gemeinsam mit weiteren Akteuren in Netzwerken Frühe Hilfen, wie z. B. Justiz, Polizei, Gemeinwesenarbeit und Wohnungshilfe, aufgeführt werden (NZFH, 2014b, S. 6; Sann, 2020).

3.3.1 Berufsbild der Hebamme

Die dreijährige Berufsschulausbildung zur Hebamme wird in Kooperation mit einem Krankenhaus durchgeführt (Hahn et al., 2013, S. 9). In Bezug auf das Niveau ist diese gleichwertig zu Ausbildungen anderer europäischer Länder, wo die Ausbildungszeit vier Jahre umfasst (Klausch, Sadenwasser & Ehle, 2013, S. 87). Die inhaltliche Ausrichtung basiert auf der Hebammenausbildungs- und

3.3 Akteure

Prüfungsverordnung (HebAPrV). Dem folgt eine staatlich anerkannte Abschlussprüfung. Die Berufsbezeichnung *Hebamme* ist seitens des Gesetzgebers geschützt (Hahn et al., 2013, S. 9; Mändle, 2003a). Dennoch fehlt in Deutschland ein einheitliches Konzept zur Ausbildung dieser Fachkräfte an Berufsschulen (Klausch et al., 2013, S. 88). Ähnlich wie in anderen europäischen Ländern erfolgt seit mehreren Jahren die „Akademisierung der Hebammenausbildung" (Hahn et al., 2013, S. 9). Im Jahr 2008 wurde der erste Bachelorstudiengang in Hebammenkunde (Midwifery) an der Fachhochschule Osnabrück angeboten. Es folgten weitere Ausbildungsstätten (Klausch et al., 2013, S. 87). In Deutschland sind Hebammen angestellt oder freiberuflich tätig. Ebenso möglich sind Mischformen beider Varianten. Grundlage für die praktische Tätigkeit ist neben dem Gesetz über den Beruf der Hebamme und des Entbindungspflegers (HebG) auch die Berufsordnung für Hebammen und Entbindungspfleger (HebBO). Letztere ist kein Bundesrecht und wird entsprechend seitens der Bundesländer als Landesgesetz erlassen (Mändle, 2003a). In Bezug auf die Fortbildungspflicht für Hebammen in M-V ist laut § 6 HebBO zu konstatieren, dass Nachweise über geleistete Stunden den zuständigen Gesundheitsämtern als Aufsichtsbehörde vorzulegen sind (Landeshebammengesetz [LHebG], 2000; Mattern & Lange, 2012b). Thematisch beziehen sich Fortbildungsinhalte vorrangig auf medizinische und hygienische Bereiche (LHebG, 2000). Die Ausübung des Berufes der Hebamme basiert des Weiteren auf ethischen Grundsätzen. Neben der gesetzlich verankerten Schweigepflicht und dem Zeugnisverweigerungsrecht gehört hierzu, dass die Betreuung einer Klientin in keinem Fall zu verweigern ist. Darüber hinaus gilt die Vernetzung mit anderen Fachkräften des eigenen Berufsstandes und anderer Professionen als gesetzlich verankerter und historisch geprägter Grundsatz der beruflichen Tätigkeit (Ensel, 2002, S. 224; Handgraaf, Schlüter-Cruse, Reuschenbach, Rausch & Hausen, 2019; Horschitz et al., 2015, S. 15; Mattern & Lange, 2012b). Zu den primären Zielen der frühzeitigen Hebammenbetreuung ab dem Zeitpunkt der Schwangerschaft gehört es, Frauen bzw. Paare auf die Elternschaft vorzubereiten und zudem Risiken seitens der Mutter oder des Kindes frühestmöglich zu identifizieren (Mändle, 2003b). Zuletzt genannter Aspekt ist im Rahmen der originären Hebammenhilfe insofern möglich, als neben der medizinischen vor allem auch die psychosoziale Betreuung der Familien einen bedeutenden Teil einnimmt (DHV, 2014; Horschitz et al., 2015, S. 15 f.). Neben diesen explizit formulierten Zielen der originären Hebammentätigkeit geht damit implizit auch der Blick auf das Kindeswohl einher (DHV, 2014). Deshalb gehört diese Berufsgruppe auch zu jenen, die laut § 4 KKG dazu verpflichtet sind, notwendige Schritte bei einem Verdacht auf Kindeswohlgefährdung einzuleiten (Horschitz et al., 2015; Rassenhofer, 2020). Wie diese Aufgabe in der Praxis umgesetzt wurde, war zum Zeitpunkt der Erhebung unbekannt (NZFH, 2016a, S. 18). Bereits ab der Schwangerschaft spielt zudem die Motivation der Familie zur Annahme eventuell notwendiger Unterstützungsmaßnahmen eine wichtige Rolle (Cierpka, 2012a). Während der Wochenbettbetreuung steht die Stillförderung im Fokus, welche die Mutter-Kind-Bindung begünstigt. Ferner geht es während dieser ersten Betreuungsphase darum, ein professionelles Vertrauensverhältnis zur Schwangeren aufzubauen (Klausch et al., 2013, S. 78 ff.). Bei einem normalen Schwangerschaftsverlauf kann die Hebamme mit Ausnahme der letzten beiden Schwangerschaftswochen einmal monatlich konsultiert werden. Während der letzten zwei Monate ist eine Beratung im Abstand von zwei Wochen möglich (Mändle, 2003b). Nach der Geburt besteht die Möglichkeit der Inanspruchnahme von Hebammenhilfe bis zum Ende der Stillzeit (Mattern & Lange, 2012b). Die Wochenbettbetreuung, 12 Wochen post partum (Bundesministerium der Justiz und für Verbraucherschutz, 2019b), ist in Deutschland als „eine den Hebammen sowie Ärztinnen und Ärzten vorbehaltene Tätigkeit, welche von ursprünglich acht Wochen (Hahn et al., 2013, S. 9) im Jahr 2015 auf 12 Wochen verlängert wurde. Diese Änderung fand im Rahmen des Entwurfs eines Gesetzes zur Stärkung der Gesundheitsförderung und der Prävention, Präventionsgesetz (PrävG) statt (GKV-Spitzenverband, 2015, S. 53). Bereits vor der beschriebenen Änderung gehörten freiberufliche Hebammen im Gegensatz zu ausschließlich in Kliniken angestellte Hebammen zu jenen Gesundheitsfachkräften, die ein bedeutend größeres Zeitfenster zur Begleitung der Klientel zur Verfügung haben (Horschitz et al., 2015, S. 15; Ziegenhain et al., 2011, S. 86). Bei aufeinanderfolgenden Schwangerschaften begleitet die Hebamme eine Klientin oft auch über mehrere Jahre hinweg. Bereits vor Einführung erster Zusatzqualifikationen zur Familienhebamme hatten Hebammen zudem die Möglichkeit, den Zeitraum zur Arbeit mit Risikofamilien, v. a. im Sinne des präventiven Kinderschutzes, zu verlängern (Toussaint, 2007). Darüber hinaus leiten Hebammen Geburten in Kliniken oder Einrichtungen der außerklinischen Geburtshilfe bzw. Hausgeburten. Ähnlich anderer Anbieter des Gesundheitswesens, müssen Hebammen „mit einem festgelegten Leistungskontingent auskommen." (Mattern & Lange, 2012b). Für über die Krankenkassen versicherten Klientinnen wird ein Großteil der Leistungen im Rahmen einer definierten Fallpauschale abgerechnet (Horschitz et al., 2015, S. 84 f.; Ziegenhain et al., 2011, S. 87). Nur Ausnahmen, wie bspw. die Geburtshilfe selbst oder „Hilfe bei Schwangerschaftsbeschwerden oder Wehen" (Mattern & Lange, 2012b) können nach dem realen Zeitaufwand abgerechnet werden. Aus Tabelle 3.1 geht hervor, dass die Hebamme während der ersten zehn Lebenstage des Säuglings täglich zwei Hausbesuche durchführen kann. In der nachfolgenden Zeit sind abhängig vom Alter des Säuglings mehrere telefonische oder aufsuchende Kontakte möglich (Mattern & Lange, 2012b).

Tab. 3.1 originäre Hebammenbetreuung rund um die Geburt. (Eigene Darstellung)

Zeitpunkt	Kontaktart	Maximale Anzahl der Kontakt
Schwangerschaft	Aufsuchend	einmal monatlich alle 14 Tage (letzte zwei Schwangerschaftsmonate)
Wochenbettbetreuung		
Tag 1 bis 10 post partum 11. Tag bis 12. Woche post partum)	aufsuchend aufsuchend oder telefonisch	zweimal täglich (erster bis zehnter Tag postpartum) insgesamt 16 Kontakte (ab dem 11. Tag postpartum)
Stillzeit (Beikost)	aufsuchend telefonisch	vier Kontakte vier Kontakte

3.3.2 Berufsbild der Familienhebamme

Im Rahmen des Fachdiskurses zum präventiven Kinderschutz wurde der Fokus immer stärker auf Familienhebammen gelegt (Ayerle, 2012, S. 6). Bereits zwanzig Jahre vor der erneuten Beschäftigung mit diesem Konzept nach der Jahrtausendwende existierten erste Ansätze zur Ausbildung von Familienhebammen. In den 1980er Jahren wurde dieser, vorrangig im medizinischen Bereich verortete Präventionsansatz jedoch nicht weiterverfolgt. Folglich blieb eine flächendeckende Einführung aus (Klausch et al., 2013, S. 77; Schröder, Zeller & Rettig, 2014). Heute wie damals handelt es sich bei Familienhebammen um ausgebildete Hebammen, die im Rahmen einer berufsbegleitenden Zusatzqualifizierung (ca. 200 bis 400 Stunden) zur Arbeit im Kontext Früher Hilfen befähigt werden (Ayerle et al., 2014; Hahn et al., 2013, S. 9; Horschitz et al., 2015, S. 21; Klausch et al., 2013, S. 77; Makowsky & Schücking, 2010). Wie genau diese Qualifikationskurse sowie deren Inhalte organisiert werden, ist nicht nur von einzelnen Bundesländern abhängig, sondern variiert auch innerhalb der Weiterbildungsanbieter. Da der Tätigkeitsbereich keiner gesetzlichen Regelung unterliegt, initiierten einzelne Bundesländer Projekte zum landesweiten Einsatz dieser zusätzlich qualifizierten Gesundheitsfachkräfte (Mattern & Lange, 2012b; Ziegenhain et al., 2011, S. 86). In den Jahren 2006 bis 2008 startete in M-V ein Familienhebammenprojekt in

Kooperation des Ministeriums für Soziales und Gesundheit und des Landeshebammenverbandes. Im Rahmen des durch die Landesregierung geförderten Projektes nahmen insgesamt 36 Hebammen an dieser Weiterbildung teil. Im Jahr 2013 war eine Teilnehmerzahl von 64 Hebammen zu verzeichnen. 50 Fachkräfte wurden als Familienhebammen im Rahmen des Landesprogramms „Familienhebammen in M-V" tätig (Klausch et al., 2013, S. 77). Zu verorten ist dieses Aufgabenfeld „an der Schnittstelle zwischen Gesundheitssystem und Jugendhilfe" (Ayerle, 2012, S. 4). In M-V schließt jede Familienhebamme einen Honorarvertrag mit dem zuständigen Gesundheitsamt (Klausch et al., 2013, S. 77). Vergütet durch Landesmittel werden jene „Leistungen, die über den,Vertrag über Versorgung mit Hebammenhilfe nach § 134a SGB V', insbesondere die Wochenbettbetreuung, hinausgehen" (Ayerle, 2012, S. 7). Im Zentrum der Tätigkeit der Familienhebamme steht die interdisziplinäre Zusammenarbeit mit anderen Fachbereichen und Netzwerken (Hahn et al., 2013; Klausch et al., 2013, S. 77). In M-V gibt es zudem die Option, dass beratende Leistungen der Familienhebamme, wie z. B. zu weiterführenden Hilfsangeboten, auch dem Gesetz über den öffentlichen Gesundheitsdienst zuzuordnen ist (Horschitz et al., 2015, S. 61). Die Familienhebamme übernimmt somit eine Lotsinnenfunktion im Netzwerk Früher Hilfen (Ayerle, 2012, S. 7; Hahn et al., 2013, S. 20). Wie genau sich diese Vernetzungstätigkeit in der Praxis darstellt, ist Bestandteil der jeweiligen Zusatzqualifikationen zur Familienhebamme (Mattern & Lange, 2012b). In M-V wurde 2010 eine landesweite Koordinierungsstelle für Familienhebamme eingerichtet, wodurch eine gute Verortung dieses zusätzlichen Angebots Früher Hilfen im Bereich der frühzeitigen Präventionsangebote zu verzeichnen ist (Horschitz et al., 2015, S. 30; Klausch et al., 2013, S. 77). Ausgehend von der Idee, dass je eine Hebamme und eine Familienhebamme zeitgleich mit einer Familie arbeitet, ergeben sich Schnittstellen der jeweiligen Zuständigkeiten. Die Hebamme agiert im Rahmen des durch die gesetzlichen Krankenkassen festgelegten Leistungsspektrums. Hierbei geht es vorrangig um aktuelle Situationen bzw. Beratungen mi Blick auf eine Veränderung bestimmter Verhaltensweisen. Demgegenüber unterstützt die Familienhebamme Familien „mit erhöhtem Unterstützungsbedarf" (Hahn et al., 2013, S. 9) bei der Umsetzung von neuen Verhaltensweisen in Bezug auf die physische oder psychische Gesundheit (Deutsches Jugendinstitut, 2006, S. 51). Ferner hat eine Familienhebamme die Möglichkeit, Klientinnen bspw. bei Arztbesuchen oder zur Beratung in einer Behörde zu begleiten. Im Fokus steht auch hier vorrangig „die Gesundheit des Kindes und die Prävention von Entwicklungsrisiken" (Mattern & Lange, 2012b). Zudem wird die Familienhebamme bei gewichtigen Anhaltspunkten für eine Kindeswohlgefährdung aktiv (Hahn et al., 2013, S. 21). Ein erster wichtiger Unterschied zwischen dem Aufgabenbereich von Hebamme und Familienhebamme ist, dass Letztere v. a. „auch den Vater oder andere primäre Bezugspersonen des Säuglings in ihre Betreuung mit einbezieht." (Hahn et al., 2013, S. 16) Dies ist insofern in Bezug auf Frühe Hilfen von besonderem Interesse, als dass frühe Schwangerschaften sehr belastend für die „Qualität der partnerschaftlichen Beziehung von der Schwangerschaft bis zu einem Jahr und länger nach der Geburt des ersten Kindes." (Cierpka, Scholtes, Frey & Köhler, 2011) sein können. Hinzu kommt, dass das soziale Umfeld des Säuglings bei jeder Art von Intervention mit einzubeziehen ist (Kißgen & Suess, 2005). Als zweiter Unterschied ist anzuführen, dass die von Familienhebammen zu bearbeitenden psychosozialen Fragestellungen seitens der Familie häufig als äußerst komplex und damit als arbeitsintensiver einzustufen sind. Aufgeführte Aspekte verändern die Arbeitsbeziehung zwischen Familienhebamme und Familien (Hahn et al., 2013, S. 16). Die jeweiligen Vorgehensweisen der Familienhebammen variieren jedoch auch in Abhängigkeit vom jeweiligen Anstellungsverhältnis bzw. Auftraggeber. Während bspw. freiberufliche Familienhebammen, die auf Honorarbasis mit dem Gesundheitsamt arbeiten, aufgeführte Beziehungsaspekte in den Vordergrund stellen, liegt der Fokus von Familienhebammen, die für das Jugendamt tätig sind, vor allem auf strukturellen Merkmalen der Begleitung (Makowsky & Wallmeyer-Andres, 2015, S. 30).

Tätigkeitsfelder und Kooperation mit Hebammen

Grundsätzlich gilt, dass „es weder eine klare gesetzliche Abgrenzung zur originären Hebammentätigkeit (SGB V, § 134 a), noch eine formale Zuordnung zur ambulanten Kinder- und Jugendhilfe (SGB VIII, § 16)" (Hahn et al., 2013, S. 9) gibt. In einigen Bundesländern, mit Ausnahme von bspw. M-V, beginnt die Arbeit der Familienhebamme während der Schwangerschaft (Ayerle et al., 2014; Klausch et al., 2013, S. 77). Die Entscheidung über den Einsatz einer Familienhebamme ist in der Praxis meist nicht abhängig von der Existenz bestimmter Risikofaktoren. Vielmehr wird der Bedarf durch die Hebamme oder andere Akteure in Netzwerken Früher Hilfen beschrieben. Wie in Tabelle 3.2 im Detail dargestellt, besteht ein weiterer Unterschied zwischen Hebamme und Familienhebamme bspw. auch darin, dass die Vergütung der Leistung Letzterer in den meisten Fällen nach der real aufgewendeten Arbeitszeit erfolgt, wobei gleichzeitig „Umfang und Inhalt der Tätigkeit" (Mattern & Lange, 2012b) durch die jeweils zuständigen Jugend- bzw. Gesundheitsämter definiert werden. Gleichzeitig muss jede Familienhebamme jedoch die finanziellen Vereinbarungen mit der zuständigen Behörde aushandeln. Hierbei geht es nicht nur um die Leistungen selbst, sondern vielmehr auch um eine Vergütung der Netzwerktätigkeit wie z. B. im Kontext Früher

Hilfen (Mattern & Lange, 2012b). Diese vertraglichen Absprachen stellen in der Praxis nicht selten auch Herausforderungen dar (Ayerle et al., 2014).

Tab. 3.2 Leistungen und Rahmenbedingungen von Familienhebammen und Hebammen (Mattern & Lange, 2012)

Hebamme	Familienhebamme
Regelleistung des Gesundheitssystems	keine gesetzliche Regelleistung; Bezahlung erfolgt über kommunalen oder freien Träger
Leistungsspektrum gemäß den Vergütungsvereinbarungen mit der Krankenkasse	Leistungsspektrum entsprechend Konzeption und individuellem Auftrag, Begleitung zu Akteuren Früher Hilfen möglich
Freiberuflichkeit	Honorarvertrag oder Angestellte
Initiative zur Inanspruchnahme geht meist von der Frau, seltener von den Akteuren Früher Hilfen aus	Initiative zur Inanspruchnahme wird eher innerhalb des Netzwerkes Frühe Hilfen vermittelt
Hebammenleistungen bedürfen im Rahmen der Gebührenverordnung keiner ärztlichen Anordnung	Indikation, Dauer und inhaltlicher Schwerpunkt der Hilfeleistung werden vom Träger mitbestimmt
Auftraggeberin ist die Frau (mündlicher Vertrag reicht aus)	Auftraggeber ist gegebenenfalls je nach Konzeption die Frau/Familie, parallel aber immer auch der kommunale oder freie Träger
Vergütung erfolgt eher pauschal, unabhängig vom Zeitaufwand	Vergütung erfolgt eher dem zeitlichen Aufwand entsprechend
Fahrtzeit wird je Kilometer abgerechnet (deckt pauschal die Fahrzeugkosten und den Zeitaufwand ab)	es gibt keine allgemeingültige Regelung
Hebamme unterliegt den gesetzlichen Schweigepflichtregelungen	Familienhebamme unterliegt den gesetzlichen Schweigepflichtregelungen
Wochenbettbetreuung ist eine den Hebammen und Ärztinnen/Ärzten vorbehaltene Tätigkeit	Tätigkeitsspektrum kann, wenn der Auftrag entweder Mutter oder Kind betrifft, auch von anderen Berufen wie Gesundheitskinderkrankenpflegerinnen oder Kinderkrankenpflegerinnen ausgeführt werden
Zeitpunkt der Beendigung der Hilfeleistung wird durch den gesetzlichen Rahmen des Anspruchs mitbestimmt	Zeitpunkt der Beendigung der Hilfeleistung wird durch Etat und Auftrag mitbestimmt

Der Vorteil einer engen Kooperation zwischen Hebamme und Familienhebamme besteht darin, dass durch eine klare Aufgabenteilung die zeitlichen Ressourcen der Hebamme geschont werden, was wiederum einer beruflichen Überlastung vorbeugt. Zudem handelt es sich bei einer solchen Zusammenarbeit um eine besondere Situation, weil sich Familienhebammen und damit auch Hebammen grundsätzlich auf Begleitung des kritischen Lebensereignisses der Geburt spezialisiert haben. Bei anderen Akteuren Früher Hilfen stellt die Begleitung dieser Lebensphase lediglich einen Teil des gesamten Leistungsspektrums dar. In Deutschland ist es zudem möglich, dass originäre Hebammenleistungen und Aufgaben der Familienhebamme durch ein- und dieselbe Person übernommen werden. Dies ist dann möglich, wenn es sich um eine freiberufliche Hebamme handelt. In der Praxis hat sich diese Form bewährt, „wenn Vertrauen und Beziehungsfähigkeit erst aufgebaut und Hilfeeinsicht erarbeitet werden müssen." (Mattern & Lange, 2012b).

3.4 Qualitätsanforderungen: Praxiserfahrung und Zukunftsorientierung

Wie genau oben beschriebene Zieldimensionen in Zusammenarbeit mit Akteuren verschiedener Leistungssystem erreichbar werden, kann mithilfe bestimmter Anforderungen an die Angebote Früher Hilfen beschrieben werden. Diese Qualitätsanforderungen wurden aus Praxiserfahrungen des Aktionsprogramms „Frühe Hilfen für Eltern und Kinder und Frühwarnsysteme" (2006–2010) abgeleitet. Es handelt sich um konkrete Strategien zur Unterstützung von Familien in belastenden Lebenslagen, wobei ein besonderer Fokus auf Herausforderungen in der Erziehung und Bewältigung alltäglicher Aufgaben liegt. Auf diese Weise kann „einer späteren Kindeswohlgefährdung präventiv begegnet werden" (NZFH, 2014c, S. 12). Langfristig gesehen bedarf es einer Überführung von Modellprojekten Früher Hilfen in das bereits bestehende Regelsystem. Weiterhin ist es von Bedeutung, dass Angebote Früher Hilfen so konzipiert sind, dass sie flexibel an den individuellen Bedarf jeder begleiteten Familie angepasst werden können. Damit die Zielgruppe dieser Hilfen erreicht werden kann, bedarf es systematischer Zugänge. Über diese Zugänge können, gemäß dem universell präventiven Charakter Früher Hilfen, alle Familien rund um die Phase der Geburt von möglichst unterschiedlichen Akteuren erreicht werden. Die vierte Qualitätsanforderung bezieht sich auf potenzielle Akteure Früher Hilfen, die Familien mit extrem erhöhten Unterstützungsbedarf aufgrund von Unterversorgung auch zur aktiven Teilnahme an weiteren Hilfsangeboten motivieren. Damit jedoch eine solche Weitervermittlung funktionieren kann, bedarf es fünftens der regionalen Vernetzung, wozu vor allem auch verbindliche Kooperationen zwischen Akteuren notwendig sind, damit „sichere Übergänge zwischen den Systemen geschaffen werden." (NZFH, 2014c, S. 13). Eine sechste Qualitätsanforderung, wie in Tabelle 3.3 dargestellt, bezieht sich auf die systematische und vor allem objektivierbare Risikoeinschätzung unter Nutzung ausgewählter Instrumente. Die zuletzt anzuführende Anforderung an die Angebote Früher Hilfen fokussiert das Monitoring einer langfristig angelegten Begleitung von teilweise verschiedenen Akteuren in einer Familie (NZFH, 2014c, S. 12 f.).

Tab. 3.3 Qualitätsanforderungen an die Angebote Früher Hilfen. (Eigene Darstellung in Anlehnung an NZFH, 2014c, S. 12 f.)

Kategorie I	Kategorie II	Kategorie III
Anpassung von Hilfen an individuellen Bedarf der Familie	Vernetzung und verbindliche Kooperation von Akteuren Früher Hilfen	Risiken erkennen (systematisch und objektiviert)
Verankerung im Regelsystem	Motivation der Familie (aktive Teilnahme an weiterführenden Hilfen)	Monitoring (Verlauf der Hilfeerbringung)
	Zugang zur Zielgruppe (systematisch und umfassend)	

Anforderungen an Hebammen und Familienhebammen
Aufgeführte Qualitätsanforderungen beziehen sich auf sämtliche Akteure bzw. Angebote Früher Hilfen. Am Beispiel der originären Hebammentätigkeit wird im Folgenden aufgezeigt, dass es in Deutschland durchaus bereits etablierte Angebote für Familien während der Zeit rund um die Geburt gibt. Zwei Qualitätsanforderungen an die Angebote Früher Hilfen werden von Hebammen aufgrund des zugeschriebenen Kompetenzbereiches bereits erfüllt. Zum einen stellt die Begleitung durch Hebammen eine Regelleistung für alle schwangeren Frauen in Deutschland dar. Aufgrund der aufsuchenden individuellen Begleitung erfüllen Hebammen zudem auch die Qualitätsanforderung der flexiblen Hilfeanpassung in Abhängigkeit von der jeweiligen Situation der begleiteten Familie (DHV, 2014; Grieshop, 2013; Horschitz et al., 2015, S. 15; Sann, 2020). In Tabelle 3.3 wurden diese zwei Qualitätsanforderungen der Kategorie I zugeordnet. Im Gegensatz dazu ergeben sich die in Kategorie II aufgeführten Qualitätsanforderung nicht automatisch aus den für Hebammen handlungsleitenden, gesetzlichen Vorgaben.

3.4 Qualitätsanforderungen: Praxiserfahrung ...

Vielmehr wird aufgrund von Praxiserfahrungen, bspw. aus den Modellprojekten, davon ausgegangen, dass Hebammen zu jenen Akteuren Früher Hilfen zählen, die einen systematischen Zugang zu (werdenden) Eltern haben und diese bei Bedarf aufgrund des bestehenden Vertrauensverhältnisses auch dazu motivieren können, weitere Angebote Früher Hilfen in Anspruch zu nehmen (Cierpka, 2012a; NZFH, 2021b; Renner, 2010). In diesem Zusammenhang wird zudem die Bedeutung dieser Gesundheitsfachkräfte unterstrichen, wodurch die Annahme entsteht, dass eine Vernetzung zu regionalen Anbietern automatisch auch gegeben ist. Diese Annahme ergibt sich unter anderem auch aus einer gesetzlichen verankerten Möglichkeit der Hebammen für Vernetzungsaktivitäten, wie bspw. § 73 SGB V oder länderspezifische Berufsordnungen (NZFH, 2015, S. 9). Auch im Rahmen des nationalen Gesundheitszieles wird das Thema Vernetzung als Teilziel im Zusammenhang mit der originären Hebammenbetreuung formuliert (Stamm, 2017). Darüber hinaus gibt es im Kontext Früher Hilfen zwei weitere Qualitätsanforderungen. Neben dem systematischen Erkennen möglicher Risiken ist auch das Monitoring des Hilfeprozesses nach vorliegenden Praxiserfahrungen von deutlichen Unsicherheiten sowie Herausforderungen durch Systemgrenzen geprägt. Beide Anforderungen werden einer dritten Kategorie zugeordnet, da eben diese ausgehend von den Praxiserfahrungen auch in Bezug auf das Berufsbild bzw. das Handlungsfeld der Hebamme noch weiterzuentwickeln sind. Alle beschriebenen und zum Teil bereits gegebenen Qualitätsanforderungen treffen darüber hinaus auch auf Familienhebammen zu, da es sich hierbei immer um examinierte Hebammen mit einer Zusatzqualifikation handelt (Ayerle, 2012, S. 7 f.; Hahn et al., 2013, S. 9; Klausch et al., 2013, S. 77; Makowsky & Schücking, 2010). Gleichwohl ist davon auszugehen, dass aufgrund des erweiterten Kompetenzbereiches bei Familienhebammen ebenso beide Qualitätsanforderungen der Kategorie III zu beobachten sind. Ferner ist aufgrund der Qualifizierung bei Familienhebammen eine stärkere Ausprägung der in der Kategorie III beschriebenen Qualitätsanforderungen anzunehmen (M. Albrecht et al., 2012, S. 78).

4 Integration konzeptioneller und theoretischer Konzepte im Kontext der Prävention

Im Risiko- und Schutzfaktoren-Modell wird davon ausgegangen, dass entwicklungswirksame Einflüsse aus der Umwelt in kritischen Entwicklungsphasen maximal negative bzw. maximal positive Auswirkungen auf die kindliche Entwicklung haben (Eickhorst et al., 2016; Rutter, 1990). Als kritische Phasen können Entwicklungsübergänge betrachtet werden, wie z. B. der Übergang von der Partnerschaft zur Elternschaft (Erstelternschaft), aber auch die gesamte frühe Kindheit, in der in vergleichsweiser kurzer Zeit sehr viel Neues in allen Entwicklungsbereichen gelernt wird. Deshalb sind Wechselwirkungen zwischen Risiko- und Schutzfaktoren bei der Konzeption und Durchführung von Präventionsangeboten mit in den Blick zu nehmen. Für Netzwerke Frühe Hilfen und deren Angebote ergeben sich aufgrund der Komplexität dieser Wechselwirkungen zwischen Risiko- und Schutzfaktoren in prekären Lebenslagen Bezüge zum Selbstwirksamkeitskonzept (Bandura, 1977), zur Bindungstheorie (Bowlby, 1973) sowie zu Bronfenbrenners (1977, 1993) sozialökologischem Konzept (Olds, 2010). Dieses theoretische Fundament mit den drei ineinander verschachtelten Konzepten dient der Identifikation von Risiko- und Schutzfaktoren sowie deren Wechselwirkungen, die z. B. bei der Vernetzung von regionalen Präventionsangeboten aktiviert werden. Mit Blick auf die forschungsleitende Frage der vorliegenden Promotionsschrift liegt der Fokus auf dem sozialökologischen Konzept Bronfenbrenners (1977). So besteht das primäre Ziel von regionalen Angeboten Früher Hilfen in der möglichst frühzeitigen Prävention einer Kindeswohlgefährdung, z. B. durch Vernachlässigung, Misshandlung oder Missbrauch im ersten Lebensjahr. Dies kann bspw. durch eine intersektorale Vernetzung relevanter Netzwerkakteure auf regionaler Ebene geschehen (Künster, Knorr, Fegert & U. Ziegenhain, 2010b; Kindler & Suess, 2010; Ziegenhain et al., 2011, S. 30). Ist z. B. die Hebamme bzw. Familienhebamme gut vernetzt, kann dies relevant sein für die Begleitung von Klientinnen in prekären Lebenslagen. Die Besonderheit des Handlungsfeldes dieser Gesundheitsfachkräfte zeichnet sich dadurch aus, dass sie im Sinne der Qualitätsanforderungen (Kategorie I) an Unterstützungs- und Beratungsangebote Früher Hilfen mindestens zwei relevante Aspekte im Rahmen der originären Hebammenhilfe bereits erfüllen: 1. Hebammen bzw. Familienhebammen sind bereits in die Regelversorgung eingebettet, 2. bieten sie eine auf individuelle Bedürfnisse von Familien abgestimmte Begleitung an (DHV, 2014; Grieshop, 2013). Die in Netzwerken Früher Hilfen angestrebte Vermittlung von weiterführenden Beratungs- und Unterstützungsangeboten durch Hebammen bzw. Familienhebammen kann nur dann erfolgen, wenn diese Gesundheitskräfte im Sinne der Qualitätsanforderungen aus Kategorie II mit regionalen Netzwerkakteuren in Verbindung stehen, und idealerweise verbindliche Kooperationen existieren. Dem schließen sich Überlegungen zu zwei weiteren Qualitätsanforderungen (Kategorie II) an, nämlich Zugang zur Klientel und Motivation der Inanspruchnahme von weiteren Hilfen. Dementsprechend scheinen Bestrebungen einer systematischen Vernetzung der Hebammen bzw. Familienhebammen im Kontext intersektoraler Kooperationen nur dann zielführend zu sein, wenn beide zuletzt genannten Qualitätsanforderungen zutreffen. Damit die Motivation zur Inanspruchnahme weiterführender Hilfen und damit auch die Erfüllung der angenommenen Lotsinnenfunktion der Hebamme bzw. Familienhebamme möglich wird, bedarf es den therapeutischen Arbeitsbündnissen ähnlichen Beziehungen zu Klientinnen, die im engen Zusammenhang mit der Zufriedenheit von Klientinnen mit den Angeboten Früher Hilfen steht (Brand & Jungmann, 2013a; Doherty, 2009; Lenzmann et al., 2010).

4.1 Vernetzung der Hebamme in Netzwerken Frühe Hilfen

Dem sozialökologischen Systemgedanken folgend interagieren Hebammen bzw. Familienhebammen in Netzwerken Früher Hilfen im Mesosystem. Diese Interaktion entsteht durch eine Vernetzung dieser Fachkräfte (Mikrosystem) mit anderen Akteuren des regionalen Netzwerkes Früher Hilfen (Exosystem). Die Vernetzung selbst ist als dynamische Proxy-Variable zu verstehen. Über diese kann die Wahrscheinlichkeit der frühzeitigen Prävention einer Kindeswohlgefährdung erhöht werden. Damit stellt die Vernetzung im Kontext Früher Hilfen den Gegenpol zu gesetzlich fest verankerten Zuständigkeiten sowie Systemgrenzen und damit verhinderten Systemübergängen, bspw. zwischen Gesundheitssystem und

Kinder- und Jugendhilfe, potenzieller Akteure Früher Hilfen dar. Diese statischen Proxy-Variablen sind folglich als eine Ursache für nicht frühzeitig erkannte Kindeswohlgefährdungen anzusehen. Im Gegensatz zu statischen, können dynamische Proxy-Variablen, wie z. B. die Vernetzung regionaler Akteure, gezielt verändert werden. Erste Impulse in diese Richtung wurden durch die Bundesinitiative „Netzwerke Frühe Hilfen und Familienhebammen" (2012–2015) gegeben. Anstatt neue Präventionsangebote für Familien in der Phase rund um die Geburt bis zum ersten Geburtstag zu konzipieren, stand die systematische Veränderung des gegebenen Kontextes, wie in Abbildung 4.1 skizziert, durch die Vernetzung bereits vorhandener Angebote im Vordergrund. Es ist davon auszugehen, dass die Wahrscheinlichkeit für Kindeswohlgefährdung in der frühen Kindheit vor allem durch eine systematische Einbindung von Berufsgruppen des Gesundheitswesens, wie z. B. die Hebamme bzw. Familienhebamme, reduziert werden kann (Kindler & Suess, 2010; Liel, 2010, 2017).

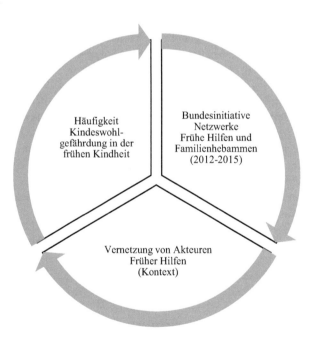

Abb. 4.1 Regionale Vernetzung als eine dynamische Proxy-Variable. (Eigene Darstellung)

Diese Annahme für eine mögliche Wirkung der Proxy-Variablen *Vernetzung* lässt sich aus sozialökologischer Perspektive durch die Interdependenz der einzelnen Systeme beschreiben. So hat der systematische Ausbau von Netzwerken Frühe Hilfen, wie er auf Bundesebene durch eine entsprechende Gesetzgebung (Makrosystem) ermöglicht wurde, einen direkten Einfluss auf regionale Kontexte (Exosystem), die sich durch Interaktion potenzieller Netzwerkpartner (Mesosystem) mit Hebammen bzw. Familienhebammen (Mikrosystem) verändern. Mit diesen systematischen Vernetzungsbestrebungen geht im Verlauf der Zeit auch die Übernahme neuer Rollen einher (Chronosystem). Die originäre Hebammentätigkeit wird um verstärkte, intersektorale Vernetzungsaktivitäten erweitert. Dementsprechend ist davon auszugehen, dass sich genau dieses ideale Rollenbild der Hebamme bzw. Familienhebamme, – als wichtige Helferin und Lotsin in Netzwerken Früher Hilfen, – aufgrund veränderter Kontexte (Exo- und Makrosystem) während der Bundesinitiative entwickelte. Idealerweise handelt es sich dementsprechend um Vernetzungsaktivitäten außerhalb des eigenen Berufsstandes der Hebammen sowie über gesetzlich festgelegte Systemgrenzen hinweg. Das bedeutet, dass Hebammen bzw. Familienhebammen bspw. auch mit Akteuren der Kinder- und Jugendhilfe oder mit der interdisziplinären Frühförderung interagieren (Künster, Knorr et al., 2010b; Mattern, Ayerle & Behrens, 2012, S. 7; Schlüter-Cruse & Sayn-Wittgenstein, 2017; Ziegenhain et al., 2011, S. 59). Existierende intersektorale Kooperationen sollten verbindlich sein, damit potenziellen Akteuren in Netzwerken Früher Hilfen der Zugang zu Familien in belastenden Lebenslagen verbessert wird (Sann, 2010). Dies wiederum stärkt die Rolle der Hebammen als Lotsinnen. Durch diese sozialökologische Modellannahme wird darüber hinaus die systematische Identifikation von Gründen für bzw. gegen eine erfolgreiche intersektorale Vernetzung aus Perspektive potenzieller Netzwerkakteure Früher Hilfen bzw. auch Adressatinnen dieser ebenso möglich.

4.2 Interaktion der Hebamme mit der Klientin

Eine wesentliche Voraussetzung für die Erfüllung dieser Helfer- bzw. Lotsinnenfunktion ist jedoch, dass Hebammen bzw. Familienhebammen tatsächlich Zugang zur Klientel haben (Renner, 2010). Zudem muss die Interaktion zwischen Klientin und Hebamme bzw. Familienhebamme (Mesosystem der Klientel) eine bestimmte Beziehungsintensität aufweisen, damit eine Inanspruchnahme weiterführender Hilfen durch die Frau bzw. auch durch die Familie wahrscheinlich wird (Olds, Kitzman, Cole & Robinson, 1997; Olds, Hill, Robinson, Song & Little,

4.2 Interaktion der Hebamme mit der Klientin

2000). Ideale Beziehungen zwischen Klientel und Hebammen bzw. Familienhebammen sind im primär- bzw. auch im sekundärpräventiven Sinne vergleichbar mit starken therapeutischen Arbeitsbündnissen (Brand & Jungmann, 2013b; Lenzmann et al., 2010). Aufgrund der Interdependenzen der einzelnen Systeme ist ferner davon auszugehen, dass sich das berufliche Selbstverständnis von Hebammen und damit auch die Interaktion mit der Klientel durch die Einbindung in Netzwerke Frühe Hilfen verändert (Künster, Knorr et al., 2010b; Bronfenbrenner, 1977). Vorteilhaft sind hierbei möglichst heterogene, das bedeutet intersektorale Vernetzungsstrukturen, wie sie in auch Netzwerken Frühe Hilfen angestrebt werden (Borgatti & Lopez-Kidwell, 2011). Die in Netzwerken Frühe Hilfen und Familienhebammen thematisierte Lotsinnenfunktion dieser Gesundheitsfachkräfte kann auf Basis des sozialökologischen Konzeptes jedoch nicht ausschließlich durch die therapeutische Allianz zwischen Klientin und Hebamme bzw. Familienhebamme und der angestrebten intersektorale Vernetzung beschrieben werden. So ist nach Bronfenbrenner (1977) ebenso davon auszugehen, dass diese Vernetzung und die damit in Verbindung stehende Nutzung potenziell relevanter Beratungs- und Unterstützungsangebote (Mesosystem von Klientin bzw. Hebamme) ebenso von jenen Systemen beeinflusst wird, welche diese umgeben (Exo- und Makrosystem). Das bedeutet, dass die damit verbundene subjektive Einschätzung zur Zufriedenheit beider Akteure bezüglich der sie umgebenden Angebote oder Akteure Früher Hilfen als Voraussetzung der Arbeitsbeziehung hierbei ebenso mit in den Blick zu nehmen ist. Diese individuellen Einschätzungen basieren auf Erfahrungen, die innerhalb der jeweiligen Mesosysteme gemacht werden. Es ist demzufolge anzunehmen, dass auch Einschätzungen von Klientinnen (in der Rolle der Beobachterinnen) zur Zusammenarbeit potenzieller Akteure Früher Hilfen, die im Exosystem der Klientinnen zu verorten sind, im Sinne von umgebungsbedingten Faktoren ebenso von Bedeutung sind. Theoretisch begründen lässt sich dieser Zusammenhang aufgrund von Interdependenzen der Systeme, und zwar aus Perspektive der Klientinnen. Da alle sozialökologischen Systeme das Individuum (Klientin) in seinem Mikrosystem beeinflussen können, ist davon auszugehen, dass bspw. Gründe für die Unzufriedenheit mit Angeboten Früher Hilfen oder auch Gründe für ausbleibende Nutzung von regionalen Angeboten mindestens einem dieser Systeme zugeordnet werden können.

Stand der Forschung 5

Empirische Untersuchungen zu ausgewählten Themen Früher Hilfen haben in den USA eine mehr als vierzigjährige Tradition (Lengning & Zimmermann, 2009, S. 20; Olds, 2006). In Deutschland wurden Forschungsaktivitäten erst seit dem Aktionsprogramm „Frühe Hilfen für Eltern und Kind und soziale Frühwarnsystem" (2006–2010) initiiert und schließlich durch die Bundesinitiative „Netzwerke Frühe Hilfen und Familienhebammen" (2012–2015) intensiviert. Erkenntnisse internationaler Forschung können als Impulse für die Entwicklung von Präventionsangeboten im Kontext Früher Hilfen in Deutschland genutzt werden (Kindler & Suess, 2010). Die Aufarbeitung des internationalen Forschungsstandes und die Erweiterung des Erkenntnisstandes für Deutschland gehörten zu den Kernaufgaben der ersten Phase des Aktionsprogramms (BMFSFJ, 2006). Die damals implementierten Modellprojekte wurden basierend auf diesem internationalen Erkenntnisstand konzipiert. Schwerpunkte der Begleitforschung waren die Evaluation von Netzwerkaktivitäten und die sich daran anschließende Identifikation von Faktoren, die eine regionale Vernetzung begünstigen (Lengning & Zimmermann, 2009, S. 6f.). Diese Erkenntnisse und Praxiserfahrungen flossen als Empfehlungen für den regionalen Auf- und Ausbau von Netzwerken in die Bundesinitiative ein. Während dieser zweiten Phase wurden beteiligte Kommunen in den Jahren 2013, 2014 und 2015 befragt (Pabst, Küster & Sann, 2017, S. 1). Eine dritte Phase lässt sich ab 2016 beschreiben. Hierbei ging es unter anderem um die Weiterentwicklung bestehender Projekte sowie um Follow-up-Untersuchungen zu Modellprojekten, die während des Aktionsprogramms initiiert wurden (Kliem et al., 2018). Studien zur Entwicklung bzw. Weiterentwicklung von Präventionsangeboten, wie bspw. Projekte Frühe Hilfen, lassen sich drei Kategorien zuordnen. Neben der Grundlagenforschung und Faktoren, die den Erfolg Früher Hilfen positiv beeinflussen, geht es dabei auch um kontextuelle

Bedingungen Früher Hilfen in Deutschland (Kindler & Suess, 2010). Die vorliegende Promotionsschrift fokussiert den Kontext Früher Hilfen in Bezug auf die regionale Vernetzung einer bestimmten Berufsgruppe. Im ersten Schritt folgt eine Skizze relevanter Übersichtsarbeiten und Untersuchungen aus der internationalen Forschungslandschaft, wobei mit Bezugnahme auf die beiden weiteren relevanten Qualitätsanforderungen an Angebote Früher Hilfen auch Aspekte zum Zugang mit Familien in belastenden Lebenslagen sowie zur therapeutischen Allianz zwischen Hebammen und Klientin, als Basis der Beziehungsgestaltung, mit in den Blick genommen werden. Dem schließt sich eine Skizze und Diskussion zu Studienergebnissen aus Deutschland, M-V sowie der Hansestadt Rostock an. Neben den Publikationen und Literaturhinweisen des NZFH wurde die Literatursuche in den Datenbanken PubMed, PSYNDEX, ScienceDirect und JSTOR durchgeführt. Ergänzend kam eine manuelle Recherche über die Plattform ResearchGate hinzu. Des Weiteren wurde eine Suchmaschine genutzt, die vorrangig der Identifikation relevanter Beiträge in der Zeitschrift für Hebammenwissenschaft der Deutschen Gesellschaft für Hebammenwissenschaft dient.

5.1 Internationale Untersuchungen

Es liegt eine überschaubare Anzahl von Untersuchungen aus dem angloamerikanischen Raum und anderen Ländern, wie z. B. der Schweiz oder Australien, zur Tätigkeit von freiberuflichen, außerklinisch tätigen Hebammen mit bzw. ohne Zusatzqualifikation im Kontext Früher Hilfen vor (Grylka-Bäschlin, Iglesias, Erdin & Pehlke-Milde, 2020; Krahl, Radu et al., 2018; Olds, 2010; Psaila, Schmied, Fowler & Kruske, 2015). Im ersten Schritt werden im Nachfolgenden zentrale Ergebnisse von Überblicksarbeiten entlang der auch für Deutschland relevanten Qualitätsanforderung der interprofessionellen Vernetzung von Hebammen skizziert. Dem schließt sich eine Darstellung der für die Fragestellung der vorliegenden Arbeit relevanten Ergebnisse einzelner Untersuchungen mit Blick auf die Qualitätsanforderung Vernetzung im Kontext Frühe Hilfen, in Bezug auf die originäre Hebammenhilfe sowie hinsichtlich der Netzwerkaktivitäten von Hebammen im Kontext Frühe Hilfen an. Abschließend werden Untersuchungen vorgestellt, die die therapeutische Arbeitsbeziehung zwischen Hebamme und Klientel als Voraussetzung für eine mögliche Vermittlung zu weiterführenden Unterstützungsangeboten beleuchten. Es werden immer nur jene Ergebnisse der einzelnen Übersichtsarbeiten bzw. Studien vorgestellt, die für die Forschungsfrage der vorliegenden Arbeit relevant sind.

5.1 Internationale Untersuchungen

Metaanalyse und Übersichtsarbeiten

Einen Ausgangspunkt zur Konzeption von Netzwerken Früher Hilfen stellt die Überblicksarbeit von Guralnick (2005) dar. Gezeigt wurde, dass interdisziplinäre Teams unabhängig vom jeweiligen Präventionsangebot unabdingbar sind, um gemeinsame Ziele in Netzwerken Frühe Hilfen zu erreichen. Ausgehend von diesem intersektoralen Vernetzungsgedanken sind weitere Faktoren als Basis für die erfolgreiche Umsetzung von Angeboten Früher Hilfen mit in den Blick zu nehmen. Hierbei ist jedoch zwischen spezifischen Charakteristika einzelner Angebote, wie bspw. aufsuchende Tätigkeiten zu differenzieren. So zeigen Ergebnisse einer Metaanalyse US-amerikanischer Hausbesuchsprogramme von 35 Studien mit einer gesamten Stichprobengröße von $N=6\,453$ im Mittel eine Tendenz für höhere Erfolgsquoten der einzelnen Programme, wenn teilnehmende Familien besonders häufig besucht wurden. Die Anzahl der Hausbesuche dient als erklärende Variable für die signifikante Varianz der Effektgrößen der Untersuchungen. Mindestens drei Besuche pro Monate erwiesen sich als doppelt so wirkungsvoll wie jene mit weniger Konsultationen. Nicht signifikant war demgegenüber die Varianzerklärung, wenn die Gruppe der Gesundheitsfachkräfte, hier auch „nurses" mit einbegriffen, verglichen wurde mit „para-professionals", d. h. nicht originär in helfenden Handlungsfeldern tätige Fachkräfte (Nievar, van Egeren & Pollard, 2010). Im Gegensatz zu diesem Ergebnis zeigte sich im früheren systematischen Review des Teams um Bilukha (2005) ein anderes Ergebnis. Untersucht wurde die Effektivität von Hausbesuchsprogrammen hinsichtlich einer Verringerung von Vernachlässigung bzw. Kindesmisshandlung. Bis zum Jahr 2001 publizierte Studien ($N=21$) wurden dabei eingebunden. Im Ergebnis erwiesen sich jene Programme effizienter, in denen in helfenden Berufsfeldern spezialisierte Fachkräfte aktiv waren. Es konnte jedoch ähnlich wie in der oben skizzierten Metaanalyse (Nievar et al., 2010) ein Zusammenhang zwischen zunehmender Dauer und Programmwirkung beobachtet werden. Bilukha et al. (2005) arbeiteten gleichwohl erschwerte Zugangswege zu Familien in belastenden Lebenslagen heraus. Hinzu kam in der Programmumsetzung die Tatsache, dass Klienten aus unterschiedlichen Gründen, wie bspw. häufiger Umzug oder ein wenig strukturierter Tagesablauf, kaum anzutreffen waren. Darüber hinaus ist jedoch aus einem früheren systematischen Review bekannt, dass von einer starken Evidenz auszugehen ist, die nahelegt, dass von Fachkräften durchgeführte Hausbesuchsprogramme vor allem benachteiligten Familien in belastenden Lebenslagen, beginnend rund um die Phase der Geburt bis zum zweiten Geburtstag des Kindes, vorbehalten werden sollten (MacMillan, 2000). Es ist davon auszugehen, dass die Arbeit mit Klientinnen in der ihnen vertrauten Umgebung aus sozialökologischer Perspektive von Bedeutung ist. Dies arbeiteten Cowley et al. (2015) in einem narrativen Review neueren Datums heraus. Untersucht wurden empirische Studien im Zeitraum zwischen 2004 und 2012 ($N=348$). Neben diesem Vorteil aufsuchender Präventionsprogrammen geht aus der Untersuchung hervor, dass die Eltern-Fachkraft-Beziehung ebenso als zentraler Wirkfaktor zu beschreiben ist. Die skizzierten Übersichtsarbeiten geben eine erste Orientierung, stellen jedoch keine ausreichende Grundlage für die Einschätzung der Rolle von Hebammen im Kontext der intersektoralen Netzwerktätigkeit, wie sie für Angebote Früher Hilfen von Vorteil ist. Zentrale Themen, die im Zusammenhang mit der intersektoralen Kooperation von freiberuflichen Hebammen in internationaler sowie nationaler Studien beleuchtet werden, wurden erstmalig von Schlüter-Cruse et al. (2016) mithilfe eines integrativen Reviews identifiziert. Mit einbezogen wurden Studien (N=25) im Zeitraum von 2003 bis 2015, von denen wenige in Deutschland (n=2) durchgeführt wurden. Im Ergebnis zeigte sich, dass Hebammen in verschiedenen Kontexten mit anderen Professionen zusammenarbeiten. Dabei wurden vier zentrale Themen identifiziert. Neben den Kontexten der Kooperation von Hebammen mit anderen Professionen geht es dabei auch um mögliche Vorteile, die sich für diese Gesundheitsfachkräfte durch die jeweilige Kooperation ergeben. Ein dritter Forschungsschwerpunkt liegt auf hemmenden sowie fördernden Faktoren für die Netzwerkaktivität. Angeführt werden dabei Aspekte hinsichtlich der Kommunikation und der zwischenmenschlichen Beziehung sowie Betreuungsaspekte. Viertens werden notwendige Kompetenzen für eine gelingende intersektorale Kooperation von Hebammen thematisiert. Im Ergebnis zeigt das Review von Schlüter-Cruse et al. (2016), dass die Perspektive von Hebammen auffällig häufig in Studien zur interprofessionellen Kooperation fehlt. Hinzu kommt, dass ein Großteil der empirischen Untersuchungen zur Kooperation von freiberuflichen Hebammen vorrangig die interprofessionelle, nicht aber die intersektorale Zusammenarbeit, bspw. mit Akteuren der Kinder- und Jugendhilfe, thematisiert. Hinsichtlich wichtiger Erfolgsfaktoren für gelingende interprofessionelle Kooperation wurden von den Autoren des skizzierten Reviews zentrale Aspekte hinsichtlich der Kommunikation und Beziehungen zwischen den Fachkräften herausgearbeitet. Ebenso bedeutend ist zudem die jeweilige Rollenwahrnehmung. Berichtet wird weiterhin von häufig beschriebenen Spannungen zwischen Hebammen und Ärzten, wodurch die Zusammenarbeit erschwert wird. Hinsichtlich des künftigen Fachdiskurses fassen Schlüter-Cruse et al. (2016) zusammen, dass es um eine gezielte Vernetzung regionaler Angebote gehen wird, wobei dabei nicht die Vorteile der einzelnen Akteure, sondern vielmehr ein gemeinsames Interesse von Bedeutung sein sollte. Es ist davon auszugehen, dass dies auch eine Voraussetzung für die Weiterentwicklung von Angeboten zur Gesundheitsvorsorge ist. Mit Blick auf für die vorliegende Promotionsschrift wesentlichen Qualitätsanforderungen an Netzwerke Frühe Hilfen lassen sich relevante Übersichtsarbeiten, wie in Tabelle 5.1 dargestellt, wie folgt systematisieren.

Tab. 5.1 Internationale Untersuchungen: systematische Darstellung der Übersichtsarbeiten

Quelle	Methode	Ergebnis	Qualitätsanforderung		
			Vernetzung	Zugang	Beziehungsgestaltung
MacMillan, 2000	systematisches Review	vulnerable Familien profitieren von Hausbesuchsprogrammen		x	
Guralnick, 2005	Übersichtsarbeit	Interdisziplinäre Zusammenarbeit als Basis für Präventionsprogramme	x		
Bilukha et al., 2005	systematisches Review	Programmeffizienz höher, wenn Einsatz spezialisierter Fachkräfte		x	
Nievar et al., 2010	Metaanalyse	Anzahl der Hausbesuche als Einflussfaktor, Vorteil von spezialisierten Gesundheitsfachkräften			
Cowley et al., 2015	narratives Review	Hausprogramme, oft sozialökologische Ansätze mit Fokus auf Vorteile aufsuchender Angebote		x	x
Schlüter-Cruse et al., 2016; Schlüter-Cruse, 2018	integratives Review	intersektorale Kooperation von Hebammen mit anderen Professionen Identifikation vier zentraler Themen: Kontakte, Vorteile, Einflussfaktoren auf Netzwerkarbeit, Kompetenzen	x		

Vernetzung im Kontext Früher Hilfen
Zwei identifizierte empirische Untersuchung thematisieren die interprofessionelle Vernetzung im Kontext Früher Hilfen. Die qualitative Studie von Albuquerque et al. (2020) fokussierte die Zusammenarbeit zwischen Angeboten Früher Hilfen und Kinderschutzsystemen aus der Perspektive relevanter Netzwerkakteure ($n=7$) sowie Netzwerkkoordinatoren ($n=8$) in Portugal. Ergebnisse der halbstrukturierten Interviews zeigen, dass die verbesserte Angebotsnutzung für Familien mit Kindern zum zentralen Ziel von Vernetzungsaktivitäten gehört. Dabei werden kollaborative Beziehungen als vorteilhaft für die Förderung bestehender, wirksamer Angebote und Interventionen beschrieben. Gleichzeitig weisen die Ergebnisse darauf hin, dass Vernetzungsaktivitäten aufgrund von bestehenden Kommunikationsproblemen zwischen den einzelnen Akteuren begrenzt sind. Als größtes Hindernis für eine grundsätzlich mögliche Netzwerkarbeit werden fehlende finanzielle sowie zeitliche Ressourcen beschrieben. Ferner wird aufgezeigt, dass interprofessionelle Vernetzungstätigkeiten im Kontext Frühe Hilfen vor allem dann stattfinden, wenn zwischen den einzelnen Akteuren bereits Kontakte bestehen bzw. bestanden. Ergebnisse dieser Untersuchung zeigen, dass neben den politischen Rahmenbedingungen, die bspw. mithilfe finanzieller Ressourcen die Netzwerkarbeit stärken, auch Aspekte auf der Ebene der einzelnen Akteure, wie bspw. die Intensität der Beziehung, einen wesentlichen Einfluss auf die interprofessionelle und systemübergreifende Zusammenarbeit haben. Gleichwohl ist aus einer früheren Untersuchung, die im Rahmen der Safe Start Initiative in Bridgeport, Connecticut (USA) durchgeführt wurde, bekannt, dass sich strukturelle Merkmale des regionalen Netzwerkes lediglich langsam verändern. Interessant scheint dieses Ergebnis insofern zu sein, als die Untersuchung an einem Standort des Modellprojektes stattfand, wo die gezielte intersektorale Vernetzung lokaler Angebote Früher Hilfen für Familien mit Kindern im Altern von null bis sechs Jahren im Fokus stand. Friedman et al. (2007) untersuchten die intersektorale Kooperation relevanter Netzwerkakteure mithilfe der sozialen Netzwerkanalyse. Die Erhebung des Gesamtnetzwerkes fand zu drei verschiedenen Messzeitpunkten (2002 bis 2005) im Abstand von 18 Monaten statt. Befragt wurden alle im Netzwerk beteiligte Akteure verschiedener Sektoren und Handlungsfelder.

Vernetzungsaktivitäten von Hebammen
Skizziert werden zwei Studien, welche die Vernetzungsaktivitäten von Hebammen mit verschiedenen thematischen Schwerpunkten beleuchteten. In der ersten Untersuchung lag der Fokus auf die interprofessionelle Zusammenarbeit,

bspw. zwischen Hebammen und anderen Professionen des Gesundheitssystems (Munro, Kornelsen & Grzybowski, 2013). In der zweiten Studie wurde die intersektorale Vernetzung zwischen Hebamme und einem weiterführenden Unterstützungsangebot, wie bspw. Kinder- und Familiengesundheitspflegerinnen thematisiert (Homer et al., 2009; Psaila, Kruske, Fowler, Homer & Schmied, 2014). Bei der zuerst genannten kanadischen, explorativen Untersuchung von Munro et al. (2013) wurden Hebammenbetreuungsmodelle rund um die Zeit der Geburt in vier ländlichen Regionen untersucht. Es wurden verschiedene Fachkräfte (N=55), die als Anbieter von Leistungen der Mutterschaftsfürsorge tätig sind, befragt. Zudem wurden in allen Regionen Fokusgruppeninterviews (N=18) durchgeführt. Beteiligt waren neben Hebammen (n=7) auch andere Professionen (ärztliches Fachpersonal, Krankenschwestern) und Dienstleistende sowie Entscheidungstragende. Im Ergebnis zeigte sich, dass es verschiedene Intensitäten der Zusammenarbeit gibt. Als zentrale Hindernisse für interprofessionelle Vernetzung werden die unterschiedlichen Kompetenzen, berufliche Ausrichtungen, aber auch Finanzierungsmodelle – Hebammen verdienen weniger als ärztliches Fachpersonal – beschrieben. Die Datenanalyse bestätigte, dass sich die interprofessionellen Spannungen in geografisch isolierten ländlichen Gemeinden aufgrund des Stresses, Mutterschaftsfürsorge in einem Dienstleistungsmodell mit begrenzten Gesundheitsressourcen und einer geringen Patientenbelastung zu praktizieren, intensivieren. Ebenso angeführt wird eine seitens der Ärzte und Krankenschwestern wahrgenommene Skepsis in Bezug auf die Sicherheit der Hausgeburtshilfe, die freiberufliche Hebammen in ländlichen Regionen anbieten. Aus Perspektive einiger befragter Hebammen entstehen Situationen wie diese durch fehlende Informationen seitens der Ärzteschaft bzw. der Krankenschwestern. Als weiterer Grund werden fehlende Erfahrungen in der interprofessionellen Zusammenarbeit mit Hebammen angeführt. Hinzu kommt die unspezifische Beschreibung von Rollen und damit verbundenen Tätigkeits- sowie Verantwortungsbereichen beteiligter Fachkräfte. So äußerten die Befragten, dass eine interprofessionelle Zusammenarbeit nur dann möglich sei, wenn die Beziehungen von Respekt und einem klaren Rollenverständnis geprägt wären. Im Ergebnis wurde darauf verwiesen, dass aufgeführte Aspekte vor allem auch im Kontext von fehlenden formalen Strukturen zu Unterstützung der gemeinsamen Begleitung von Schwangeren bzw. Müttern zu betrachten sind (Munro et al., 2013). Wie genau ein solches, von systematischen Übergängen geprägtes Netzwerk aussehen kann, wurde in einer deskriptiven Studie (Australien) mittels schriftlicher Befragung untersucht (Homer et al., 2009). Im Fokus stand der intersektorale Übergang zwischen Mutterschaftsfürsorge durch Hebammen zur weiterführenden Begleitung durch die Kinder- und Familiengesundheitspflegerinnen. Identifiziert wurden zahlreiche, verschiedene Übergangsmodelle in den teilnehmenden Regionen des australischen Bundesstaates New South Wales. Abhängig war die Wahl des jeweiligen Modells bspw. vom Kontext, vom Setting, von geografischen Merkmalen sowie von der historischen Entwicklung der einzelnen Angebote. Drei Übergangsmodelle wurden häufig beobachtet. Ein bewährtes System basiert auf einem strukturierten, nonverbalen Kommunikationssystem, das den jeweiligen Übergang bspw. über ein computergestütztes System gezielt begleitet. Ein zweites System baut auf der Vernetzungsaktivität eines einzelnen Ansprechpartners, der den Übergang koordiniert und organisiert, auf. Über das dritte Kontaktmodell wurden vorrangig Klientinnen mit diagnostizierten Risikofaktoren innerhalb formal existierender Netzwerke beteiligter Fachkräfte vermittelt. Im Ergebnis zeigte die Analyse von Homer et al. (2009), dass systematische Ansätze für intersektorale Übergänge notwendig sind. Dies gilt vor allem dann, wenn sich Akteure beider Systeme gerade während dieser Übergangsphase einer Klientin fallbezogen, untereinander austauschen. Gleichwohl zeigten die Ergebnisse, dass gut funktionierende systematische Übergänge abhängig sind vom jeweiligen Engagement einzelner Netzwerkakteure. Zu einem späteren Zeitpunkt wurden mithilfe eines mehrstufigen, Mixed-Model-Designs diese Form interprofessioneller Zusammenarbeit aus Perspektive der Hebammen und Familien-Kindergesundheitspflegerin erneut auf nationaler Ebene untersucht. Hierzu wurden in einer ersten Phase Diskussionsrunden, Fokusgruppen und Telefonkonferenzen mit Hebammen ($n=45$) sowie Familien-Kindergesundheitspflegerinnen ($n=60$) durchgeführt. Die Ergebnisse dienten der Entwicklung von Fragebögen zur postalischen Erhebung weiterer, nationaler Informationen für beide Zielgruppen. In die Auswertung gingen Antworten von Hebammen ($n=655$) sowie Familien-Kindergesundheitspflegerinnen ($n=1\,098$) mit ein. Die Ergebnisse zeigen, dass interprofessionelle Zusammenarbeit abhängig ist von gegenseitiger Anerkennung bzw. Akzeptanz. Zu Faktoren, die eine Kooperation verhindern bzw. erschweren, gehören neben fehlender Kommunikation auch ungeeignete Prozesse der Informationsweitergabe sowie unklare Rollenverständnisse potenzieller Kooperationspartner. Eine gute Zusammenarbeit wurde von beiden Berufsgruppen in Bezug auf andere Professionen vorrangig dann beschrieben, wenn es um die Unterstützung von Familien in sehr belastenden Lebenslagen ging. Gleichwohl gilt dies aber nur dann, wenn es tatsächlich zu einem fließenden Übergang kommt (Psaila et al., 2015). Fehlende Vernetzungsstrukturen auf professioneller Ebene können einen solchen Übergang zwischen Versorgungssystemen für alle Familien erschweren, wobei diese Situation vor allem für Familien in belastenden Lebenslagen sehr nachteilig ist. Studienteilnehmende beider Versorgungssysteme benennen drei mögliche

5.1 Internationale Untersuchungen

Lösungsansätze. Hierzu gehören die Verbesserung elektronischer Informationsvermittlung, regelmäßige Netzwerktreffen und klar definierte Rollenbilder (Psaila et al., 2014).

Vernetzung von Hebammen in Netzwerken Früher Hilfen
Freiberuflich tätige Hebammen rückten in den vergangenen Jahren im Zusammenhang mit der regionalen Weiterentwicklung von Netzwerken Früher Hilfen in den Fokus der Forschung. Im Folgenden werden ausgewählte Ergebnisse von zwei Studien vorgestellt. In einer Sekundäranalyse von zentral erfassten Daten zur „Tätigkeitserfassung der frei praktizierenden Hebammen in der Schweiz" (2014) untersuchten Erdin, Iljuschin & Pehlke-Milde (2017) die Wochenbettbegleitung durch Hebammen von Familien in belastenden Lebenslagen unter Berücksichtigung verschiedener Risikofaktoren. Einbezogen wurden detaillierte Hebammenberichte (N=56 252). Vulnerable Familien (n=11 091, 25 %) wurden von Hebammen häufiger aufgesucht, wobei der Betreuungsbeginn später stattfand als bei Familien ohne bekannte Risikolagen (n=45 161, 75 %). Ebenso vermittelten Hebammen vulnerable Familien häufiger an weiterführende regionale Akteure anderer Disziplinen bzw. Hilfesysteme. Einschränkungen der Auswertung gibt es, da aufgrund der anonymen Routinedokumentation einzelne Fälle wahrscheinlich doppelt bzw. sogar mehrfach erfasst wurden. Zudem handelt es sich um ein umfangreiches, jedoch nicht wissenschaftlich validiertes Erhebungsinstrument, wodurch Definitionen erfasster Aspekte teilweise ungenau sind. Hinzu kommt, dass nicht alle Familien in der Schweiz von freiberuflichen Hebammen begleitet werden. Dementsprechend sind keine Aussagen darüber möglich, inwiefern bspw. Familien in belastenden Lebenslagen tatsächlich von freiberuflichen Hebammen erreicht werden. Dieser Sekundäranalyse folgte eine Studie, welche die Netzwerktätigkeit von freiberuflichen Hebammen im Kontext Früher Hilfen in der Schweiz als Frühe Förderung bezeichnet, thematisierte. Ziel war es, die Vermittlerrolle der Hebammen näher zu beschreiben. Die Untersuchung von Krahl, Radu et al. (2018) basierte auf der Praxiserfahrung, dass „eine aktive und strukturierte Netzwerkarbeit von Hebammen nicht generell bei allen freipraktizierenden Hebammen etabliert" (S. 14) ist, wohl aber wird diese intersektorale Vernetzung zunehmend an Bedeutung gewinnen. Die Untersuchung verlief in zwei Phasen: Experteninterviews (N=11, Hebammen) und Online-Befragung (N=401, Hebammen, Rücklaufquote von 29 %). Bei der Auswertung der Experteninterviews wurden zwei zentrale Themen in Bezug auf die Vernetzungsaktivität von Hebammen herausgearbeitet. Erstens werden die Vernetzung und Kooperation mit anderen Fachkräften zur „beruflichen Identität" (Krahl,

Radu et al., 2018) gehörig beschrieben. Hebammen vermitteln betreute Familien in diesem Fall je nach Bedarf, indem sie bspw. spontan ihnen bekannte Kooperationspartner direkt fallbezogen ansprechen und vermitteln. Ebenso gibt es freiberufliche Hebammen, die in eigens initiierte interdisziplinäre Netzwerke eingebunden sind und regelmäßig zusammenarbeiten. Vereinzelt erfolgt die Mitarbeit auch in koordinierten multiprofessionellen Teams. Die im Rahmen der Untersuchung befragten Teilnehmerinnen zeigen sich davon überzeugt, dass ihre Berufsgruppe grundsätzlich positiv gegenüber Vernetzungsaktivitäten eingestellt ist. So sehen sie hierbei einen effizienten Zugang sowie eine gezieltere Vermittlung von Familien in belastenden Lebenslagen. Ferner wird von freiberuflichen Hebammen beschrieben, dass sie selbst von der Arbeit anderer Professionen profitieren, weil sich ihr Blick auf die jeweiligen, teilweise sehr komplexen Lebenslagen von Familien mit Risikofaktoren verändert. Damit verbunden ist auch das Teilen der Verantwortung, wodurch wiederum die Sicherheit im eigenen professionellen Handeln erhöht wird. Kritisiert wird seitens der Hebammen jedoch, dass die Netzwerkarbeit, vor allem aufgrund noch nicht gut ausgebauter Netzwerkstrukturen und fehlender Netzwerkkoordination sehr zeitaufwendig ist. Hinzu kommt eine fehlende Abrechnungsmöglichkeit der Vernetzungsaktivitäten. Neben diesen Aspekten zur beruflichen Identität bezog sich das zweite Kernthema auf das Potenzial von Vernetzungsaktivitäten bei der Begleitung von Familien in belastenden Lebenslagen. Aus der Auswertung der Experteninterviews ging hervor, dass der Bedarf an interprofessioneller Netzwerkarbeit mit zunehmender Belastung seitens der Familien steigt. Daraus ergibt sich wiederum der Bedarf an freiberuflichen Hebammen, die in der Schweiz in interdisziplinären Teams eingebunden sind. In diesem Zusammenhang wurde zudem deutlich, dass der Anteil an psychosozialer Beratung während der originären Hebammenbetreuung im Verlauf der letzten Jahre zunahm. Hinsichtlich einer möglichst frühzeitigen Identifikation von Risikolagen beschreiben Hebammen sowohl ihre aufsuchende Tätigkeit als auch die Vertrauensbeziehung zur Klientin als vorteilhaft. Gleichzeitig verdeutlichen Hebammen auch, dass es sich bei der Vermittlung von vulnerablen Familien zu weiterführenden Angeboten um eine zeitintensive Herausforderung handelt. Da Vernetzungsaktivitäten durch die Hebammen signifikant häufiger während der Begleitung von sozial benachteiligten Familien (17 % vs. 9 %) stattfinden, ist dieser Aspekt wichtig. Ferner beschreiben die Fachkräfte auch ihre professionelle Verantwortung, eine solche Vernetzung der Familien in die Wege zu leiten. Zudem äußern Hebammen für die aufgeführten Aspekte, wie bspw. Identifikation von Risikofaktoren oder Netzwerktätigkeit, erhöhte Fort und Weiterbildungsbedarfe. In der Auswertung der zweiten Phase

5.1 Internationale Untersuchungen

der Vernetzungsanalyse zeigte sich, dass 63 % der befragten Hebammen in formellen Netzwerken eingebunden sind, wobei dies vorrangig für städtische, nicht aber ländliche Regionen zutrifft. 31 % der Hebammen sind in mono- bzw. multiprofessionellen Netzwerken aktiv, wobei einige in beiden Konstellationen vernetzt sind. Ein geringer Anteil befragter Hebammen (6 %) ist aus drei verschiedenen Gründen nicht vernetzt. Entweder besteht seitens der Gesundheitsfachkraft kein Bedarf an Netzwerkaktivitäten, es fehlt an zeitlichen Ressourcen oder es gibt kein Netzwerk in der Umgebung. Waren Hebammen in formellen Netzwerken organisiert, so kannten sie tendenziell mehr regionale Beratungs- und Unterstützungsangebote für Familien. Ihre eigene Tätigkeit beschrieben sie zudem auch als Teil Früher Förderung. Interdisziplinär eingebundene Hebammen werden signifikant häufiger bei der Einschätzung des Unterstützungsbedarfs betreuter Familien unterstützt ($p=.038$). Lag erweiterter Unterstützungsbedarf vor, so konnten interdisziplinär vernetzte Kolleginnen signifikant häufiger auf ein bereits bestehendes Netzwerk ($p=.001$) zurückgreifen bzw. verfügten selbst über bekannte, konkrete Ansprechpartner ($p<.001$). Die interdisziplinäre Vernetzung wurde von im Netzwerk aktiven Hebammen insofern als Vorteil beschrieben, als dass auf diese Weise ein Verständnis für die Sicht- und Handlungsweisen anderer Professionen erlangt wurde ($p=.001$). Zudem wird die Versorgung von Familien in belastenden Lebenssituationen als umfassender beschrieben ($p=.001$). Auch das Potenzial der originären Hebammenhilfe wird aus Perspektive der Fachkräfte aufgrund der Vernetzung für vulnerable Familien besser nutzbar ($p=.029$). Im Gegensatz zu monodisziplinär vernetzten Hebammen beschrieben jene, die in interdisziplinären Netzwerken aktiv sind, eine stärkere Entlastung sowie den Vorteil gemeinsamer Zuständigkeiten und damit auch Verantwortung (52 % vs. 42 %, $p=.03$). Lediglich ein geringer Anteil (4 %) von Hebammen beschrieb einen Vertrauensverlust seitens betreuter Familien, wenn eine Vermittlung zu weiterführenden Angeboten erfolgte. Dennoch äußerten ca. 25 % der teilnehmenden Hebammen Bedenken, „Familien womöglich unnötig in ein System institutioneller oder staatlicher Kontrolle zu überführen" (Krahl, Radu et al., 2018). Diese Ergebnisse sind aufgrund der geringen Rücklaufquote nicht für alle Hebammen der Schweiz repräsentativ. Hinzu kommt, dass die Rekrutierung von Teilnehmerinnen über Verteiler zentraler Anlaufstellen Früher Förderung erfolgte. Dadurch ist die Wahrscheinlichkeit sehr hoch, vorrangig gut vernetzte Hebammen rekrutiert zu haben, wodurch diese überrepräsentiert sind. Bezüglich der intersektoralen Zusammenarbeit wurde Entwicklungspotenzial beschrieben. Bedarf besteht zudem seitens der Hebammen an Fort- und Weiterbildungsangeboten hinsichtlich der Arbeit mit Familien in belastenden Lebenslagen. Schlussendlich belegen die vorgestellten Ergebnisse jedoch, dass sozial benachteiligte Familien sowie die Gesundheitsfachkräfte selbst von der interdisziplinären Vernetzung profitieren (Krahl, Pehlke-Milde, Erdin, Grylka-Bäschlin & Radu, 2018; Krahl, Radu et al., 2018). Diese Vorteile der intersektoralen Vernetzung wurde auch in aktuellen Untersuchungen zur systematischen Vernetzung von Hebammen über eine Schweizer Vermittlungshotline für Familien in belastenden Lebenslagen bestätigt (Grylka-Bäschlin et al., 2020; Grylka-Bäschlin, Joliat & Zsindely, 2021).

Therapeutische Bündnisse: Voraussetzung für Vermittlung
Die Notwendigkeit einer intensiven und vertrauensvollen Arbeitsbeziehung zwischen Fachkraft und Klientel wird bspw. als Voraussetzung für Programmumsetzung und -erfolg des US-amerikanischen Hausbesuchsprogramms Nurse-Family Partnership beschrieben. Gleichwohl liegen hierzu lediglich vereinzelt Daten vor (Olds et al., 1997; Olds et al., 2000). Evaluiert wurde dies in drei randomisierten und kontrollierten Studien an Teilnehmenden, die in unterschiedlichen Kontexten lebten. Langzeiteffekte wurden in unterschiedlichen Bereichen, wie z. B. die elterliche Fürsorge, eine Verringerung von Vernachlässigung und Misshandlung in der frühen Kindheit beobachtet. Unabhängig vom jeweiligen Setting spielten dabei intensive therapeutische Bündnisse zwischen Mutter und Fachkraft eine zentrale Rolle, die auch in Einzelfallstudien empirisch nachgewiesen wurden (Kitzman, 1997; Olds, 2006). Das US-amerikanische Konzept der „nurse" existierte in Deutschland nicht. Deshalb wurde die Zusatzqualifikation „Familienhebamme" entwickelt, um sowohl medizinische als auch soziale Bereiche in einem Kompetenzprofil mit integrieren zu können (Anding et al., 2013, S. 79). Das beschriebene therapeutische Bündnis ist bspw. auch dann notwendig, wenn es darum geht, dass die Fachkraft die Klientel bspw. zur Veränderung des eigenen Verhaltens oder der Inanspruchnahme weiterführender Hilfen motivieren möchte. In einer Übersichtsarbeit, kombiniert mit Interviews, untersuchte Doherty (2009), inwiefern sich das Konzept der therapeutischen Allianz auch auf die Beziehung zwischen Klientin und Gesundheitsfachkraft rund um die Phase der Geburt übertragen lässt. Genutzt wurde hierzu ein Hybridmodell der Konzeptentwicklung in drei Schritten: theoretische Phase (literarisches Review), Feldphase (Interviews mit Klientinnen, $N=7$) und analytische Phase (induktives Vorgehen). Die therapeutische Allianz wurde als Prozess zwischen Gesundheitsfachkraft und Klientin beschrieben. Zentral dabei ist, dass beide Bündnispartnerinnen gemeinsam auf eine gemeinsam beschriebene Zielerreichung hinarbeiten. Ergebnisse des literarischen Reviews geben Anlass zu der

5.1 Internationale Untersuchungen

Annahme, dass das Arbeitsbündnis zwischen Klientin und Hebamme empirisch bis zum Zeitpunkt der hier vorgestellten Untersuchung nicht thematisiert wurde. Schwerpunkte liegen bspw. bei Themen wie Betreuung, Pflege oder sozialer Unterstützung. Die Auswertung der Interviews lieferte jedoch Hinweise darauf, dass die therapeutische Allianz zwischen Klientinnen und Gesundheitsfachkraft rund um die Phase der Geburt existiert und von weiteren Konzepten, wie bspw. Pflegetätigkeiten und Bindungsaufbau, unterschieden werden kann. Grenzen dieser Untersuchung ergeben sich aufgrund der gewählten empirischen Methode. Für weitere Forschungsvorhaben werden Beobachtungsverfahren während verschiedener Phasen des Betreuungsprozesses empfohlen. Eine weitere Einschränkung der Ergebnisse besteht in den soziodemografischen Merkmalen der interviewten Frauen (überwiegend soziale Mittelschicht, Familienstatus verheiratet, eher guter Gesundheitszustand und geringe weitere Risiken). Empfohlen werden weiterführende Forschungsprojekte zum Arbeitsbündnis zwischen Gesundheitsfachkraft und Klientin, die bspw. die Intensität und Tiefe konkreter untersuchen (Doherty, 2009). In einer weiteren qualitativen Untersuchung interviewte Doherty (2010) Klientinnen ($N=12$) mit unterschiedlichen soziodemografischen Merkmalen (Alter, Anzahl der Kinder, Migrationshintergrund, verheiratet/geschieden, berufliche Tätigkeit/Arbeitslosigkeit). Mithilfe der Ergebnisse konnte ebenso eine der therapeutischen Allianz ähnliche Arbeitsbeziehung zwischen Klientin und Hebamme beschrieben werden. Dies lässt sich als empirischer Beleg für die positiven Effekte der Hebammentätigkeit auf die Gesundheit der Frau interpretieren und eine in der Öffentlichkeit wenig bekannte bzw. kaum diskutierte Schlüsselrolle der Hebammen in Bezug auf die Frauengesundheit belegen. Einschränkungen dieser Untersuchung ergeben sich ebenso wie in der oben vorgestellten Untersuchung aufgrund des Bildungsstandes und der damit verbundenen Schichtzugehörigkeit. Ebenso offen bleibt ein Vergleich der Arbeitsbeziehung zwischen Klientin und Hebammen mit anderen Professionen des Gesundheitsbereichs. Vorgestellte Studien der internationalen Forschungslandschaft lassen sich, wie in Tabelle 5.2 dargestellt, in Bezug auf die Qualitätsanforderungen an Netzwerke Frühe Hilfen wie folgt systematisieren.

Tab. 5.2 Internationale Untersuchungen: systematische Darstellung relevanter Studien

Quelle	Methode Stichprobe Land	Ergebnis	Qualitätsanforderung		
			Vernetzung	Zugang	Beziehungsgestaltung
Kitzman, 1997; Olds, 2006	drei randomisierte, kontrollierte Studien und Einzelfallstudien; Klientinnen in Risikolagen; USA	intensive, vertrauensvolle Arbeitsbeziehung als Voraussetzung, unabhängig von Risikolage			x
Friedman et al., 2007	Soziale Netzwerkanalyse; Netzwerkakteure; USA	Veränderung struktureller Merkmale regionaler Netzwerke langsam	x		
Homer et al., 2009	schriftliche Befragung; Hebammen, Kinder- und Familiengesundheitspflegende; Australien	intersektorale Übergänge basieren auf systematischen Ansätzen und sind abhängig vom Engagement beteiligter Netzwerkakteure	x		
Doherty, 2009, 2010	Übersichtsarbeit, qualitative Interviews; Klientinnen; USA	Hinweise auf therapeutische Allianz zwischen Klientin und Hebamme			x
Munro et al., 2013	qualitative Interviews; Hebammen, weitere Professionen aus Gesundheitsbereich; Kanada	Hindernisse für interprofessionelle Vernetzung: berufliche Ausrichtungen, verschiedene Kompetenzen, Finanzierungsmodelle, interprofessionelle Spannungen in isolierten ländlichen Gemeinden am stärksten, fehlende Erfahrungen interprofessioneller Zusammenarbeit mit Hebammen, unspezifische Rollenbeschreibungen, unklare Zuständigkeiten	x		

(Fortsetzung)

Tab. 5.2 (Fortsetzung)

Quelle	Methode Stichprobe Land	Ergebnis	Qualitätsanforderung		
			Vernetzung	Zugang	Beziehungsgestaltung
Psaila et al., 2014; Psaila et al., 2015	mehrstufiges Mixed-Model; Hebammen, Kinder- und Familiengesundheitspflegerinnen; Australien	verbesserte Übergänge durch Vernetzung gegenseitige Akzeptanz als Basis für interprofessionelle Zusammenarbeit	x		
Erdin et al., 2017	Sekundäranalyse; Hebammenberichte; Schweiz	vulnerable Familien häufiger aufgesucht, Betreuungsbeginn später als bei Familien ohne bekannte Risikolagen Vermittlungsaktivität bei vulnerablen Familien häufiger	x	x	
Krahl, Pehlke-Milde et al., 2018; Krahl, Radu et al., 2018	Experteninterview Online-Befragung; Hebammen; Schweiz	Vernetzungsaktivität a) als Teil der beruflichen Identität und je nach Bedarf sowie abhängig von eigenen Kontakten oder b) durch Einbindung in regionale Herausforderungen für interdisziplinäre Netzwerke: fehlende Netzwerkkoordination sowie zeitliche und finanzielle Ressourcen Vorteile: Vertrauensbeziehung zu Klientinnen	x		
Grylka-Bäschlin et al., 2020; Grylka-Bäschlin et al., 2021	Online-Befragung, Interviews; Klientinnen, Hebammen, Stakeholder; Schweiz	intersektorale Vernetzung als Vorteil für freiberufliche Hebammen	x		

(Fortsetzung)

Tab. 5.2 (Fortsetzung)

Quelle	Methode Stichprobe Land	Ergebnis	Qualitätsanforderung		
			Vernetzung	Zugang	Beziehungs-gestaltung
Albuquerque et al., 2020	qualitative Interviews; Netzwerkakteure und -koordinatoren; Portugal	Vernetzungsaktivität häufiger bei bestehenden Kontakten, kollaborative Beziehungen zwischen Akteuren vorteilhaft Herausforderungen: Kommunikation, fehlende zeitliche und finanzielle Ressourcen	x		

5.2 Deutschland

Ähnlich wie in internationalen Projekten Früher Hilfen spielen Gesundheitsfachkräfte, wie z. B. Hebammen bzw. Familienhebammen in Deutschland eine zentrale Rolle (Anding et al., 2013; Renner, 2010; Renner & Scharmanski, 2016; Sann, 2020). Internationale Ergebnisse lassen sich unter anderem aufgrund unterschiedlicher struktureller sowie konzeptioneller Voraussetzungen nicht auf Kontexte in Deutschland übertragen (Brand & Jungmann, 2013b; Guralnick, 2005; Makowsky & Wallmeyer-Andres, 2015, S. 30; Zimmermann et al., 2016). So wird bspw. die originäre Hebammenhilfe durch das deutsche Gesundheitssystem finanziert, wodurch diese gleichzeitig als solides Fundament für den Anschluss weiterführender Präventionsprogramme dienen kann. In den USA gibt es diese Voraussetzung nicht (Benz & Sidor, 2013). Strukturelle Vorteile sind für Deutschland bspw. anhand einer relativ konstanten mittleren Netzwerkdichte im Kontext Früher Hilfen, wie sie während des Modellprojektes „Guter Start ins Kinderleben" in einem Prä- und Posttest-Vergleich ermittelt wurde, empirisch erkennbar (Künster, Knorr et al., 2010b). In Bezug auf ausgewählte Angebote bzw. Berufsgruppen sind jedoch Herausforderungen bekannt. So existierten in Deutschland bis 2012 insgesamt wenig primär-universelle, wie bspw. die originäre Hebammenhilfe, sondern vorrangig sekundär-selektive Präventionsangebote (Röhrle, Christiansen & Schücking, 2012, S. 34). Hinzu kommt die Problematik der fortschreitenden Unterversorgung mit Hebammenhilfe in Deutschland (DHV, 2015, 2016b, 2016a, 2017). Vorliegende Studienergebnisse bieten jedoch erste empirische Hinweise dahin gehend, dass regionale Vernetzung und vor allem intersektorale Kooperation in Netzwerken Frühe Hilfen in Deutschland zur gemeinsamen Zielerreichung unabdingbar sind (Thaiss, 2016). Nachfolgend werden Studien zur Vernetzungstätigkeit von Hebammen im Kontext ihres originären Handlungsfeldes skizziert. Es folgen Ausführungen zur Vernetzung von Hebammen bzw. Familienhebammen in Netzwerken Frühe Hilfen, systematisiert nach unterschiedlichen Perspektiven. Dieser ersten Qualitätsanforderung (Vernetzung) schließen sich erste empirische Erkenntnisse zu den zwei weiteren Qualitätsanforderungen (Zugang und Beziehungsgestaltung) an.

5.2.1 Vernetzung von Hebammen: originäre Hebammenhilfe

In einer qualitativen Untersuchung mit Hebammen ($N=19$) und einer Hebammenstudentin aus unterschiedlichen Bundesländern wurde mithilfe eines hermeneutisch ausgewerteten Fokusgruppeninterviews ($n=4$) die Wahrnehmung von

Bedürfnissen der Klientinnen untersucht. Dabei wurde eine von Klientinnen beschriebene Unzufriedenheit mit der interprofessionellen Kooperation zwischen Hebammen und anderen Fachkräften, wie bspw. Frauenärztinnen und Frauenärzte, herausgefunden. Schließlich sind diese neuen Kooperationsformen sowie ein entsprechendes Übergangsmanagement unabdingbar, wenn es um die Vermittlung an weiterführende Angebote geht. Dies ist vor allem auch deshalb notwendig, weil das Potenzial frühzeitiger Begleitung von Familien mit Säuglingen vorrangig durch die interprofessionelle Zusammenarbeit zur Geltung kommt. Es zeigt sich in Bezug auf Vermittlungs- und Vernetzungsaktivitäten ein seitens der Hebammen geäußerter Fort- und Weiterbildungsbedarf (S. Lohmann, Mattern & Ayerle, 2018).

5.2.2 Vernetzung von Hebammen: Steuerungs- und Koordinierungsebene Früher Hilfen

Untersuchungen zur regionalen Vernetzung von Hebammen bzw. Familienhebammen in Netzwerken Früher Hilfen werden aus fünf unterschiedlichen Perspektiven vorgenommen. Die folgende Darstellung ist ausgehend von diesen wie folgt strukturiert: Steuerungs- und Koordinierungsebene, Netzwerkakteure, Hebammen, Familienhebammen und Klientinnen. Im Rahmen einer ersten bundesweiten Befragung von Jugend- und Gesundheitsämtern ($N=537$) im Zeitraum zwischen November 2008 und Januar 2009 wurden Informationen zu bereits bestehenden Kooperationen im Kontext Früher Hilfen erfasst. Aus Perspektive der beider Steuerungsbehörden gehören Hebammen zu den ersten zehn wichtigsten Kooperationspartnern. Auf einer Skala von 1 („unwichtig") bis 5 („sehr wichtig") wurde die Bedeutung der Hebamme im Mittel von befragten Jugendämtern (87 %) mit 4.62 und von den Gesundheitsämtern (65 %) mit 4.52 beschrieben. Mitarbeitende beider Steuerungsbehörden beschreiben eine große Differenz zwischen Bedeutung und Zusammenarbeit mit Hebammen. Im Mittel liegt die Qualität nach Selbstauskunft der Jugendämter auf einer Skala von 1 („sehr unzufrieden") bis 5 („sehr zufrieden") bei 3.72 und aus Perspektive der Gesundheitsämter bei 3.71. Damit ist die Kooperationsqualität im Vergleich zur (interdisziplinären) Frühförderung etwas geringer (3.79 bzw. 4.26), liegt jedoch immer noch über den Werten von niedergelassenen Ärzten. Verbindliche Kooperationen zwischen Jugendämtern und Hebammen bestanden in 35 % der Fälle. Lediglich 32 % der Gesundheitsämter kooperierten mit Hebammen. Einschränkungen dieser Untersuchung bestehen insofern, als lediglich 56 % ($n=537$) dieser Steuerungsbehörden, (Grundgesamtheit; $N=967$), teilnahm. Die Beteiligung von

Jugendämtern (65 %) war bedeutend höher als die der Gesundheitsämter (35 %). Insgesamt zeichnet sich jedoch sowohl aus Perspektive der Jugend- als auch der Gesundheitsämter eine deutliche Differenz zwischen hoher Bedeutung und niedriger Zufriedenheit bezüglich der Kooperation mit Hebammen ab (Landula, Arlt & Sann, 2009).

Aus dem letzten Bericht zur Bundesinitiative geht ein noch erhebliches Entwicklungspotenzial zum systematischen Aufbau intersektoraler Kooperationen hervor. Hierbei muss vor allem die Zusammenarbeit zwischen Akteuren des Gesundheitswesens und der Jugendhilfe intensiviert werden (NZFH, 2016b, S. 32). Bereits im ersten Zwischenbericht im Jahr 2014 wurde bspw. darauf verwiesen, dass trotz der expliziten Benennung in der Verwaltungsvereinbarung relevante Gesundheitsfachkräfte, wie bspw. Hebammen, seltener als andere Akteure in regionalen Netzwerken aktiv sind. Die Notwendigkeit eines noch stärkeren Ausbaus zeichnete sich zum damaligen Zeitpunkt auch für den Einsatz von Familienhebammen ab, wobei dieser jedoch in 60 % der Fälle aufgrund eines Fachkräftemangels nicht voranschreitet (NZFH, 2014a, S. 37f.). Aus einer Bestandsaufnahme zu Frühen Hilfen, bei der Jugendämter (N=548) im Auftrag des NZFH (2012) befragt wurden, war in diesem Zusammenhang bekannt, dass ein Großteil der Jugendämter (78 %) zwar mit Familienhebammen bzw. Hebammen zusammenarbeiteten, Kooperationen aber oftmals aufgrund von Schwierigkeiten bei Gesprächen zu Themen wie Honorar und Rollenverteilung im Kontext der Fallarbeit nicht zustande kamen (NZFH, 2012, S. 11). Am Beispiel der Vergütung der Hebammentätigkeit im Kontext Früher Hilfen wird deutlich, dass während der ersten Hälfte der Bundesinitiative zwar strukturelle Voraussetzungen für die regionalen Vernetzungsaktivitäten geschaffen wurden, jedoch hierbei vorrangig Institutionen, nicht aber potenzielle, freiberufliche Netzwerkakteure mit involviert wurden. Gleichzeitig zeigten sich bei der ersten Erhebung insofern auch positive Ergebnisse, als bspw. die Kooperationsqualität mit Familienhebammen aus Perspektive der Jugendämter auf einer fünfstufigen Skala (1 („sehr gut") bis 5 („unzufrieden")) im Mittel mit $M=1.6$ beschrieben wurde, wobei dieser Wert in Abhängigkeit von der Kooperationsart (fallbezogen, fallübergreifend) schwankte. Vor der Bundesinitiative wurden im Gegensatz dazu seitens dieser Steuerungsbehörde große Probleme in der Kooperation mit Familienhebammen beschrieben. Die Autoren des Zwischenberichts bringen diese Tendenz zur starken Verbesserung in Verbindung mit der verbindlichen Aufnahme dieser Gesundheitsfachkräfte in die Verwaltungsvereinbarung sowie eine damit verbundene Vergütung von Netzwerktätigkeiten. Die Kooperationsqualität von freiberuflichen Hebammen wird mit 2.5 niedriger als bei Familienhebammen, aber höher als die Qualität der Zusammenarbeit mit (2.6), Anbietern von Hilfen zur Erziehung (2.8) sowie Frauenärztinnen und Frauenärzten (3.3) eingeschätzt (NZFH, 2014a, S. 59ff.). Zur Erfassung kommunaler Netzwerkstrukturen Früher Hilfen wurden während der Bundesinitiative im Jahr 2013, 2014 und 2015 Datenerhebungen bei Steuerungsbehörden in geförderten Kommunen und Städten durchgeführt. An der letzten Erhebung nahmen insgesamt 96 % (N=555) der jeweiligen Netzwerkkoordinatoren teil. Aufgrund des Förderschwerpunktes liegen hier keine Daten zu Hebammen, wohl aber zur Kooperation mit Familienhebammen vor. In der fallübergreifenden Netzwerkarbeit ist ein Großteil der Familienhebammen (N=388, 88 %) fast flächendeckend mit eingebunden. Im Vergleich zu anderen Akteuren des Gesundheitswesens sind diese Fachkräfte jene mit den höchsten Werten. Die Kooperationsqualität wurde auf eine Skala von 1 („sehr gut") bis 5 („sehr unzufrieden") im Mittel mit M=1.5 beschrieben. Im Vergleich zum Jahr 2013 (M=1.6) ist hier lediglich eine minimale Verbesserung zu notieren. Entwicklungspotenzial für Gesundheitsfachkräfte im Kontext Früher Hilfen wird bezüglich eines weiterhin notwendigen Aufbaus einer bedarfsgerechten Versorgung beschrieben. Zudem fehlten zum Zeitpunkt der Erhebung konzeptionelle Ansätze zur systematischen Gestaltung von Übergängen zwischen den einzelnen Hilfesystemen (Küster et al., 2017a, S. 3).

5.2.3 Netzwerkakteure Früher Hilfen beschreiben Vernetzung mit Hebammen

Die Vernetzung von Hebammen aus Perspektive potenzieller Netzwerkakteure Früher Hilfen wird mit Ergebnissen von zwei ausgewählten Modellprojekten, welche u. a. Netzwerkanalysen nutzten, sowie mit ausgewählten Resultaten des NZFH, die aus den regelmäßigen Erhebungen der Bundesinitiative „Netzwerke Frühe Hilfen und Familienhebammen" stammen, skizziert.

Modellprojekt „Guter Start ins Kinderleben"
Aus Zwischenergebnissen des Modellprojektes „Guter Start ins Kinderleben" ging hervor, dass die Koordination und Vernetzung bestehender Angebote der Jugendhilfe und des Gesundheitssystems mit Herausforderungen verbunden sind. Hierzu gehören Faktoren wie bspw. fehlende zeitliche Ressourcen, Vorurteile gegenüber anderen Professionen und Berufsgruppen sowie organisatorische und datenschutzrechtliche Aspekte (Schwanda et al., 2008). In der ersten Netzwerkanalyse im Kontext Früher Hilfen Deutschlands wurde an drei verschiedenen

5.2 Deutschland

Projektstandorten Prätest-Daten ($N=159$) und Posttest-Daten ($N=115$) des gesamten Netzwerks mithilfe einer standardisierten postalischen Befragung zur Vernetzungssituation erhoben. Diese Analysen wurden ergänzend zu weiteren während des Modellprojektes durchgeführt – wie bspw. Kosten-Nutzen-Analysen sowie Experteninterviews. Ziel war es, angestrebte Veränderungen der interprofessionellen Zusammenarbeit zwischen Akteuren und Institutionen der Jugendhilfe sowie des Gesundheitswesens darzustellen. An allen drei Standorten zeigten sich unterschiedliche Ausgangsbedingungen sowie Entwicklungslinien. Am ersten Standort waren Akteure des Gesundheitswesens untereinander stark vernetzt, wobei Hebammen im Verlauf stärker in interprofessionelle Netzwerke eingebunden werden sollten. In Ergebnissen der Posttest-Erhebung befanden sich Hebammen unter den fünf zentralsten Netzwerkakteuren. Am zweiten und dritten Erhebungsstandort wurde ebenso eine starke Vernetzung einzelner Ressorts gemessen. In der Posttest-Erhebung waren Hebammen jedoch nicht unter den fünf wichtigsten Netzwerkakteuren zu finden. Insgesamt weisen diese Ergebnisse aufgrund der geringen Rücklaufquote Einschränkungen auf. Hinzu kommt die Problematik der unterschiedlich gewichteten Antworten. So haben die Antworten eines freiberuflichen Netzwerkakteurs, wie bspw. die Hebamme, ein stärkeres Gewicht als jene von Mitarbeitenden einer Steuerungsbehörde. Zudem ist ein Vergleich der Prä- und Posttest-Daten mit Einschränkungen zu betrachten, da bei der standardisierten Erhebung nicht nachvollziehbar ist, ob die antwortende Person bereits bei der ersten Befragung teilnahm. Ferner können positive Veränderungen nicht unmittelbar mit regionalen Vernetzungsaktivitäten in Verbindung gebracht werden, da zum zweiten Messzeitpunkt eine stärkere öffentliche Debatte im Kontext von Kinderschutz und der Förderung von Kleinkindern stattfand (Künster, Knorr et al., 2010a). Unabhängig davon ist anhand der Analysen erkennbar, dass vor allem in Bezug auf Systemübergänge Entwicklungspotenzial zu verzeichnen ist (Künster, Knorr et al., 2010b). In einer qualitativen Untersuchung innerhalb desselben Modellprojektes wurden intersektorale Kooperationsbeziehungen zwischen potenziellen Akteuren der Jugendhilfe ($n=11$) und des Gesundheitssystems ($n=16$) interviewt ($N=27$). Nicht-akademische Berufsgruppen, wie bspw. Hebammen und Kinderkrankenschwestern, erhielten im Vergleich zu akademischen, wie bspw. Frauenärztinnen und Frauenärzte sowie Kinderärztinnen und Kinderärzte, mehr positive als negative Bewertungen. Die Autoren der Studie verweisen zudem darauf, dass intersektorale Kooperationen und Vernetzungsaktivitäten mit komplexen Prozessen vergleichbar sind, die sowohl für Akteure der Jugendhilfe als auch des Gesundheitssystems Herausforderungen darstellen. Gleichwohl wurde aufgezeigt, dass im Einzelfall die Zusammenarbeit funktioniert und bspw. Hebammen eine Vermittlerrolle bzw. „Brücke" einnehmen. Wohl aber fehlt es an systematischen Vernetzungsstrukturen vor Ort. Die Autoren der Untersuchung sehen dies im Zusammenhang mit einem noch nicht ausgeprägten Bewusstsein für den Bereich Frühe Hilfen und die damit verbundenen, auf ein gemeinsames Ziel ausgerichteten Vernetzungsaktivitäten kritisch (Schöllhorn, König, Künster, Fegert & Ziegenhain, 2010).

Modellprojekt „Evaluation Früher Hilfen und sozialer Frühwarnsysteme in Nordrhein-Westfalen und Schleswig-Holstein"
Im Rahmen des Modellprojektes „Evaluation Früher Hilfen und sozialer Frühwarnsysteme in Nordrhein-Westfalen und Schleswig-Holstein" wurden an verschiedenen Modellstandorten ($N=15$) mittels postalischer Befragung zwei zentrale Forschungsfragen untersucht. Hierzu wurden Bedingungen für Wirkungen von Konzepten für unterschiedliche Zielgruppen sowie Möglichkeiten zur Weiterentwicklung dieser eruiert. Mittels Erhebungen zu Wechselwirkungen wurden Kooperationen und einzelne Zielsetzungen der Angebote untersucht. In Ergebnissen dieser netzwerkanalytischen Untersuchung wurden ausgewählte Kooperations- und Netzwerkmerkmale als Ausgangspunkt für die Wirksamkeit Früher Hilfen und Frühwarnsysteme beschrieben. Die Ergebnisse weisen darauf hin, dass die für Frühe Hilfen als wichtig beschriebenen Akteure aus dem Bereich des Gesundheitswesens keine dementsprechende Vermittlerrolle in einzelnen Netzwerken einnehmen. Vorrangig begründet wird dies durch das seitens der Familien geäußerte Misstrauen gegenüber Angeboten der Jugendhilfe. Im Gegensatz zu Akteuren aus dem Bereich der Jugendhilfe ist aufseiten relevanter Akteure des Gesundheitswesens eine höhere Anzahl an Kontakten aus anderen Leistungssystemen erkennbar. Damit haben Gesundheitsfachkräfte potenziell besseren Zugang bzw. Verbindungen zu Akteuren der Jugendhilfe. Das in der Analyse bestätigte Misstrauensverhältnis seitens der Familien gegenüber Angeboten der Jugendhilfe kann aus Perspektive der Autoren insofern ungünstig sein, als sich dieses bei intensiver Zusammenarbeit beider Leistungssysteme auch auf Anbieter von Gesundheitsdienstleistungen, wie bspw. Hebammen oder Ärzten, ausweiten könnte (Böttcher, 2009; A. Lohmann et al., 2010).

5.2.4 Hebammen und Familienhebammen beschreiben Vernetzung

Im Rahmen einer quantitativen Online-Befragung untersuchten Ayerle & Mattern (2014) folgende Fragestellung: „Welche Kenntnisse und Einstellungen haben freiberuflich tätige Hebammen in Sachsen-Anhalt zum Netzwerk Frühe Hilfen?".

Rekrutiert wurden Hebammen (*N*=42) ohne Zusatzqualifikation zur Familienhebamme. Das Konzept „Netzwerke Frühe Hilfen" war bei den Gesundheitsfachkräften bekannt. Es bestand jedoch Unklarheit bezüglich des Datenschutzes und rechtlicher Grundlagen bei der Vermittlung weiterführender Angebote. Ebenso wurde Unsicherheit hinsichtlich regionaler Koordination und einzelner Angebote lokaler Netzwerkakteure geäußert. Die Ergebnisse weisen zudem darauf hin, dass Hebammen die verstärkte Involvierung ihrer Berufsgruppe in Netzwerken Frühe Hilfen begrüßen. Mit Blick auf intersektorale Kooperationen freiberuflicher Hebammen lässt sich jedoch auch im Jahr 2017 unabhängig von der Unterversorgung mit Hebammenhilfe in Deutschland Entwicklungspotenzial beschreiben. Es handelt sich hierbei um ein Teilergebnis einer hermeneutisch-interpretativen Untersuchung, die in fünf Bundesländern mit Klientinnen (*n*=50) und Hebammen (*n*=20) durchgeführt wurde (Ayerle & Mattern, 2017).

In einer qualitativen Studie wurde mit problemzentrierten Interviews „Die Kooperation freiberuflicher Hebammen im Kontext Früher Hilfen" mit Fachkräften (*N*=27) aus 13 verschiedenen Bundesländern durchgeführt. Im Ergebnis zeigt sich, dass freiberufliche Hebammen bedeutend häufiger mit anderen Akteuren des Gesundheitssystems, jedoch weniger mit Fachkräften der Jugendhilfe kooperieren. Wenige Hebammen sind aktiv in Netzwerken Früher Hilfen mit eingebunden. Werden Familien in belastenden Lebenslagen betreut, so spielen bei freiberuflichen Hebammen vorrangig informelle Kontakte aus dem Bereich des Gesundheitswesens eine Rolle. Als Gründe hierfür werden neben fehlendem Wissen zu strukturellen Gegebenheiten und Angeboten in Netzwerken Früher Hilfen auch die grundsätzlich verschiedenen Formen der beruflichen Sozialisation im Bereich der Jugendhilfe sowie des Gesundheitssystems als Herausforderungen angeführt. Insgesamt scheinen strukturelle Voraussetzungen, wie bspw. eine klare und transparente intersektorale Kooperation in Netzwerken Frühe Hilfen, nicht gegeben zu sein. Die Autorinnen resümieren, dass in Deutschland kaum Untersuchungen zur interprofessionellen Kooperation im Kontext Früher Hilfen aus Perspektive freiberuflicher Hebammen vorliegen (Schlüter-Cruse & Sayn-Wittgenstein, 2017; Schlüter-Cruse, 2018).

Perspektive von Familienhebammen
Im Modellprojekt „Frühstart" (Familienhebammen in Sachsen-Anhalt) wurde z. B. der systematische Übergang zwischen Leistungssystemen durch den Einsatz von Familienhebammen untersucht. Im Rahmen der wissenschaftlichen Begleitung wurden verschiedene Formen der Befragung sowie die Evaluation der Verlaufsdokumentation eingesetzt. Durch Familienhebammen begleitet wurden insgesamt *N*=734 Familien mit Säuglingen (*N*=757) (Ayerle, 2012, S. 11).

Insgesamt vermittelten Familienhebammen begleitete Familien (*n*=304, 41 %) oft an weiterführende Beratungs- und Unterstützungsangebote, wobei es bei langen Betreuungsphasen von 12 Monaten zu durchschnittlich zehn Weitervermittlungsinitiativen durch die Familienhebamme kam. Zu den am häufigsten kontaktierten Netzwerkakteuren gehörten Anbieter der Jugendhilfe (Ayerle, 2012, S. 19). Eine intersektorale Kooperation war meist dann notwendig, wenn das Kind später fremduntergebracht wurde. Unabhängig vom Kontext war die Zusammenarbeit zwischen Jugendämtern und Familienhebammen von Herausforderungen gekennzeichnet, weil diese Gesundheitsfachkräfte bspw. Aufgaben in tertiärpräventiven Bereichen übernahmen, um eine Fremdunterbringung des Kindes zu verhindern. Hinzu kamen datenschutzrechtliche sowie kommunikative Herausforderungen (Ayerle et al., 2014). Unabhängig davon erwies sich der Einsatz von Familienhebammen, im Mittel für einen Zeitraum von mehr als sechs Monaten, als ergänzendes Angebot zur originären Hebammenhilfe und zur Jugendhilfe zielführend. Dies zeigte die Evaluation des Modellprojektes in Sachsen-Anhalt im Vergleich zum Modellprojekt „Familienhebammen in Osnabrück" (Ayerle, Makowsky & Schücking, 2012). Zudem wurde deutlich, dass der Vernetzungsgedanke und die damit verbundenen Aufgaben bei Familienhebammen sehr präsent sind (Makowsky & Wallmeyer-Andres, 2015, S. 19).

5.2.5 Wahrnehmung von Klientinnen zur Vernetzung durch Hebammen

In der Evaluation des Osnabrücker Modellprojektes wurde zudem gezeigt, dass Familien (*N*=235) die Vernetzungsinitiativen seitens der Familienhebamme vor allem dann positiv wahrnahmen, wenn neben der Vermittlung auch konkrete Absprachen zwischen allen beteiligten Fachkräften stattfanden. Die Vermittlerrolle und andere Tipps seitens der Familienhebamme wurden von Familien vornehmlich dann gut angenommen, wenn eine positive Beziehung zur Fachkraft beschrieben wurde (Makowsky & Schücking, 2013).

Klientinnen (*N*=149), die im Rahmen des Modellprojektes „Familienhebammen in Sachsen-Anhalt" (Juni 2006 bis März 2007) begleitet wurden, gaben bezüglich der subjektiv empfundenen Wirksamkeit der Familienhebamme Auskunft. Die Fachkräfte dieses Projektes erhielten während ihrer Weiterbildung ein spezielles Training zur intersektoralen Vernetzung. Betreute Klientinnen (*n*=89) beschrieben die Wirksamkeit externer Hilfen, die durch Familienhebammen weitervermittelt wurden, im Vergleich zu anderen Bereichen, etwas geringer (Ayerle & Sadowski, 2007). In weiteren Evaluierungen des Projektes „wurde das Netzwerk der Frühen Hilfen selbst von Frauen, die den Hilfsangeboten offen gegenüberstanden, als unübersichtlich und unüberschaubar erlebt." (Ayerle, 2012, S. 21).

5.2.6 Zugang zu Familien in belastenden Lebenslagen

Der systematische Zugang zu Familien in belastenden Lebenslagen im Kontext von Präventionsangeboten gehört in den USA zu einer der größten Herausforderungen. Diese sind auch für Frühe Hilfen in Deutschland zu erwarten. Umso wichtiger ist ein zusätzlicher Fokus auf die Qualitätsanforderung „Zugang zu vulnerablen Familien" an Angebote Früher Hilfen (Kindler & Suess, 2010). Aus der Evaluation von Projekten (N=38) mit dem Forschungsschwerpunkt Präventionsforschung des Bundesministeriums für Bildung und Forschung ist bekannt, dass der Erreichungsgrad vor allem dann hoch ist, wenn der Zugang über Institutionen wie bspw. Kindertagesstätten und Schulen erfolgt – wobei von Anbietern der Präventionsprogramme unterschiedliche Kommunikationskanäle genutzt werden. Gleichzeitig äußern Projektanbieter, dass sich ein aktives Zugehen auf Zielgruppen sowie der Einsatz von Multiplikatoren bewährt hat. Bei einem Großteil der Programme (n=31) wurde zum Zweck der Evaluation oder Intervention selbst Teilnahmeanreize (M=1.5) eingesetzt (Brand, Böttcher & Jahn, 2015). Im Kontext von Netzwerken Frühe Hilfen wird die Bedeutung von Gesundheitsfachkräften, wie bspw. der Hebamme als hoch beschrieben (Eickhorst, 2012; Renner, 2010; Renner, Scharmanski, van Staa, Neumann & Paul, 2018). Ergebnisse der Prävalenz- und Versorgungsforschung des NZHF belegen, dass die Wochenbettbetreuung als Teil der originären Hebammenhilfe von Familien, die in Armut leben, akzeptiert und häufig in Anspruch genommen wird. Ergebnisse der 2015 durchgeführten bundesweiten, repräsentativen Prävalenzstudie „Kleinkinder in Deutschland" (KiD 0-3) weisen dementsprechend darauf hin, dass Familien in belastenden Lebenslagen durch Hebammen gut erreicht werden können. Dies ist insofern von Bedeutung, als Familien mit psychosozialen Belastungen nur selten an Geburtsvorbereitungskursen oder Eltern-Kind-Gruppen teilnehmen (Salzmann et al., 2017). Hinsichtlich der Nutzungs- und Kenntnisrate zeigten sich bei einigen regionalen Angeboten deutliche Unterschiede. Während zahlreiche Angebote vorrangig von Familien mit mittlerem und hohem Bildungsniveau genutzt werden, wird das Angebot der Familienhebammen tendenziell häufiger von Familien mit niedrigem Bildungsniveau genutzt. Demgegenüber zeichnet sich der Trend ab, dass die originäre Hebammenhilfe häufiger von Familien mit höherem

Bildungsstand in Anspruch genommen wird: 93 % (hoch) vs. 67 % (niedrig). Familien mit mittlerem Bildungsstand nutzen die originäre Hebammenhilfe ebenfalls oft (88 %). Im Gegensatz dazu nehmen Familien mit niedrigem Bildungsstand (17 %) das Angebot der Familienhebamme häufiger in Anspruch, als dies bei höherem Bildungsstand der Fall ist (mittel: 13 %; hoch: 12 %). Im Rahmen der KiD 0-3 wurde neben der Angebotsnutzung auch erhoben, ob die Angebote Früher Hilfen bekannt sind. In diesem Zusammenhang zeichnet sich ab, dass die Differenz zwischen Kenntnis über Angebot sowie Nutzung desselben bezüglich der Hebammenhilfe bei Familien mit niedrigem Bildungsstand bedeutend geringer als bei Familien mit mittlerem oder höherem Bildungsstand ist (23 % vs. 10 % bzw. 6 %). Im Gegensatz dazu ist die genannte Differenz beim Angebot „Familienhebamme" bei Familien mit niedrigem Bildungsniveau vergleichbar mit der Differenz bei Familien mit mittlerem Bildungsniveau (17 %). Etwas geringer ist diese Differenz bei hohem Bildungsniveau (15 %). Darüber hinaus ist der Untersuchung zu entnehmen, dass lediglich 33 % der hoch belasteten Familien in Bezug auf regionale Angebote sehr gut informiert sind. Bei Befragten ohne identifizierte Belastungsfaktoren liegt der Wert mit 42 % etwas höher. Die bei Familienhebammen beobachtete Tendenz, dass sie öfter von Familien mit geringem Bildungsstand in Anspruch genommen werden, zeigt sich auch bei dem Angebot der Schwangerschaftsberatung. Insgesamt kann ausgehend von den Ergebnissen der KiD 0-3 davon ausgegangen werden, dass Familien mit höherem Bildungsstand aufsuchende Angebote Früher Hilfen – wie bspw. Willkommensbesuch – häufiger annehmen. Eine gegenläufige Tendenz zeichnet sich jedoch bei Familienhebammen ab. Die Ergebnisse der Prävalenzstudie in Bezug auf Unterschiede zwischen – Inanspruchnahme oder Kenntnis – Hebammen und Familienhebammen sind insofern mit möglichen Einschränkungen zu betrachten, als aufgrund des Studiendesigns nicht sichergestellt werden konnte, ob teilnehmende Familien tatsächlich eine korrekte Zuordnung („Hebamme" oder „Familienhebamme") vornahmen. Unabhängig davon resümiert die Autorengruppe der KiD 0-3, dass keine Zuordnung ausgewählter Belastungsfaktoren zu spezifischen Angeboten Früher Hilfen gerechtfertigt sei. Nicht zuletzt basiert diese Schlussfolgerung auf dem statistisch nicht nachweisbaren Zusammenhang zwischen Bildungsstand und psychosozialer Belastung (Eickhorst et al., 2016; Eickhorst & Liel, 2020). Ergebnisse der Erreichbarkeitsforschung des NZFH geben zudem Hinweise darauf, dass Eltern mit niedriger Steuerungskompetenz originäre Hebammenhilfe rund um die Geburt selten in Anspruch nehmen. Dementsprechend lassen sich mehrere Einflussfaktoren bezüglich der Nutzung von Angeboten Früher Hilfen beschreiben (Neumann & Renner, 2016). Ferner liegen jedoch Hinweise darauf vor, dass die Hebammenleistung in Deutschland insgesamt lediglich von einem geringen Anteil der Frauen in Anspruch genommen wird (Anding et al., 2013). Die Ergebnisse der Hebammenpräventionsstudie weisen ebenso darauf hin, dass das universell-präventive Angebot der Hebammenhilfe von allen Familien, d. h. auch von Familien in belastenden Lebenslagen, gleichermaßen angenommen wird. Gleichzeitig wurden Hochrisikofamilien von Hebammen ohne Zusatzqualifikation zur Familienhebamme nicht als solche eingestuft (Röhrle et al., 2012, S. 7f.). Teilnehmende Hebammen hatten eine durchschnittliche Berufserfahrung von $M=16.52$ Jahre ($SD=8.76$) (Anding et al., 2013). Resümierend unterstreichen die Autoren der Hebammenpräventionsstudie, dass in jedem Fall die Identifikation relevanter Risikofaktoren notwendig ist, damit Hebammen betreute Familien auch an weiterführende Angebote vermitteln können (Röhrle et al., 2012, S. 136).

Zusatzstudie: Modellprojekt „Evaluation Früher Hilfen und sozialer Frühwarnsysteme in Nordrhein-Westfalen und Schleswig-Holstein"
Dem Modellprojekt „Evaluation Früher Hilfen und Sozialer Frühwarnsysteme in Nordrhein-Westfalen und Schleswig-Holstein" wurde aufgrund der Beobachtung, dass Zielgruppen Früher Hilfen und ambulanter Hilfen des Allgemeinen Sozialen Dienstes vergleichbar sind, eine Zusatzstudie angeschlossen. Es wurde untersucht, ob sich die Klientel mit Kindern zwischen null und drei Jahren ($N=318$) Früher Hilfen ($n=273$) und ambulanter Erziehungshilfen ($n=45$) hinsichtlich ihrer Risikolage unterscheidet. Im Ergebnis zeigte sich, dass Fachkräfte für Familien in den Frühen Hilfen im Mittel geringere Risiken diagnostizierten, als dies in der Vergleichsgruppe der Fall war. Zusammenfassend sprechen Studienergebnisse dafür, dass vorrangig Familien in weniger belastenden Lebenslagen Angebote Früher Hilfen wahrnehmen. Gleichwohl könnten Angebote Früher Hilfen damit auch zur Vermittlung weiterführender Angebote genutzt werden, wenn sich im Verlauf der Begleitung akute Risikolagen entwickeln (Hentschke et al., 2011).

Modellprojekt „Keiner fällt durchs Netz"
Im Rahmen des Modellprojektes „Keiner fällt durchs Netz" wurde die Projektdokumentation verschiedener Landkreise des Saarlandes für 2009 evaluiert. Erfasst wurden Informationen von Familien ($N=223$), die von Familienhebammen neu aufgenommen wurden. Ziel der Untersuchung war es, Vermittlungswege zu aufsuchenden Angeboten Früher Hilfen zu identifizieren. Mehr als die Hälfte der vermittelten Fälle (53 %) gelang über Anfragen von Geburtskliniken, Ärztinnen sowie Ärzte und Hebammen, die die Mütter während des Wochenbetts betreuten, zur weiterführenden Hilfe. Im Vergleich zum Allgemeinen Sozialen Dienst, Beratungsstellen, Ärzten und Geburtskliniken wurden die meisten Anfragen (23 %) sowie ein Großteil neuer Fälle (28 %) über Hebammen vermittelt. Es

lagen zum Teil große Unterschiede hinsichtlich der Vermittlungswege zwischen den einzelnen Landkreisen des Saarlandes vor. Hohe Vermittlungsquoten durch Hebammen lagen bspw. dann vor, wenn „ein enges informelles Informationsnetz zwischen allen Hebammen dieses Landkreises" (Borchardt et al., 2010) beschrieben wurde. Ebenso wurde in einem anderen Landkreis eine enge Kooperation zwischen Familienhebammen, die ebenso in der Nachsorge tätig ist, gleichzeitig eine hohe Vermittlungsquote durch die Nachsorgehebamme notiert. Insgesamt gelangte die Hälfte der vermittelten Familien über Akteure des Gesundheitswesens zum Modellprojekt „Keiner fällt durchs Netz", was die Autoren der Evaluation als auffälliges Muster bezeichnen (Borchardt et al., 2010). Auch in anderen Modellprojekten wurden ähnliche Tendenzen vermittelt (Renner, 2010). Gleichwohl zeigte eine Befragung von Multiplikatoren (N=361), dass Vermittlungswege zum Hausbesuchsprogramm „Pro Kind" weniger durch Hebammen, sondern mehr durch Ärzte oder andere Angebote Früher Hilfen initiiert wurden (Brand & Jungmann, 2010).

5.2.7 Beziehungsgestaltung: Fachkraft und Klientin

Aus Perspektive von relevanten Beteiligten Früher Hilfen wurde während Distanzangeboten in der Zeit des ersten Lockdowns der COVID-19-Pandemie im Jahr 2020 das Fehlen persönlicher Kontakte zu Klientinnen beschrieben (Renner et al., 2021). Dieses Untersuchungsergebnis kann mit bereits bekannten Praxiserfahrungen im Kontext Früher Hilfen in Verbindung gebracht werden. So wurde z. B. während Modellprojekten des Aktionsprogramms „Frühe Hilfen und soziale Frühwarnsysteme" die Bedeutung der Beziehung zwischen Fachkraft und Klientin näher betrachtet und als wichtiger Einflussfaktor auf mögliche Programmerfolge beschrieben (Adamaszek, Schneider et al., 2013; Ludwig-Körner, Schöberl & Derksen, 2010; Makowsky & Schücking, 2013; Sierau, Jungmann & Herzberg, 2013). Im Modellprojekt „Evaluation Früher Hilfen und sozialer Frühwarnsysteme in Nordrhein-Westfalen und Schleswig-Holstein" wurde systematisch untersucht, inwiefern die Hilfebeziehung im Kontext Früher Hilfen als Wirkfaktor beschrieben werden kann (Böttcher, 2009, S. 6ff.). Lenzmann et al. (2010) arbeiteten die Notwendigkeit heraus, existierende Erkenntnisse – teilweise im Bereich der pädagogischen Kasuistik zu verorten – durch quantitative Forschungsmethoden zu erweitern. Hierbei sollte es vor allem um die Frage nach möglichen Unterschieden des Arbeitsbündnisses in Abhängigkeit von der Zugehörigkeit zu verschiedenen Gruppen von Helfenden gehen.

5.3 Mecklenburg-Vorpommern und Hansestadt Rostock

Aufgrund struktureller Rahmenbedingungen können Forschungsergebnisse anderer Bundesländer nicht direkt auf den Kontext von Netzwerken Früher Hilfen in M-V übertragen werden (Brand & Jungmann, 2012; Kluth, Stern, Trebes & Freyberger, 2010a). Dies gilt bspw. auch für Familienhebammen, da sie in unterschiedlichen Anstellungsverhältnissen tätig sind (Makowsky & Wallmeyer-Andres, 2015, S. 30). Hinzu kommt, dass im Vergleich zu anderen Bundesländern im Saarland (21 %) sowie in M-V (27 %) der höchste Anteil an ausgebildeten Familienhebammen zu aktiven Hebammen zu verzeichnen ist. In Berlin (4 %) oder Baden-Württemberg (4 %) sind diese Werte bedeutend niedriger (Lange, 2013). Im Jahre 2013 wurden in M-V zahlreiche ausgebildete Familienhebammen (*N*=67) registriert (Makowsky & Wallmeyer-Andres, 2015). Früheren Erhebungen zufolge ist davon auszugehen, dass ca. 75 % der ausgebildeten Familienhebammen in M-V schlussendlich in diesem Handlungsfeld tätig werden (S. Albrecht, 2009, S. 54). Darüber hinaus existieren in den einzelnen Bundesländern unterschiedliche Vergütungsmodelle für Hebammen im Kontext Früher Hilfen (Anding et al., 2013, S. 80).

Vernetzung
Ergebnisse des Zwischenberichts 2014 zur Bundesinitiative Netzwerke Frühe Hilfen und Familienhebammen zeigen bspw., dass M-V zu jenen Bundesländern gehört, in denen kein flächendeckender Netzwerkaufbau realisiert wurde. Die Einbindung von Angeboten Früher Hilfen in gegebene Strukturen, das heißt als Ergänzung zu Leistungen der Jugendhilfe gelang nicht. Vor allem Angebote aus dem Bereich der Gesundheitsfürsorge konnten nicht integriert werden. Angegeben wurden ähnlich wie in anderen Bundesländern datenschutzrechtliche Gründe, fehlende Ressourcen oder Vorbehalte gegenüber Prozessen der Jugendhilfe. Leichte Veränderungen bezogen sich lediglich auf erste strukturelle Voraussetzungen (NZFH, 2014a, S. 124f.). Es ist davon auszugehen, dass aktive Akteure rund um die Phase der Geburt innerhalb nicht transparenter Netzwerke, die bspw. auch kaum von Familienhebammen genutzt werden könnten, agieren (S. Albrecht, 2009, S. 104). Auch nach der Bundesinitiative wurde die intersektorale Vernetzung als primäres Ziel in M-V nicht erreicht. Dies betrifft vor allem die fallbezogene Netzwerkarbeit. Dennoch konnte die Akzeptanz Früher Hilfen innerhalb der Kinder- und Jugendhilfe erhöht werden (NZFH, 2016b, S. 59). Aufgrund vorliegender Praxisberichte aus dem Jahr 2010 ist entsprechend davon auszugehen, dass in der Hansestadt Rostock Leistungen von Gesundheitsfachkräften, der

Kinder- und Jugendhilfe sowie anderer heute als potenzielle Akteure in Netzwerken Früher Hilfen bekannter Anbieter auch zum Zeitpunkt der vorliegenden Erhebung weitestgehend unabhängig voneinander existieren (Jungmann, Koch & Unterstab). Ergebnisse einer vom Amt für Jugend, Soziales und Asyl in Auftrag gegebene Netzwerkanalyse weisen zudem darauf hin, dass lediglich 63 % der potenziellen Netzwerkbeziehungen im Kontext Früher Hilfen der Hansestadt Rostock aufgebaut werden (Veith, 2016, S. 26). Bei dieser qualitativen Netzwerkanalyse (N=20) sowie an einer früheren quantitativen Netzwerkanalyse zum Ist-Stand von Jungmann und Thomas (2010), bei der neben Eltern (n=118) auch potenzielle Netzwerkakteure (n=63) teilnahmen, fehlt jedoch die Perspektive der Hebammen bzw. Familienhebammen, da diese in der Erhebung unterrepräsentiert waren. Die höchste Beteiligung ist bei Mitarbeitenden des Jugendamtes sowie der Frühförderung zu verzeichnen.

Zugang zur Klientel und Beziehungsgestaltung
Bekannt ist ferner, dass vor der Bundesinitiative „Netzwerke Frühe Hilfen und Familienhebammen" 69 % der befragten werdenden Eltern und 88 % der befragten Eltern der Hansestadt Rostock die originäre Hebammenhilfe bzw. Begleitung durch eine Familienhebamme in Anspruch nahmen (Jungmann & Thomas, 2010, S. 43ff.). Insgesamt liegen kaum Untersuchungen für das Land M-V vor. Im Rahmen des Aktionsprogramms „Frühe Hilfen und Frühwarnsysteme" wurde an zwei Modellstandorten ein Programm für psychisch kranke Eltern mit Kleinkindern durchgeführt. Der Zugang zum Programm erfolgte nur selten über Hebammen (1 %) (Kluth et al., 2010a). Während des Aktionsprogramms „Frühe Hilfen und soziale Frühwarnsysteme" wurden in M-V zudem Elterntrainingsprogramme für vulnerable Familien durchgeführt. Am Beispiel Rostock wurde deutlich, dass die für die Arbeit mit dieser Zielgruppe eigentlich angedachte Gruppengröße von mehr als fünf Teilnehmenden nicht realisierbar war, da besonders in den Reflexionsrunden auf die individuellen Bedürfnisse der Teilnehmenden eingegangen werden musste. Vermittelt wurden die Teilnehmenden über Kindertageseinrichtungen, Jugendhilfeeinrichtungen, den Allgemeinen Sozialen Dienst und über Gesundheitsfachkräfte. In Rostock wurde das Elternprogramm in Form einer begleiteten Eltern-Kind-Gruppe über den geplanten Zeitraum hinaus verlängert, wobei auf Wunsch von Teilnehmenden die Gruppenleitung nicht wechselte (Deutsches Jugendinstitut, 2006, S. 19ff.). In Bezug auf die drei relevanten Qualitätsanforderungen an Netzwerke Frühe Hilfen lassen sich vorgestellte Untersuchungen, wie in Tabelle 5.3 dargestellt, chronologisch systematisieren.

5.3 Mecklenburg-Vorpommern und Hansestadt Rostock

Tab. 5.3 Bundesweite Untersuchungen: systematische Darstellung relevanter Studien

Quelle	Methode Stichprobe	Ergebnis	Qualitätsanforderung Vernetzung	Qualitätsanforderung Zugang	Qualitätsanforderung Beziehungsgestaltung
Landula et al., 2009	Befragung; Jugend- und Gesundheitsämter	Hebammen gehören zu den wichtigsten Kooperationspartnern Differenz: Bedeutung und Zufriedenheit mit Zusammenarbeit verbindliche Kooperationen selten	x		
Böttcher, 2009; A. Lohmann et al., 2010	Befragung; potenzielle Netzwerkakteure Früher Hilfen	ausbleibende Vermittlerrolle durch bspw. Hebammen aufgrund Bedenken bzgl. Misstrauen von Klientinnen gegenüber Angeboten der Jugendhilfe Hilfebeziehung als Wirkfaktor	x		x
Borchardt et al., 2010	Evaluation von Dokumenten neu aufgenommener Familien (Familienhebammen)	53 % der Klientinnen vermittelt über Akteure des Gesundheitsbereichs (Geburtskliniken, Ärzte, Hebammen) häufiger Vermittlung über Hebammen	x		
Künster, Knorr et al., 2010a; Künster, Knorr et al., 2010b	Befragung, Prätest-Daten und Posttest-Daten; potenzielle Netzwerkakteure	intersektorale Vernetzung abhängig von regionalen Voraussetzungen Hebammen gehören den zu wichtigsten Kooperationspartnern	x		
Künster, Schöllhorn et al., 2010	qualitative Untersuchung; Akteure der Jugendhilfe und Gesundheitsbereich	Hebammen positivere Bewertungen als akademische Berufe im Gesundheitsbereich Hebammen im Einzelfall in Vermittlerrolle „Brücke"	x		

(Fortsetzung)

Tab. 5.3 (Fortsetzung)

Quelle	Methode Stichprobe	Ergebnis	Qualitätsanforderung		
			Vernetzung	Zugang	Beziehungs-gestaltung
Jungmann & Thomas, 2010	Ist-Stand-Erhebung; Hansestadt Rostock, (werdende) Eltern	Großteil befragter Familien Nutzung originärer Hebammenhilfe (88 %) sowie 69 % werdende Eltern	x		
NZFH, 2012	Kurzbefragung; Jugendämter	Zusammenarbeit mit Hebammen: Großteil der Jugendämter Herausforderungen: Rollenverteilung, Honorar	x		
Ayerle, 2012	Evaluation der Verlaufsdokumentation; durch Familienhebammen begleitete Klientinnen	häufige Vermittlerrolle, darunter oft Jugendhilfe Herausforderungen: a) Übernahme tertiär-präventiver Aufgaben (Fremdunterbringung) b) Kommunikation c) Datenschutz	x		
Makowsky & Schücking, 2013	Projektevaluation; Familien	positive Wahrnehmung Vermittlerrolle, wenn Absprachen zwischen Fachkräften Annahme von Vermittlerrolle vorrangig bei positiver Beziehung zur Familienhebamme	x		

(Fortsetzung)

5.3 Mecklenburg-Vorpommern und Hansestadt Rostock

Tab. 5.3 (Fortsetzung)

Quelle	Methode Stichprobe	Ergebnis	Qualitätsanforderung		
			Vernetzung	Zugang	Beziehungs-gestaltung
NZFH, 2014a	Bundesinitiative Frühe Hilfen; Zwischenbericht 2014	Hebammen selten in regionalen Netzwerken vertreten Fachkräftemangel bei Familienhebammen Kooperationsqualität mit Familienhebammen höher als mit Hebammen M-V: Nur erste strukturelle Veränderungen kein flächendeckender Netzwerkaufbau gelungen, vor allem fehlen Akteure des Gesundheitsbereichs Herausforderungen: Datenschutz, fehlende Ressourcen, Vorbehalte gegenüber Jugendhilfe	x		
Ayerle et al., 2014	quantitative Online-Befragung; Hebammen ohne Zusatzqualifikation zur Familienhebamme	Hebammen kennen Konzept „Netzwerke Frühe Hilfen" Unsicherheiten bzgl. regionaler Netzwerkkoordination und Netzwerkakteuren Wunsch nach mehr Involvierung in Netzwerke Herausforderung: Datenschutz	x		

(Fortsetzung)

Tab. 5.3 (Fortsetzung)

Quelle	Methode Stichprobe	Ergebnis	Qualitätsanforderung		
			Vernetzung	Zugang	Beziehungs-gestaltung
NZFH, 2016b	Bundesinitiative Frühe Hilfen; Bericht 2016	Entwicklungspotenzial: a) systematische, intersektorale Kooperationen b) Fokus: Gesundheitsbereich und Jugendhilfe	x		
Veith, 2016	qualitative Netzwerkanalyse für die Hansestadt Rostock, Netzwerkakteure Frühe Hilfen	63 % der potenziell möglichen Netzwerkbeziehungen aufgebaut	x		
Ayerle & Mattern, 2017	qualitative Befragung; Klientinnen, Hebammen	intersektorale Kooperationen: Entwicklungspotenzial	x		
Küster et al., 2017a	Befragung; Jugend-und Gesundheitsämter	sehr oft fallübergreifende Einbindung und sehr gute Bewertung zur Kooperationsqualität von Familienhebammen fehlende konzeptionelle Ansätze für intersektorales Übergangsmanagement	x		

(Fortsetzung)

Tab. 5.3 (Fortsetzung)

Quelle	Methode Stichprobe	Ergebnis	Qualitätsanforderung			Beziehungs-gestaltung
			Vernetzung	Zugang		
Eickhorst et al., 2016; Eickhorst & Liel, 2020; Salzmann et al., 2017	bundesweite, repräsentative Studie KiD 0-3; Klientinnen	vulnerable Familien durch Hebammen erreichbar, jedoch kaum Teilnahme an Geburtsvorbereitungskursen, Eltern-Kind-Gruppen regionale Unterschiede bzgl. Nutzung und Kenntnis von Angeboten Angebotsnutzung: a) Hebamme: mittleres, hohes Bildungsniveau b) Familienhebamme: niedriges Bildungsniveau		x		
Schlüter-Cruse & Sayn-Wittgenstein, 2017; Schlüter-Cruse, 2018	problemzentriertes Interview; Hebammen	freiberufliche Hebammen kooperieren häufiger mit Akteuren des Gesundheitsbereichs als der Jugendhilfe Betreuung vulnerabler Familien: vorrangig informelle Kontakte aus Gesundheitsbereich Herausforderungen: a) unbekannte strukturelle Gegebenheiten Früher Hilfen, b) berufliche Sozialisation	x			

(Fortsetzung)

Tab. 5.3 (Fortsetzung)

Quelle	Methode Stichprobe	Ergebnis	Qualitätsanforderung		
			Vernetzung	Zugang	Beziehungsgestaltung
S. Lohmann et al., 2018	Fokusgruppeninterviews; Hebammen	interprofessionelle Zusammenarbeit: a) Unzufriedenheit von Klientinnen b) Notwendigkeit neuer Kooperationsformen, Übergangsmanagement	x		

6 Zusammenfassung, Einordnung der eigenen Arbeit und Ableitung der Fragestellungen

6.1 Zusammenfassende Darstellung des Forschungsstandes

6.1.1 Vernetzung

Sowohl internationale als auch deutsche Untersuchungen zeigen, dass die Zusammenarbeit von Hebammen mit anderen Berufsgruppen durch verschiedene Herausforderungen gekennzeichnet wird. Neben fehlenden Ressourcen gehören hierzu bspw. unterschiedliche Kompetenzbereiche, Probleme hinsichtlich der interprofessionellen Kommunikation und verschiedene Rollenverständnisse (Künster, Knorr et al., 2010b; Munro et al., 2013; NZFH, 2012, S. 11 f.; Psaila et al., 2015; Sann, 2020; Schlüter-Cruse et al., 2016). Hinzu kommen strukturelle Rahmenbedingungen, wie sie bspw. im Vergleich von ländlichen und städtischen Einzugsgebieten deutlich werden (Kluth et al., 2010b; Krahl, Radu et al., 2018; Munro et al., 2013). Die Vernetzungsaktivitäten von außerklinisch tätigen Hebammen mit bzw. ohne Zusatzqualifikation zur Familienhebamme werden in einigen wenigen Untersuchungen für den Bereich Früher Hilfen thematisiert (Grylka-Bäschlin et al., 2020; Krahl, Radu et al., 2018; Olds, 2010; Psaila et al., 2015). Für Deutschland ist zum Zeitpunkt der Erstellung der vorliegenden Promotionsschrift nur eine Untersuchung bekannt, die die Vernetzung freiberuflicher Hebammen in Netzwerken Früher Hilfen fokussiert (Schlüter-Cruse, 2018).

Veränderung der Vernetzungsaktivitäten
Aus Ergebnissen der Vernetzungsanalyse der Safe Start Initiative (USA) wurde zudem ersichtlich, dass innerhalb von 18 Monaten systematischer Netzwerktätigkeit nur leichte Veränderungen regionaler Netzwerkstrukturen möglich waren

(Friedman et al., 2007). Auch in deutschen Modellprojekten wurden teilweise nur sehr geringe Veränderungen der Vernetzungssituation ausgewählter Akteure in Netzwerken Frühe Hilfen notiert (Küster et al., 2017a, S. 2). Gleichzeitig ist dem ersten Zwischenbericht zur Bundesinitiative Netzwerke Frühe Hilfen und Familienhebammen zu entnehmen, dass zwar struktureller Voraussetzungen in Deutschland geschaffen wurden, jedoch freiberufliche Fachkräfte hinsichtlich der Vergütung kaum bzw. gar nicht einbezogen wurden (NZFH, 2014a, S. 59 ff.). In einigen Bundesländern, darunter auch M-V, fehlen diese strukturellen Voraussetzungen gänzlich (NZFH, 2014a, S. 124 f.).

Intersektorale Vernetzung
Bezüglich der intersektoralen Vernetzung ist nach Ergebnissen internationaler Untersuchungen davon auszugehen, dass in der Praxis unterschiedliche Modelle zur Übergangsgestaltung, teilweise auch ohne systematischem Netzwerkaufbau, existieren (Homer et al., 2009; Psaila et al., 2014). Da intersektorale Vernetzungsaktivitäten erfahrungsgemäß nicht zu gewohnten Aktivitäten freiberuflicher Hebammen gehören, ist davon auszugehen, dass jedoch gerade diese Fachkräfte systematisch in Netzwerke mit aufzunehmen sowie diesbezüglich Weiterbildungsbedarfe zu decken sind. Erste internationale Forschungsergebnisse aus der Schweiz geben Hinweise darauf, dass intersektorale Netzwerkaktivitäten von freiberuflichen Hebammen als positiv sowie entlastend und vorteilhaft für die Arbeit mit Familien in belastenden Lebenslagen eingeschätzt werden. Diese Untersuchung zeigt zudem, dass das von Hebammen oft angeführte Bedenken, dass Familien das Vertrauen in sie verlieren, wenn intersektorale Kooperationen bestehen, extrem selten (ca. 4 % der Fälle) auftritt (Krahl, Radu et al., 2018). Zudem weisen Ergebnisse einer aktuellen Untersuchung im deutschen Sprachraum auf ein noch auszubauendes Entwicklungspotenzial der intersektoralen Zusammenarbeit von freiberuflich tätigen Hebammen hin (S. Lohmann et al., 2018). Es scheint sich hierbei um einen für diese Berufsgruppe grundsätzlich existierenden Bedarf zu handeln, denn auch vorherige Studienergebnisse, vorrangig Ergebnisse der wissenschaftlichen Begleitforschung von Modellprojekten Früher Hilfen, legen dies nahe (Landula et al., 2009; NZFH, 2016b, S. 32). Insgesamt gibt es jedoch wenig empirische Erkenntnisse im Kontext von Netzwerken Früher Hilfen in Deutschland und damit auch zur Vernetzungstätigkeit von freiberuflichen Hebammen (Schlüter-Cruse et al., 2016; Taubner, Munder, Unger & Wolter, 2013a). Hinzu kommt, dass ein Großteil der Untersuchungen regionaler Vernetzungsaktivitäten aus Perspektive verschiedener Netzwerkakteure oder auf Koordinierungs- und Steuerungsebene realisiert wurde (Küster et al., 2017a; Landula et al., 2009;

NZFH, 2014a). Demgegenüber wird die Perspektive von Hebammen als potenzielle Netzwerkakteure kaum erfasst. Aufgrund des Förderschwerpunktes der Bundesinitiative Netzwerke Frühe Hilfen und Familienhebammen liegen mehrere Untersuchungen zu Aktivitäten von Familienhebammen vor (Ayerle, 2012; Makowsky & Wallmeyer-Andres, 2015). Das Erfassen verschiedener Perspektiven, wie bspw. der freiberuflichen Hebammen im Kontext Früher Hilfen erscheint gleichwohl umso wichtiger, als dass z. B. aus Perspektive der Jugend- und Gesundheitsämter – Steuerungs- und Koordinierungsebene – eine Diskrepanz zwischen der Bedeutung dieser Berufsgruppe sowie der jeweiligen Qualität der Beziehungsgestaltung bekannt ist (Sann & Küster, 2013).

6.1.2 Zugang und Beziehungsgestaltung

Es ist davon auszugehen, dass auch in Regionen, in denen eine einigermaßen gute Versorgung mit originärer Hebammenhilfe gewährleistet ist, nicht alle Familien durch diese Gesundheitsfachkräfte erreicht werden (Erdin et al., 2017). Dies gilt insbesondere für Familien in belastenden Lebenslagen (Neumann & Renner, 2016). Der Zugang zu Familien in belastenden Lebenslagen stellt somit auf internationaler sowie nationaler Ebene eine zentrale Herausforderung für Programme Früher Hilfen dar (Bilukha et al., 2005; Brand & Jungmann, 2010; Brand et al., 2015; Renner, 2010; Sann, 2020). Zentrale Fragestellungen zur aufsuchenden Arbeit für Familien in belastenden Lebenslagen werden oft mit salutogenen, aber auch mit sozialökologischen Konzepten untersucht (Cowley et al., 2015). Aus Ergebnissen einer aktuellen portugiesischen Ist-Stand-Analyse lässt sich ferner ableiten, dass der Zugang zu vulnerablen Klientinnen durch eine optimale Vernetzungssituation vor Ort deutlich verbessert werden kann. Die intersektorale Zusammenarbeit von Fachkräften wird durch spezifische Kennzeichen der Beziehungsgestaltung aus Perspektive der jeweiligen Akteure direkt beeinflusst. Hierzu gehört bspw. die Kontaktqualität zwischen Netzwerkakteuren (Albuquerque et al., 2020).

Beziehungsgestaltung: therapeutisches Bündnis
Sowohl im internationalen als auch im deutschen Forschungskontext wird eine von Vertrauen geprägte, intensive Beziehung zwischen Hebammen und Klientin beschrieben (Krahl, Radu et al., 2018; Schlüter-Cruse & Sayn-Wittgenstein, 2017). Erste empirische Hinweise dahin gehend, dass es sich hierbei um ein therapeutisches Arbeitsbündnis handelt, gehen auf Untersuchungen von Doherty (2009, 2010) zurück. Ableiten lässt sich daraus eine zentrale Rolle der

Hebamme hinsichtlich der Frauengesundheit. Auch im Kontext von Netzwerken Frühe Hilfen ist von der Notwendigkeit eines therapeutisches Bündnisses zwischen Fachkraft und Klientin die Rede (Brand & Jungmann, 2014; Lenzmann et al., 2010; Olds & Kitzman, 1993; Olds, 2006). Gleichwohl liegen lediglich theoretische Annäherungen, aber keine Forschungsergebnisse für Deutschland vor (Lenzmann et al., 2010). Erste empirische Hinweise zur Relevanz einer guten Qualität der Beziehungsgestaltung zwischen Familienhebamme und Klientin gibt es. Diese scheint eine Voraussetzung dafür zur sein, dass Empfehlungen und Vermittlungsinitiativen durch die Fachkraft von Klientinnen mit größerer Wahrscheinlichkeit auch angenommen werden (Makowsky & Schücking, 2013). Vorgestellte Aspekte zum Stand der Forschung werden in Tabelle 6.1 mit Bezug zu den drei relevanten Qualitätsanforderungen an Netzwerke Frühe Hilfen zusammengefasst.

Tab. 6.1 Zusammenfassung: Stand der Forschung

Zentrale Ergebnisse	Qualitätsanforderung		
	Vernetzung	Zugang	Beziehungsgestaltung
• Herausforderungen bei interprofessioneller Zusammenarbeit mit Hebammen aufgrund fehlender Ressourcen sowie personenbezogener Aspekte	x		
• Einfluss strukturell bedingter Voraussetzungen	x		
• langsame Veränderung der Vernetzungsaktivität durch externe Anpassungen	x		
• Vorteile von eigener Vernetzung für Hebamme	x		
• Entwicklungspotenzial bei intersektoraler Zusammenarbeit und damit verbundene Weiterbildungsbedarfe bei Hebammen	x		
• Grundlage der meisten Erhebungen ist die Perspektive der Koordinierungs- und Steuerungsebene	x		

(Fortsetzung)

Tab. 6.1 (Fortsetzung)

Zentrale Ergebnisse	Qualitätsanforderung		
	Vernetzung	Zugang	Beziehungsgestaltung
• Diskrepanz zwischen Bedeutung der Berufsgruppe und interprofessioneller bzw. intersektoraler Beziehung zu Hebammen aus Perspektive der Steuerungs- und Koordinierungsebene	x		
• nicht alle Familien im Rahmen originärer Hebammenhilfe begleitet, insbesondere bei Vulnerabilität		x	
• optimale regionale Vernetzung verbessert den Zugang zu vulnerablen Familien	x	x	
• Vertrauen als Grundlage einer optimalen Beziehungsgestaltung zwischen Hebamme und Klientin			x
• optimale Beziehungsgestaltung als Voraussetzung für Vermittlerrolle der Hebamme	x		x

6.2 Forschungslücken

Für die drei Qualitätsanforderungen an Angebote Frühe Hilfen (Vernetzung, Zugang, Motivation zur Inanspruchnahme weiterer Angebote durch optimale Beziehungsgestaltung), wie bspw. die Begleitung durch Hebammen bzw. Familienhebammen, liegen gegenwärtig nur vereinzelte empirische Ergebnisse vor. Hinzu kommt, dass aufgrund von forschungsmethodischen Aspekten vereinzelt nicht sichergestellt werden konnte, ob sich Angaben von befragten Familien tatsächlich auf Hebammen bzw. Familienhebammen beziehen. Im internationalen Kontext zeichnet sich zwar eine bessere Datenlage ab, jedoch handelt es sich dabei vorrangig um Wirkungsstudien zu Angeboten Früher Hilfen (Eickhorst et al., 2016; Eickhorst & Liel, 2020; Lengning & Zimmermann, 2009, S. 24). Offen ist zudem die Frage, inwiefern internationale Erkenntnisse für intersektorale Übergänge auf Deutschland übertragbar sind. Auffällig ist ferner, dass ein

Großteil deutscher Untersuchungen im Kontext der wissenschaftlichen Begleitung der Modellprojekte ab 2006 durchgeführt wurde. Die darüber hinaus generierten Erkenntnisse werden aus Perspektive der Steuerungs- und Koordinierungsebene vorgenommen. Die Perspektive der Eltern wurde von Kommunen, die während der Bundesinitiative Netzwerke Frühe Hilfen und Familienhebammen (2012–2015) gefördert wurden, nur vereinzelt (28 % der Untersuchungen) mit in den Blick genommen. In den meisten Fällen handelte es sich dabei lediglich um interne Evaluationen (Küster, Pabst & Sann, 2017b, S. 3). Ausgehend von den Praxiserfahrungen, dass insgesamt auch nach der Bundesinitiative bis heute systematische Übergänge zwischen den einzelnen Leistungssystemen fehlen, stellt sich die Frage, was genau aus Perspektive der einzelnen Netzwerkakteure beschrieben werden kann (Küster et al., 2017a; NZFH, 2010, 2014a, S. 86, 2016b, S. 32). Es liegen jedoch einzelne Untersuchungen aus Perspektive der Klientinnen vor. Zum Zeitpunkt der hier dokumentierten Erhebung war von einer schwachen Einbindung von Hebammen in Netzwerke Früher Hilfen auszugehen. Ferner existierten 2014/2015 keine empirischen Erkenntnisse bezüglich des Zugangs dieser Gesundheitsfachkräfte zu Familien in belastenden Lebenslagen. Bis dato fehlen zudem Ergebnisse zur intersektoralen Vernetzung aus Perspektive von Hebammen sowie Klientinnen (Schlüter-Cruse et al., 2016; Schlüter-Cruse & Sayn-Wittgenstein, 2017). Ausgehend von ersten theoretischen Überlegungen im Kontext Früher Hilfen lag es zum Zeitpunkt der Erhebung zudem nahe, neben dieser Qualitätsanforderung an Frühe Hilfen auch eine weitere, nämlich die der Beziehungsgestaltung mit aufzunehmen. Schließlich stellen die beschriebenen Anforderungen die zentrale Voraussetzung für die Lotsinnenrolle der Hebamme, wie sie aus Perspektive der Netzwerke Frühe Hilfen oft benannt, jedoch nicht empirisch untersucht wird, dar. Auch die Kombination der drei genannten Qualitätsanforderungen wurde, wie bereits in vorheriger Tabelle 6.1 (Abschnitt 6.1.2) dargestellt, im Kontext Früher Hilfen bis dato noch nicht betrachtet.

6.3 Forschungsleitende Fragestellungen und Ableitung der Hypothesen

Um die Rolle der Hebammen in Netzwerken Frühe Hilfen beschreiben zu können, werden die drei genannten Qualitätsanforderungen untersucht: (1) Die Vernetzung der Hebammen, wobei ergänzend die Zusatzqualifikation zur Familienhebamme mit in den Blick genommen wird. Um die von Netzwerken Frühe Hilfen angenommene Lotsinnenrolle von Hebammen umfassend zu beschreiben, werden zudem zwei Voraussetzungen thematisiert, unter denen Hebammen ihr Netzwerk zur Vermittlung weiterführender Hilfen nutzen können: (2) der Zugang zu Familien und (3) die Beziehungsgestaltung zwischen Klientin und Hebamme bzw. Familienhebamme als Voraussetzung für eine mögliche intersektorale Vernetzung (1). Gute regionale Vernetzungsstrukturen verbessern wiederum den Zugang zu Familien (2), vor allem dann, wenn sie sich in belastenden Lebenssituationen befinden. Es ergeben sich zwei forschungsleitende Fragestellungen:

1. Wie sind Hebammen vernetzt, um als Lotsinnen tätig werden zu können?
2. Wie hängen Beziehungen von Adressatinnen und kontextuelle Faktoren zusammen?

6.3.1 Perspektive der Hebammen

Während der Bundesinitiative Netzwerke Frühe Hilfen und Familienhebammen (2012–2015) kam es aufgrund vorausgehender gesetzlicher Anpassungen (Makrosystem) zu gezielt initiierten, intersektoralen Vernetzungsbestrebungen inklusive vertraglich geregelter Kooperationen auf regionaler Ebene (Exosystem). Dabei ging es bspw. um die Entwicklung einer gemeinsamen Kommunikationsbasis, wodurch gleichzeitig günstige Auswirkungen auf die Zufriedenheit anzunehmen sind (Mattern et al., 2012, S. 7; Sann, 2020; Ziegenhain et al., 2011, S. 59). Aus sozialökologischer und netzwerktheoretischer Perspektive müssten durch diese veränderten Kontexte existierende sektorenspezifische Netzwerkstrukturen aufgebrochen worden sein. Das bedeutet, dass aufgrund regionaler Vernetzungsaktivitäten theoretisch davon ausgegangen werden kann, dass sich die von Natur aus oft homophilen professionellen Netzwerken durch mindestens zwei Netzwerkmechanismen verändern. Neben dem Netzwerkmechanismus Homophilie spielt hierbei aus der Perspektive der Gesundheitsfachkraft sowie der Klientinnen die Verfügbarkeit von potenziellen Netzwerkakteuren eine wichtige Rolle (Borgatti et al., 2018, S. 317; Perry et al., 2018, S. 168 ff.; Rogers, 1983, S. 19). Eine Veränderung der Netzwerkstruktur (Mesosystem) aufgrund neuer Rahmenbedingungen (Makrosystem) lässt sich bspw. dann beobachten, wenn potenzielle, regionale Kooperationspartner (Exosystem) durch die Hebamme bzw. Familienhebamme kontaktiert werden (ausgehende Kontakte). Eine Bedingung hierfür ist, dass der Hebamme potenzielle Netzwerkakteure bekannt sind, weil sie bspw. die auf regionaler Ebene umgesetzte Bundesinitiative Netzwerke Frühe Hilfen und Familienhebammen kennt bzw. über eine Zusatzqualifikation zur Familienhebamme verfügt und damit vertraglich geregelte Kooperationen mit Ämtern bestehen sowie einen erweiterten Kompetenzbereich innehat. Letzteres geht zudem mit der Anforderung des interdisziplinären Arbeitens einher (Ayerle et al., 2014; Hahn et al., 2013, S. 21). Ebenso kann diese veränderte Struktur des Netzwerkes der Hebamme durch eingehende Kontakte von potenziellen Netzwerkakteuren Früher Hilfen drei verschiedener Sektoren beeinflusst werden: 1. Kinder- und Jugendhilfe, 2. psychosoziale Beratungsstellung und Dienste (Schwangerschafts(konflikt-)-beratungsstellen) sowie 3. sonstige Akteure (z. B. Jobcenter, Justiz). Zum Zeitpunkt der Erhebung war aufgrund von Ergebnissen des ersten Zwischenberichts zur Bundesinitiative (im Sommer 2014) von einer schwachen Einbindung der Hebammen in Netzwerken Frühe Hilfen auszugehen, da bspw. in M-V nach wie vor Vorbehalte gegenüber Akteuren der Jugendhilfe existierten (NZFH, 2014a, S. 124 f.). Zudem war bekannt, dass in diesem Bundesland der Fokus während der Bundesinitiative vorrangig auf strukturellen Veränderungen (Makrosystem) lag. Merkmale einer nicht gelungenen intersektoralen Vernetzung in M-V wurden am Ende der Bundesinitiative bestätigt (NZFH, 2016b, S. 59). Erste Hinweise zur geringen intersektoralen Vernetzungsaktivität der Hebammen lagen für M-V bereits aus einem vorherigen Modellprojekt vor (Kluth et al., 2010a). Aufgrund der hohen Bedeutung von Gesundheitsfachkräften für Netzwerke Früher Hilfen lohnt sich dennoch eine Analyse der Netzwerkaktivitäten von Hebammen insofern, als bspw. für M-V auch bekannt ist, dass aufgrund infrastruktureller Herausforderungen insbesondere Angebote des Gesundheitswesens inadäquat genutzt werden (Kluth et al., 2010a; Kluth et al., 2010b; Renner, 2010). Aufgrund ihrer aufsuchenden Tätigkeit und der Arbeit im gewohnten häuslichen Umfeld der Klientinnen kann hier eine besondere Bedeutung der Hebamme bzw. auch Familienhebamme vermutet werden. Es lässt sich folgende Hypothese, bei der ebenso wie bei den nachfolgenden jeweils erhobene personenbezogene sowie netzwerkbezogene Merkmale kontrolliert werden, ableiten.

1. Hypothese: Es gibt Effekte eingehender auf ausgehende intersektorale Kontakthäufigkeiten hinsichtlich drei relevanter Sektoren.

Der Zugang zur Klientel ist zwar eine wichtige Voraussetzung, jedoch kein alleiniger Garant für gelingende Vermittleraktivitäten von Hebammen bzw. Familienhebammen in Netzwerken Früher Hilfen. Notwendig sind ebenso mit therapeutischen Bündnissen vergleichbare Beziehungen, die in Netzwerken Früher Hilfen zur Erreichung ausgewiesener Ziele, wie bspw. die Inanspruchnahme weiterführender Hilfen, notwendig sind (Brand & Jungmann, 2013b; Doherty, 2009, 2010; Jungmann & Reichenbach, 2016; Lenzmann et al., 2010; Makowsky & Schücking, 2013; Olds et al., 2000; Renner, 2010; Sann, 2020). In Bezug auf intersektorale Vernetzungstätigkeiten der Hebamme ist zudem bekannt, dass

6.3 Forschungsleitende Fragestellungen ...

Gesundheitsfachkräfte diese selbst als vorteilhaft wahrnehmen. So können bspw. originäre Hebammenleistungen regulär fortgeführt werden, während weitere Versorgungsbedarfe durch regionale Netzwerkakteure gedeckt werden, da auch diese im Mesosystem der Klientin mit agieren (Krahl, Pehlke-Milde et al., 2018; Krahl, Radu et al., 2018; Ziegenhain et al., 2011, S. 123). Es ist von Vorteil, wenn die Gesundheitsfachkraft hierfür bei Bedarf auf ein interdisziplinäres Netzwerk (Exosystem) zurückgreifen kann, das vor allem auch in Bezug auf verschiedene Sektoren des deutschen Hilfesystems heterogen ist. Gegenwärtig ist grundsätzlich davon auszugehen, dass Angebote Früher Hilfen in Deutschland flächendeckend bereitgehalten werden (NZFH, 2021b; Sann, 2020). Für solche interdisziplinären Netzwerke wurde während der Bundesinitiative Netzwerke Frühe Hilfen und Familienhebammen (2012–2015) die Schaffung von hierfür benötigten strukturellen Voraussetzungen (Makrosystem), die sich günstig auf intersektorale Interaktionen der Hebamme mit potenziellen Netzwerkakteuren (Mesosystem) auswirken können, angestrebt (Fuhse, 2016, S. 179 ff.; Olds, 2002; Ziegenhain et al., 2011, S. 86). Aufgrund der unterschiedlichen rechtlichen Grundlagen, auf denen die jeweiligen Handlungsfelder, wie bspw. interdisziplinäre Frühförderung, Angebote der Kinder- und Jugendhilfe oder psychosoziale Beratungen, basieren, ist darüber hinaus davon auszugehen, dass vertraglich geregelte Kooperationen den Austausch innerhalb des interdisziplinären Netzwerkes der Hebamme (Mesosystem) und damit die flexible Kontaktaufnahme im Einzelfall begünstigen (NZFH, 2014c, S. 33; Sann, 2020; Ziegenhain et al., 2011, S. 21). Es lässt sich eine zweite Hypothese ableiten, bei der die Begründung von Hebammen für bestehende und ausbleibende professionelle Beziehungen.

2. Hypothese: Es gibt Effekte der Zusatzqualifikation zur Familienhebamme auf die Beziehungsstärke zu verschiedenen Akteursgruppen.

Erfahrungen der Modellprojekte im Kontext von Netzwerken Früher Hilfen zeigen, dass intersektorale bzw. auch interprofessionelle Vernetzungsaktivitäten zu Unzufriedenheit bei Beteiligten führen können. So wird nicht nur auf Koordinierungs- und Steuerungsebene, sondern auch innerhalb einzelner Sektoren, wie bspw. dem Gesundheitsbereich, von Herausforderungen aufgrund strukturell verankerter Hierarchien bzw. eines unbegründeten Konkurrenzdenkens berichtet (NZFH, 2020, S. 24; Ziegenhain et al., 2011, S. 122). Daraus folgt, dass neben aufgeführten Aspekten innerhalb des Exo- und Makrosystems der Blick auch auf Merkmale innerhalb des Mesosystems der Hebamme zu richten ist. Es lässt sich eine dritte Hypothese ableiten.

3. Hypothese: Es gibt Effekte der Beziehungsstärke zu einer Akteursgruppe auf die Einschätzung der Zusammenarbeit mit dieser.

6.3.2 Perspektive der Klientinnen

Da die Beschreibung der Intensität von therapeutischen Bündnissen (Mesosystem) abhängig ist von der jeweiligen Perspektive, wie bspw. Hebamme oder Klientin, wurden beide Netzwerkakteure mit in die vorliegende Untersuchung einbezogen (Lenzmann et al., 2010). Bis dato ist weitestgehend ungeklärt, was genau innerhalb dieses Mesosystems aus beiden Perspektiven geschieht (Küster et al., 2017a; NZFH, 2010, 2014a, 2016b, S. 32). Diese Interaktionen werden neben oben beschriebenen auch durch regionale Voraussetzungen (Exosystem), welche bspw. bei einem Land-Stadt-Vergleich sichtbar werden können, beeinflusst (Krahl, Radu et al., 2018; Psaila et al., 2015; Schlüter-Cruse et al., 2016). In der vorliegenden Arbeit wird deshalb auch Bezug genommen auf die Unterscheidung hinsichtlich des Wohnortes der Klientin, Hansestadt oder Landkreis Rostock, da sowohl infrastrukturelle als auch konzeptionelle Unterschiede bekannt waren (Kluth et al., 2010a; Kluth et al., 2010b). Da Hebammen zeitgleich in ländlichen sowie in städtischen Bereichen tätig sein können, ist zur Beachtung der zuletzt genannten Einflussfaktoren (Mesosystem und Makrosystem) ebenso die Perspektive der Klientin notwendig (Krahl, Radu et al., 2018; Psaila et al., 2014). Dies liegt zudem an der zeitlich begrenzten Interaktion (Mesosystem) beider Netzwerkakteure (Hebamme und Klientin). Hierbei begegnen sich zwei Mikrosysteme: das der Hebamme sowie das der Klientin. Da Aktivitäten im Mesosystem abhängig sind von den jeweiligen Exo- und Makrosystemen, welche gleichzeitig auch Mikrosysteme beeinflussen, ist das Netzwerk der Hebamme sowie das der Klientin jeweils getrennt voneinander zu untersuchen. Dieses System ist eingebettet in den jeweiligen Kontext, das heißt z. B. in die Angebote Früher Hilfen vor Ort (Exosystem), und wird beeinflusst durch weitere soziodemografische Merkmale, wie bspw. Erstelternschaft, Anzahl der Kinder, Alter, Einkommen, Familien- und Bildungsstand. Aufgrund individueller Entwicklungen im Verlauf der Zeit (Chronosystem), bspw. beeinflusst durch die Geburt des ersten Kindes (sozialökologischer Übergang), können soziodemografische Merkmale entweder als Risiko- oder Schutzfaktoren wirksam werden. Gleichwohl spielt auch die Zufriedenheit der Klientin mit in Anspruch genommenen Angeboten, als subjektive Beschreibung ihres Mesosystems eine wichtige Rolle. Durch die Interaktion zwischen Fachkraft und Klientin ist hier wiederum von einer Verbindung zum therapeutischen Bündnis beider Akteure auszugehen. Diese

Interaktion ist ebenso im Mesosystem zu verorten. Dementsprechend ist zu überprüfen, inwiefern diese Grundvoraussetzung der Zufriedenheit der Klientin unter Kontrolle von bekannten, veränderbaren Risikofaktoren, wie bspw. Armut, alleinerziehende Mutter oder niedriger Bildungsstand, gegeben ist. Mit in den Blick zu nehmen ist hier zudem, inwiefern die Hebamme in ihrer oft beschriebenen Vermittlerrolle, z. B. durch Informationsvermittlung zu weiterführenden Angeboten, eine Rolle spielt. Aufgrund der oft komplexen Problemlagen von Familien in belastenden Lebenssituationen ist eine heterogene Netzwerkstruktur von Vorteil (Eickhorst et al., 2016; A. Lohmann, 2015, S. 19; Renner, Saint et al., 2018; Sann, 2020). In die Betrachtungen ebenso mit einzubeziehen ist die aus Perspektive der Klientin getätigte Einschätzung der Zusammenarbeit verschiedener Einrichtungen, d. h. Netzwerkakteure (Exosystem). Dieser Fokus scheint insbesondere für Netzwerkanalysen in M-V erkenntnisleitend zu sein, da bekannt ist, dass es in diesem Bundesland aufgrund infrastruktureller Rahmenbedingungen oft zur Kumulation von Risikofaktoren kommt (Kluth et al., 2010a; Kluth et al., 2010b). Zudem wurden Merkmale einer nicht gelungenen intersektoralen Vernetzung in M-V am Ende der Bundesinitiative aus Perspektive der Koordinierungs- und Steuerungsebene bestätigt (NZFH, 2016b, S. 59).

4. Hypothese: Es gibt Effekte der Zufriedenheit rund um die Angebotsnutzung während der Schwangerschaft auf die therapeutische Allianz unter Kontrolle der Zufriedenheit mit der Zusammenarbeit verschiedener Einrichtungen, der Netzwerkheterogenität, der Information zu weiterführenden Angeboten durch die Hebamme sowie soziodemografischer Merkmale.

Der Zugang zu Familien in prekären Lebenssituationen ist während der vulnerablen Phase von Schwangerschaft und Geburt, insbesondere bei Erstelternschaft (sozialökologischer Übergang) einfacher. Aus Perspektive von Netzwerken Früher Hilfen spielen Gesundheitsfachkräfte wie bspw. freiberufliche Hebammen bzw. Familienhebammen als „Türöffner" zu regionalen Unterstützungsangeboten eine besondere Rolle. Verbunden ist dieser Gedanke mit der Hoffnung, dass durch die Vermittlerrolle dieser Gesundheitsfachkräfte vulnerable Familien auch langfristig gesehen einen erleichterten Zugang zu primärpräventiven Angeboten Früher Hilfen haben. Hervorgehoben wird in diesem Zusammenhang oft der Vorteil, dass Hebammenhilfe aufgrund rechtlicher Regelungen von in Deutschland lebenden Frauen ab der Schwangerschaft in Anspruch genommen werden kann. Daran geknüpft ist zudem die Schlussfolgerung, dass durch die Hebamme die Möglichkeit besteht, vulnerablen Familien bei weiterführendem Beratungs- bzw.

Unterstützungsbedarf bereits frühzeitig potenzielle Netzwerkakteure weiterzuvermitteln (Adamaszek, Schneider et al., 2013; Bronfenbrenner & Morris, 2006; Renner, 2010; Sann, 2020; Ziegenhain et al., 2011, S. 84 ff.). Um Aussagen über die Vermittlerrolle der Hebamme zu machen, können Informationen über die Angebotsnutzung zwischen Geburt und dritten Geburtstag erkenntnisleitend sein. Im Sinne des intersektoralen Vernetzungsgedanken sollten sich professionelle Netzwerke von Familien durch ihre Heterogenität in Bezug auf die vier relevanten Sektoren in Netzwerken Früher Hilfen auszeichnen. Nicht zuletzt auch deshalb, weil Angebote aus dem Gesundheitsbereich, wie bspw. die kinderärztlichen Vorsorgeuntersuchungen für Säuglinge und Kleinkinder als obligatorisch einzustufen sind, weitere Angebote zur Förderung der elterlichen Fürsorge- sowie Erziehungskompetenz jedoch im Sektor der Kinder- und Jugendhilfe verortet sind (Eickhorst et al., 2015; Landesamt für Gesundheit und Soziales Mecklenburg-Vorpommern, 2010; Ziegenhain et al., 2011, S. 38). Es ist eine fünfte Hypothese abzuleiten.

5. Hypothese: Es gibt Effekte der Inspruchnahme von Hebammenhilfe nach der Geburt auf die Netzwerkheterogenität nach der Geburt bis zum dritten Geburtstag des Kindes unter Kontrolle der Information zu weiterführenden Angeboten durch die Hebamme oder andere Netzwerkakteure, der Stärke der therapeutischen Allianz zur Hebamme, der Zufriedenheit rund um die Angebotsnutzung, der interprofessionellen Zusammenarbeit sowie soziodemografischen Merkmalen.

# Methodik 7

7.1 Forschungsdesign und Untersuchungsstichprobe

Um die Vernetzungsaktivität einer ausgewählten Gruppe, wie bspw. Hebammen bzw. Frauen mit Kindern zu untersuchen, eignet sich die quantitative egozentrierte Netzwerkanalyse. Erhobene Daten der Hebammen werden mittels Mehrebenenanalyse untersucht (lineares gemischtes Modell) (Eid, Gollwitzer & Schmitt, 2017, S. 727 ff.; Field, 2018, S. 935 ff.; Perry et al., 2018, S. 208 ff.). Zur Datenanalyse der Perspektive der Klientinnen werden multiple lineare Regressionen genutzt (Backhaus, Erichson, Plinke & Weiber, 2018, S. 58 ff.; Eid et al., 2017, S. 629 ff.; Field, 2018, S. 397 ff.; Perry et al., 2018, S. 199 ff.). In die Analyse der online durchgeführten Querschnittsuntersuchung (02/2015 bis 01/2016) aufgenommen wurden Daten von freiberuflichen Hebammen ($N = 18$), die teilweise auch fest angestellt waren. Aus den erhobenen Daten geht, wie in Tabelle 7.1 dargestellt, hervor, dass ausgebildete Familienhebammen ($n = 8$) nicht immer als freiberufliche Familienhebamme ($n = 4$) tätig sind. Bei einer Fachkraft liegt der Grund hierfür in der bestehenden Festanstellung als Familienhebamme.

Für die zur Angebotsnutzung befragten Klientinnen ergab sich eine Stichprobe mit $N = 289$. Zur Untersuchung der Fragestellungen der vorliegenden Promotionsschrift werden, wie in Tabelle 7.2 dargestellt, zwei Subgruppen gebildet.

Eine detaillierte Beschreibung beider Stichproben hinsichtlich Kontakthäufigkeiten potenzieller Netzwerkakteure bzw. in Anspruch genommener Angebote

---

Ergänzende Information Die elektronische Version dieses Kapitels enthält Zusatzmaterial, auf das über folgenden Link zugegriffen werden kann https://doi.org/10.1007/978-3-658-40953-1_7.

Tab. 7.1 Anstellungsverhältnis und Zusatzqualifikation der Hebamme (N = 18)

Tätigkeitsbeschreibung		Zusatzqualifikation zur Familienhebamme	
		nein	ja
freiberufliche Hebamme	nein	0	0
	ja	10	8
festangestellte Hebamme	nein	9	6
	ja	1	2
freiberufliche Familienhebamme	nein	10	4
	ja	0	4
festangestellte Familienhebamme	nein	10	7
	ja	0	1

Tab. 7.2 Stichprobe Klientinnen: Subgruppen (N = 289)

Subgruppe	Inanspruchnahme originärer Hebammenhilfe (Schwangerschaft)		Angebotsnutzung (Geburt bis zum dritten Geburtstag)	
	ja	nein	ja	nein
1 (n = 280)	x		x	x
2 (n = 253)	x	x	x	

Frühe Hilfen folgt im Kontext der deskriptiven Analysen personen- sowie netzwerkbezogener Merkmale (vgl. Abschnitt 8.1. und 8.2.).

Regionale Besonderheiten der Untersuchungsstichprobe: Klientinnen
Der Kontext von Familien mit Kindern in M-V lässt sich wie folgt beschreiben. Die sozioökonomischen Voraussetzungen liegen unter dem Bundesdurchschnitt. Hinzu kommen eine höhere Arbeitslosigkeit und eine daraus resultierende höhere Armutsquote im Vergleich zu anderen Bundesländern. M-V gehört zudem zu den drei Bundesländern Deutschlands, in denen die meisten Schwangerschaftsabbrüche vorgenommen und die meisten Lebendgeborenen bei Minderjährigen registriert werden. Ferner stellt die schlechte Infrastruktur eine weitere Herausforderung für dieses Flächenland dar. Hinzu kommen eine vorrangig im medizinischen Bereich inadäquate Inanspruchnahme von Hilfeleistungen und Versorgungslücken bspw. aufgrund der strukturellen Trennung von Angeboten für

Kinder und Erwachsene. Die skizzierten Aspekte führen dazu, dass es häufig zu einer Kumulation von Risikofaktoren kommt (Kluth et al., 2010a; Kluth, Stern, Trebes & Freyberger, 2010b). Es liegen erste Studienergebnisse für M-V zu langfristigen Auswirkungen dieser ungünstigen Rahmenbedingungen auf die kindliche Entwicklung vor (Blumenthal, Hartke & Koch, 2009).

7.2 Operationalisierung

Ausgehend von der Verortung der vorliegenden Promotionsschrift innerhalb der Vernetzung als zentrale Qualitätsanforderung an Netzwerke Frühe Hilfen stellen netzwerkbezogene Daten die zentrale Basis dar. Aus der Kombination mit zwei weiteren Qualitätsanforderungen – Zugang und Beziehungsgestaltung als Voraussetzung für die angestrebte Vermittleraktivität von Hebammen – ergibt sich zudem die Notwendigkeit, in Ergänzung zu soziodemografischen Daten in der Stichprobe der Klientinnen auch Angaben zur therapeutischen Allianz zu erheben. Letzteres gilt auch für die Gesundheitsfachkräfte. Anstatt soziodemografischer Daten liegt der Fokus bei Hebammen auf ihrer Zusatzqualifikation zur Familienhebamme. Aus sozialökologischer Perspektive sind netzwerkbezogene Daten größtenteils im Mesosystem zu verorten, wohingegen personenbezogene Daten vorrangig als Merkmale des jeweiligen Mikrosystems zu betrachten sind.

7.2.1 Personenbezogene Daten

Alle im Nachfolgenden beschriebenen personen- sowie netzwerkbezogenen Daten beider Fragebögen sind im Anhang A (Stichprobe 1: Hebammen) bzw. Anhang B (Stichprobe 2: Klientinnen) im elektronischen Zusatzmaterial hinterlegt.

Individuelle Merkmale: Hebammen
Ausgehend von einem zentralen Ziel in Netzwerken Früher Hilfen vor allem freiberufliche Hebammen verstärkt einzubinden, wurde neben der Zusatzqualifikation zur Familienhebamme auch das Anstellungsverhältnis erhoben (NZFH, 2014a, S. 16; Renner, 2010; Schlüter-Cruse et al., 2016). Zudem wurde erfragt, ob und in welcher Form eine Tätigkeit in der Geburtshilfe (außerklinisch oder als Beleghebamme) vorliegt. So ist anzunehmen, dass bspw. durch die zusätzliche Tätigkeit als Beleghebamme sowie durch eine Anstellung in der Klinik in Kombination

zur Freiberuflichkeit ein anderes, an die Geburtsklinik angebundenes professionelles Netzwerk besteht. Da freiberufliche Hebammen sowohl in der Hansestadt als auch im Landkreis Rostock tätig sind, wurde ihr beruflicher Aktivitätsbereich über die Variable „Wohnort der betreuten Klientinnen" operationalisiert. Durch die ursprüngliche Anbindung des hier dokumentierten Promotionsprojektes an das Praxisprojekt „Vernetzungsstelle Abenteuer Familie" wurden die einzelnen Stadt- bzw. Landkreisbereiche detailliert erhoben. Diese Daten gingen schließlich jedoch in reduzierter Form mit Fokus auf die Tätigkeit in der Hansestadt oder im Landkreis Rostock – bzw. beide Antworten – ein.

Soziodemografische Daten: Klientinnen
Da Klientinnen, die bspw. im Landkreis Rostock leben, teilweise auch Angebote in der Hansestadt Rostock wahrnehmen, wird die Variable „Wohnort" nicht als dritte Ebene für eine mögliche Mehrebenenanalyse angelegt, sondern als soziodemografisches Merkmal dieser Stichprobe betrachtet. Da schwangere sowie stillende Frauen in Deutschland einen rechtlichen Anspruch auf die originäre Hebammenhilfe haben, war über die Variable „Geschlecht" eine gezielte Auswahl Teilnehmender sicherzustellen. Dies war insofern notwendig, als dass „Familien mit Kindern" im Rahmen der Rekrutierung angesprochen wurden, wodurch eine bessere Erreichbarkeit der Zielgruppe angestrebt wurde. Ebenso erhoben wurde die Nationalität, um eventuell eine Differenzierung innerhalb der Stichprobe bzw. Auswahl von Teilnehmenden vornehmen zu können. Die detaillierte Erhebung der jeweiligen Region wurde, ähnlich wie bei der ersten Stichprobe, schlussendlich als dichotomisierte Variable mit in die Analyse aufgenommen. Der Bildungsstand (ISCED-Bildungsgrad) von Klientin und Partner wurde erhoben über den jeweiligen Bildungsabschluss (Eickhorst et al., 2016). Basierend auf den ISCED-2011-Leveln (International Standard Classification of Education) wurde „eine Klassifizierung in die 3 Kategorien „niedrig", „mittel" und „hoch" vorgenommen" (Autorengruppe Bildungsberichterstattung, 2020, S. 30). Ausgehend von möglichen Herausforderungen im Zusammenhang mit dem Übergang von der Partnerschaft zur Elternschaft (sozialökologischer Übergang: Chronosystem) wurde über die erhobene Anzahl der Kinder die dichotome Variable „Erstelternschaft" operationalisiert. Kinder von Klientinnen, die zum Zeitpunkt der Erhebung noch von der Hebamme begleitet wurden, sind oft nur wenige Monate, Wochen oder Tage alt. Es wurde da Alter in Monaten des jüngsten Kindes erhoben. Nach Bildung inhaltlich relevanter Kategorien und Prüfung der Zellenbesetzung wurde diese Variable in dichotomisierter Form genutzt (Alter des letztgeborenen Kindes: jünger als ein Jahr und mindestens ein Jahr). Das Alter

des ältesten Kindes wurde in Jahren erhoben. Ausgeschlossen wurde diese Variable aufgrund inkonsistenter Angaben, bspw. „96" (EgoID 399, 244) oder „13" (EgoID 106, 134, 397), wodurch keine eindeutige Zuordnung (Jahr bzw. Monat) möglich war. Weitere erhobene soziodemografische Daten waren das Alter der Klientin, das monatliche Haushaltseinkommen sowie Familienstand. Letztere wurde ebenso wie der Wohnort schlussendlich dichotomisiert verwendet.

7.2.2 Netzwerkbezogene Daten

In egozentrierten Netzwerkanalysen werden relevante Maßzahlen in Bezug auf drei zentrale Aspekte angegeben: Ego-Alter-Beziehungen, Alter-Attribute sowie Alter-Alter-Beziehungen (Crossley et al., 2015, S. 77). Zuletzt genannte Beziehungen wurden lediglich für die zweite Stichprobe erhoben. Klientinnen schätzten die Zusammenarbeit verschiedener Einrichtungen ein. Im Kontext Früher Hilfen wurde die Sektorzugehörigkeit von Berufsgruppen bzw. Angeboten als Alter-Alter-Attribute beschrieben. (NZFH, 2014b, S. 8 f.) – wie in Tabelle 7.3 dargestellt.

Tab. 7.3 Potenzielle Akteure in Netzwerken Frühe Hilfen. (Eigene Darstellung in Anlehnung an NZFH, 2014b, S. 8 f.)

Sektor			
I	II	III	IV
Kinder- und Jugendhilfe	**Gesundheitsbereich**	**Psychosoziale Beratungsstellen/ Dienste**	**Weitere Akteure**
Kindertagesstätten Kindertagespflegen Sozialpädagogische Familienhilfe Amt für Jugend und Soziales Familienbildungsstätten	Kinderärztinnen und Kinderärzte Frauenärztinnen und Frauenärzte Geburts- und Kinderkliniken interdisziplinäre Frühförderung Gesundheitsamt Familienhebamme Hebamme	Schwangerschafts- (konflikt-) beratungsstelle	Schule Familiengericht Jobcenter Schulamt

Aufgrund der forschungsleitenden Frage ist ein Großteil der erhobenen Variablen den Ego-Alter-Beziehungen zuzuordnen. Die Stärke von Beziehungen kann im Kontext der Netzwerkanalyse auf unterschiedliche Weise operationalisiert werden (Borgatti et al., 2018, S. 126). In Anlehnung an Granovetters (1973) Konzept starker bzw. schwacher Beziehungen (strong ties und weak ties) kann bspw. die Kontakthäufigkeit als Stärke der Beziehung interpretiert werden (Fuhse, 2016, S. 125). Um wichtige Informationen in egozentrierten Netzwerken flexibel weiterleiten zu können oder zu erhalten, sind schwache Beziehungen von Vorteil. Aufgrund dessen sind Verbindungen zwischen Hebammen (Ego) und Netzwerkakteuren (Alteri) mit geringer Kontakthäufigkeit von besonderem Interesse. Demgegenüber sind starke Beziehungen genau dann von Vorteil, wenn Vertrauen eine wichtige Rolle spielt (Fuhse, 2016, S. 65 f.). Hierzu gehört bspw. die Beziehung zwischen Klientin und Hebamme (Ziegenhain et al., 2011, S. 87). Neben Kontakthäufigkeiten ist in Netzwerken Früher Hilfen auch die Netzwerkheterogenität, d. h. die Verschiedenartigkeit der Alteri hinsichtlich der vier relevanten Sektoren von Bedeutung (Jansen, 2006, S. 107). Hierbei sind im Sinne der intersektoralen Vernetzung in Netzwerken der Hebammen heterophile den stark homophilen Netzwerken vorzuziehen.

EI Index

Operationalisiert wird Homophilie bei kategorialen Variablen durch den *EI Index*. Ermittelt wurde dieser in der vorliegenden Promotionsschrift durch die Dichotomisierung sowie sektoralen Zuordnung von ein- und ausgehenden Kontakthäufigkeiten. Auf diese Weise konnte die Anzahl eingehender sowie ausgehender Kontakte in Bezug auf den jeweiligen Sektor ermittelt werden. Berechnet wurde der *EI Index* mithilfe von SPSS 28.0 (*IBM SPSS Statistics for Windows,* Released 2021) über folgende Formel: Differenz aus Anzahl intersektoraler Kontakte und Anzahl der Kontakte aus dem Gesundheitsbereich geteilt durch die Summe beider Kontaktarten. Der *EI Index* kann Werte zwischen − 1 („homophil") und + 1 („heterophil") annehmen (Borgatti et al., 2018, S. 318; Perry et al., 2018, S. 171).

Blau Index H

Die Zusammensetzung des professionellen Netzwerkes von Klientinnen wird durch Heterogenität bzw. Homogenität beschrieben, da hierbei lediglich die Attribute und Anzahl relevanter Alteri erfasst werden, nicht aber Merkmale der Klientin (Ego) selbst. Operationalisiert wird Heterogenität für kategoriale Variablen durch *Blau Index H*. Abhängig ist der Index von der Anzahl der Kategorien (k_h), denen Ego´s Alteri zugeordnet werden können. Der maximale Wert vom *Blau Index H* kann $[1 - 1/k_h]$ betragen: sehr heterogen (Borgatti et al., 2018, S. 315; Crossley et al., 2015; Perry et al., 2018, S. 172 f.). Beispielsweise

7.2 Operationalisierung

sind, wie in Tabelle 7.4 zusammengefasst, in der vorliegenden Untersuchung vier verschiedene, für Klientinnen potenziell wichtige Sektoren (Kategorien) erhoben worden. Die bei der Projektplanung angedachte Unterscheidung zwischen drei verschiedenen Netzwerken in Bezug auf drei Lebensphasen – Schwangerschaft, Geburt bis zum dritten Geburtstag, nach drittem Geburtstag – konnte aufgrund der finalen Zusammensetzung der Stichprobe nicht genutzt werden. Zuletzt genannte Lebensphase wird in den nachfolgenden deskriptiven sowie inferenzstatistischen Analysen ausgeschlossen. Eine überblicksmäßige Darstellung zur Angebotsnutzung nach dem dritten Geburtstag ist im Anhang C im elektronischen Zusatzmaterial hinterlegt.

Tab. 7.4 Angebote für Klientinnen im Kontext Früher Hilfen (in Anlehnung an Jungmann & Thomas, 2010, S. 28; NZFH, 2014c, S. 8 f.)

Sektor			
I	II	III	IV
Kinder- und Jugendhilfe	**Gesundheitsbereich**	**Psychosoziale Beratungsstellen/ Dienste**	**Weitere Akteure**
Erziehungsberatung[a] Ehe- und Paarberatung[b] Elternbriefe[a] Trainings für Eltern und/oder Kinder Eltern-Kind-Gruppen[a,c] Angebote der Eltern- und Familienbildung[a] Eltern- und Familienberatung[b]	Familienhebamme[a,b] Hebamme[a,b]	Schwangerschafts(konflikt-) -beratungsstellen[b] Beratung bei physischen oder psychischen Problemen[a,b]	Allgemeine soziale Beratung[a,b] Vereine[a]

Anmerkungen: [a]Geburt bis zum dritten Geburtstag. [b]Während der Schwangerschaft. [c]Auch Krabbelgruppen, Elterngesprächsrunden, Elterntreffs.

Dementsprechend kann *Blau Index H* maximal den Wert [1 − 1/4 = .75] annehmen. Perfekte Homogenität im Netzwerk liegt vor, wenn gilt: *Blau Index H* = 0. Der höchste Wert tritt dann ein, wenn in jeder Kategorie dieselbe Anzahl von Alteri vertreten ist und es sich um ein heterogenes Netzwerk handelt. In der vorliegenden Promotionsschrift wird von der Zentralisierung von *Blau Index H* abgesehen, da die Netzwerkheterogenität bei Klientinnen interpretiert wird als die in Netzwerken Früher Hilfen angestrebte Diversität potenziell relevanter

Ansprechpartner für vulnerable Familien (NZFH, 2014c, S. 13; Perry et al., 2018, S. 173). *Blau Index H* wird wie in Tabelle 7.5 exemplarisch dargestellt, berechnet (Crossley et al., 2015, S. 79; Perry et al., 2018, S. 173).

Tab. 7.5 Berechnung Blau Index H (in Anlehnung an Crossley et al., 2015, S. 79; Perry et al., 2018, S. 173)

Arbeitsschritt		Beispielrechnung
1	Anzahl aller Alteri eines egozentrierten Netzwerkes ermitteln.	$n = 3$
2	Anteile in Abhängigkeit von der Anzahl aller Alteri für jede Kategorie (Sektor) berechnen.	1/3, 1/3, 1/3
3	Differenz aus 1 und den quadrierten Anteilen.	$H = 1 - (1/3)^2 - (1/3)^2 - (1/3)^2 = .6667$

Anmerkungen: Das Beispiel beruht auf dem egozentrierten Netzwerk einer Klientin (EgoID 209) während der Schwangerschaft. In Anspruch genommen wurden drei Angebote, die je einem Sektor zugeordnet werden können. *H*: Blau Index H.

Therapeutische Allianz
Für beide Stichproben wurde zur Messung der Intensität des therapeutischen Bündnisses zwischen Hebammen bzw. Familienhebamme und Klientinnen, die deutschsprachige Version des Working Alliance Inventory-Short Revised (WAI-SR) genutzt. Es handelt sich hierbei um ein validiertes Instrument, das schulenübergreifenden genutzt werden kann, um die therapeutische Allianz zu erfassen. Empfohlen wird der WAI-SR vorrangig bei anonymen Befragungen. Sowohl die Patienten- als auch die Therapeutenversion des Fragebogens wurde wie folgt angepasst. Der Begriff *„Therapeut/in"* wurde durch *„Hebamme"* und *„Patientin"* wurde durch die Bezeichnung *„Frau"* ersetzt (Wilmers et al., 2008). Zuletzt genannter Begriff wurde aufgrund von Praxiserfahrungen dem der Klientin vorgezogen. Alle erhobenen Variablen sind zusammenfassend in Tabelle 7.6 dargestellt.

7.2 Operationalisierung

Tab. 7.6 Übersicht erhobene Variablen: Stichprobe 1 und Stichprobe 2

Personenbezogene Variablen: Stichprobe 1 (Hebammen)
Anstellungsverhältnis und Tätigkeit in der Geburtshilfe
Zusatzqualifikation zur Familienhebamme
Wohnort der betreuten Klientinnen
Netzwerkbezogene Variablen: Stichprobe 1 (Hebammen)
Kenntnis über Bundesinitiative Netzwerke Frühe Hilfen und Familienhebammen
vertraglich geregelte Kooperationen
Soziale Homogenität (Homophilie): *EI Index*
Kontakthäufigkeiten mit Netzwerkakteuren:
ausgehende Kontakte
eingehende Kontakte
Beziehungsstärke zwischen Hebamme und Netzwerkakteuren
Einschätzung der Zusammenarbeit mit Netzwerkakteuren
therapeutische Allianz
Gründe für folgende Aspekte:
für ausgehende Kontaktaufnahmen
gegen ausgehende Kontaktaufnahmen
gegen eingehende Kontaktaufnahmen
Personenbezogene Variablen: Stichprobe 2 (Klientinnen)
Einkommen
Alter
ISCED-Bildungsgrad (Klientin und Partner)
Familienstand
Alter letztgeborenes Kind
Wohnort
Erstelternschaft
Netzwerkbezogene Variablen: Stichprobe 2 (Klientinnen)
Angebotsnutzung in einer Lebensphase:
Schwangerschaft
Geburt bis zum dritten Geburtstag
Gründe für ausbleibende Angebotsnutzung (Geburt bis dritter Geburtstag)

(Fortsetzung)

Tab. 7.6 (Fortsetzung)

Angebotsnutzung ebenso bei älteren Geschwisterkindern (Schwangerschaft, Geburt bis dritter Geburtstag)
weitere Angaben (Schwangerschaft): *Information zu Angeboten erhalten über ausgewählte Akteure* *Gründe für Unzufriedenheit mit Information zu Angeboten* *Zufriedenheit rund um die Angebotsnutzung*
Gründe für Unzufriedenheit mit Angeboten/Beraterinnen/persönlichem Nutzen *Zufriedenheit mit Zusammenarbeit verschiedener Einrichtungen* *Gründe für Unzufriedenheit mit Zusammenarbeit verschiedener Einrichtungen*
Netzwerkkomposition (Heterogenität)
Blau Index H (Schwangerschaft)
Blau Index H (Geburt zum dritten Geburtstag)
therapeutische Allianz

7.3 Untersuchungsinstrumente

Eingesetzt wurde der im Rahmen des Modellprojektes „Guter Start ins Kinderleben" genutzte Fragebogen zur Erfassung regionaler Netzwerkdaten für Fachkräfte (Ziegenhain et al., 2011, S. 197 ff.). Basierend auf diesem wurde zudem der von Jungmann und Thomas (2010) vorgelegte Fragebogen zur Erhebung egozentrierter Netzwerke der Klientinnen eingesetzt. Beide Fragebögen wurden aufgrund von Erfahrungen aus der Netzwerktätigkeit im Rahmen des Projektes Vernetzungsstelle Abenteuer Familie im Geburtshaus Am Vögenteich GmbH und mit Blick auf forschungsleitende Fragen an ausgewählten Stellen bzgl. der Auswahloptionen modifiziert, bspw. wurden Angaben zum Anstellungsverhältnis bzw. Zusatzqualifikation zur Familienhebamme oder Auswahloptionen zur Angabe des Wohnortes von Klientinnen ergänzt (Anhang A im elektronischen Zusatzmaterial).

Hebammen: personenbezogene und netzwerkbezogene Merkmale
Der Fragebogen bestand aus acht Fragenkomplexen. In zwei von ihnen wurde die Kontakthäufigkeit zwischen Hebammen und anderen potenziellen Akteuren in Netzwerken Früher Hilfen erfasst (fünfstufige Likert-Skala: "mind. 2-3Mal pro Woche"; „1 × pro Woche"; „1 × im Monat"; „seltener als 1 × im Monat"; „nie") (Ziegenhain et al., 2011, S. 71 ff.) Es gab im Fragebogen die Möglichkeit über die Antwortmöglichkeit „*sonstige*" nicht aufgeführte Akteure zu benennen.

7.3 Untersuchungsinstrumente

Zudem wurde erfragt, ob *„mit ausgewählten Berufsgruppen oder Institutionen vertraglich geregelte Kooperationen"* bestehen. Es bestand die Möglichkeit, je drei Gründe für bzw. gegen einen Austausch mit Berufsgruppen bzw. Institutionen anzugeben. Ebenso erhoben wurden vermutete Gründe ausbleibender Kontaktaufnahmen durch Netzwerkakteure sowie Angaben zur Zufriedenheit der Zusammenarbeit mit aufgeführten Akteuren (fünfstufige Likert-Skala: „sehr gut" bis „unzureichend"). Fand kein Austausch statt, konnte diese Option „kein Austausch" gewählt werden. Abschließend wurden personen- und netzwerkbezogne Informationen zu Kenntnis über die Bundesinitiative Netzwerke Frühe Hilfen und Familienhebammen, die therapeutischen Allianz (WAI-SR) sowie Angaben zum aktuellen Kompetenzbereich, Zusatzqualifikation zur Familienhebamme und Anstellungsverhältnis (angestellt/freiberuflich/Beleghebamme/außerklinische Geburtshilfe).

Klientinnen: Netzwerkdaten und soziodemografische Daten
Der Fragebogen für Klientinnen (Anhang B im elektronischen Zusatzmaterial) bestand aus vier Fragenkomplexen und insgesamt max. 38 Fragen. 12 Fragen gehörten zum vierten Fragenkomplex (die Erfassung der therapeutischen Allianz). Die Anzahl der zu beantwortenden Fragen hing bspw. davon ab, ob Angebote Früher Hilfen während der Schwangerschaft genutzt wurden. Im ersten Fragebogenkomplex wurden Angaben zur Angebotsnutzung *„Vorsorge- und Beratungsangebote"* während der letzten Schwangerschaft erhoben. Mögliche Antworten wurden mit Option zur Mehrfachnennung vorgegeben. Aufgeführt wurden für Klientinnen relevante Netzwerkakteure Früher Hilfen (Ziegenhain et al., 2011, S. 71 ff.). Es folgten Fragen zur Zufriedenheit rund um die Angebotsnutzung und der Zusammenarbeit verschiedener Akteure, die während der Schwangerschaft in Anspruch genommen wurden (siebenstufige Likert-Skala: "überhaupt nicht zufrieden" bis „absolut zufrieden"). Wurden keine Angebote genutzt, folgte eine offene Fragen zur Erhebung der Gründe dafür. Im zweiten Fragenkomplex wurde die Phase zwischen Geburt und drittem Geburtstag thematisiert. Teilnehmende hatten die Möglichkeit, auch von den Angaben abweichende Angebote anzugeben. Der letzte Fragebogenteil bezog sich auf personenbezogene Daten (vgl. Abschnitt 7.2.1).

Hebammen und Klientinnen: Messung der therapeutischen Allianz
Zur Erhebung des therapeutischen Allianz wurde die deutschsprachige Version vom WAI-SR für Patienten sowie Therapeuten zur Erfassung der von Bordin (1979) vorgeschlagenen drei Dimensionen (Goals, Bond, Tasks) genutzt.

Das theoriegeleitete Instrument basiert auf Bordins (1979) Konzept der therapeutischen Allianz (Munder, Wilmers, Leonhart, Linster & Barth, 2010; Wilmers et al., 2008). In der englischen Originalversion werden insgesamt 36 Items auf einer siebenstufige Likert-Skala genutzt. Die in der vorliegenden Promotionsschrift genutzten Kurzformen, in der Übersetzung von Wilmers et al. (2008) erfassen die therapeutische Allianz mittels 12 Items für Klientinnen (Patientenversion) bzw. 15 Items für Hebammen (Therapeutenversion) auf einer fünfstufigen Likert-Skala (Hentschel, 2005). Zur Auswertung ist aufgrund der konzeptionell begründeten, hohen Korrelation zwischen den Skalen Tasks und Goals der Gesamtmittelwert zu nutzen, wobei davon auszugehen ist, dass sich die hohe Korrelation zwischen den Skalen Tasks und Goals im Verlauf der Therapie reduziert (Wilmers et al., 2008; Wilmers & Munder, 2016). „Höhere Ausprägungen bedeuten eine stärkere therapeutische Allianz, niedrige Mittelwerte bedeuten eine schwächere therapeutische Allianz." (Wilmers & Munder, 2016). Die in der vorliegenden Promotionsschrift genutzte bis dato unveröffentlichte, nicht validierte Therapeutenversion basiert auf der englischsprachigen Version von Hatcher und Gillaspy (2006), beinhaltet neben der aktuellen Kurzversion insgesamt 16 Items. Die aktuelle deutschsprachige Therapeutenversion kann über die Autoren bezogen werden (Wilmers & Munder, 2016).

7.4 Datenerhebung

7.4.1 Planung der Stichproben

In der vorliegenden Promotionsschrift werden Ergebnisse aus der Befragung von zwei verschiedenen Stichproben berichtet: freiberufliche Hebammen und Klientinnen.

Stichprobe 1: Hebammen
Da die wenigen in Deutschland vorliegenden Untersuchungen vorrangig Gesamtnetzwerke aus Perspektive der Koordinierungs- und Steuerungsebene in den Blick nehmen, bedarf es der Perspektive ausgewählter Netzwerkakteure, um eine asymmetrische Rollenbeschreibung zu vermeiden (Künster, Knorr et al., 2010b; Munro et al., 2013; NZFH, 2012, S. 11 f.; Psaila et al., 2015; Schlüter-Cruse et al., 2016). Relevant sind freiberufliche Hebammen insofern, als dass sie zum Zeitpunkt der Erhebung kaum in regionalen Netzwerken vertreten waren, wohl aber aus Koordinierungs- und Steuerungsperspektive eine wichtige Rolle spielen (NZFH,

2014a, S. 37; Renner, 2010). Da ein zentrales Ziel von Netzwerken Früher Hilfen die passgenaue Vermittlung von Klientinnen zu weiterführenden Hilfen ist, jedoch aufgrund fehlender Statistiken und keine Angaben bezüglich der Anzahl von freiberuflichen Hebammen möglich sind, scheint der Bezug auf eine weitere Perspektive unabdingbar zu sein. Zudem ist von regionalen Unterschieden auszugehen (NZFH, 2014a, S. 41). Aufgrund genannter Aspekte, der verschiedenen Rekrutierungswege sowie der Eigenschaft eines offenen Zugangs zur Online-Befragung für ausgewählte Stichproben, kann die Rücklaufquote nicht ermittelt werden (Schoen, 2015). Für die Mehrebenenanalyse egozentrierter Daten sollten die Netzwerke von mindestens 30 Egos, wobei pro Ego mindestens zwei Alteri erfasst werden sollten (Hypothesen 1,2 und 3). Damit wird bspw. eine Bewertung unterschiedlicher Verteilungen von Beziehungsmerkmalen möglich. Wenn jedoch, wie in der vorliegenden Arbeit von keinen bzw. minimalen Überschneidungen der einzelnen Ego-Netzwerke auszugehen ist, kann die Mindestanzahl involvierter Egos auch niedriger ($n = 10$) angesetzt werden (Crossley et al., 2015, S. 134). Ditton (1998, S. 124) verweist im Zusammenhang mit zu prüfenden Interaktionen zwischen den einzelnen Ebenen, wie z. B. die Hebamme (Ego) und den dazugehörigen Akteuren in Netzwerken Früher Hilfen (Alteri), eine Erhöhung der Anzahl auf Ebene von Ego bei möglicher Reduzierung der Anzahl von Alteri, zu bevorzugen ist.

Stichprobe 2: Klientinnen

Im Kontext Früher Hilfen, vor allem auch bei Angeboten aus dem Gesundheitsbereich, ist grundsätzlich von kleinen Effekten der jeweiligen Angebote auszugehen, wenn Cohens (1988) Effektgröße d der Interpretation zugrunde gelegt wird. Da es sich bei dem in der vorliegenden Promotionsschrift untersuchten Angebot der originären Hebammenhilfe um ein vorrangig aufsuchendes und bis dato kaum erforschtes Angebot für eine bestimmte Zielgruppe (Klientinnen mit Kindern) mit Fokus auf Vernetzung handelt, werden der Stichprobenplanung (Hypothese 4 und 5) internationale Befunde als Richtwerte zugrunde gelegt. In Abhängigkeit von der Anzahl der Hausbesuche ist von folgenden Effekten auszugehen: $0.27 \leq d \leq 0.37$ (Renner & Scharmanski, 2016; Schöllhorn et al., 2010; Taubner, Munder, Unger & Wolter, 2013b). Aufgrund der Abhängigkeit potenzieller Effekte von weiteren Faktoren, wie bspw. die professionelle Beziehung zwischen Klientin und Fachkraft, Qualifikation der Fachkraft oder der Zielgruppe, sind diese Werte jedoch lediglich als ein erster Versuch einer Stichprobenplanung für diesen Bereich anzusehen (Suess, Mali & Bohlen, 2010; Taubner et al., 2013b). Zur Berechnung der Stichprobengröße mithilfe des frei verfügbaren Tools G*Power war die Effektgröße f^2 notwendig (Faul, Erdfelder, Buchner & Lang,

2009; Heinrich-Heine-Universität Düsseldorf., [n. d.]). Wie in Tabelle 7.7 dargestellt, wurde diese Effektgröße ausgehend von Cohens Angaben in eigener Berechnung ermittelt (Cohen, 1992; Eid et al., S. 521).

Tab. 7.7 Umrechnung: Effektgröße d in f^2 (in Anlehnung an Cohen, 1992)

d	0.01	0.07	0.20	0.27	0.30	0.37	0.50
f^2	$\frac{13}{3000}$ [a]	$\frac{91}{3000}$ [a]	0.02	$0.02 + \frac{91}{3000}$ [a]	$0.02 + \frac{13}{300}$ [a]	$0.02 + \frac{13}{300} + \frac{91}{3000}$ [a]	0.15

Anmerkungen: [a] Angaben beruhen auf eigenen Berechnungen.

Im Ergebnis wurde folgende Stichprobengröße ausgehend von der A-priori-Berechnung für die multiplen linearen Regressionen (Hypothese 4 und 5) angestrebt:

- Hypothese 4: $380 < N < 691$ ($0.0503 \leq f^2 \leq 0.0937$, $\alpha = .05$, Power *(1-β)* $= .95$, 26 Prädiktoren)
- Hypothese 5: $318 < N < 579$ ($0.0503 \leq f^2 \leq 0.0937$, $\alpha = .05$, Power *(1-β)* $= .95$, 16 Prädiktoren)

Trotz Datenreduktion ist in der vorliegenden egozentrierten Netzwerkanalyse aufgrund der erhobenen, kategorialen Netzwerkdaten von der angegebenen hohen Anzahl an Prädiktoren auszugehen. Dies gilt insbesondere für Hypothese 4.

7.4.2 Online-Befragung

Bei Online-Befragungen ist aufgrund des anonymen Charakters mit einer erhöhten Wahrscheinlichkeit für wahrheitsgetreue Angaben zu rechnen (Schoen, 2015). Zudem wurde eine höhere Teilnahmequote bei Klientinnen sowie Fachkräften vermutet. Bei Hebammen bzw. Familienhebammen kamen Gründe wie bspw. flexible Arbeitszeiten, meist mobile Kommunikation sowie aufsuchende Tätigkeit hinzu (Künster, Knorr et al., 2010b; Ayerle & Mattern, 2014; Friedman et al., 2007; Kuckartz, Ebert, Rädiker & Stefer, 2009, S. 9; Wagner & Hering, 2014). Bis heute werden Online-Befragungen in verschiedenen Kontexten Früher Hilfen genutzt (Krahl, Radu et al., 2018; NZFH, 2020, S. 4; Renner et al., 2021). Der für die vorliegende Untersuchung genutzte Fragebogen war insofern für die Online-Erhebung geeignet, als dass es sich zum größten Teil um vorgegebene Antwortmöglichkeiten handelte. Um die Motivation zur Teilnahme zusätzlich zu

7.4 Datenerhebung

erhöhen, wurden auf der ersten Bildschirmseite die Kooperationspartner, inklusive deren Logo, aufgeführt (Dillman, Smyth & Christian, 2014, S. 319; Gräf, 2010, S. 69). Der Fortschritt während des Beantwortens wurde im oberen Bereich eingeblendet (Gräf, 2010, S. 51). Auf die Bedingung, vollständige Angaben zu machen, wurde bei dieser Online-Befragung aufgrund möglicher Erhöhung der Abbruchquote sowie Messfehlern verzichtet (Dillman et al., 2014, S. 320 f.) Der Prätest mit Probanden der Zielgruppe entfiel, weil die verwendeten Fragen bereits im Jahr 2011 in der Untersuchung von Thomas und Jungmann (2010) an der Zielgruppe getestet wurden (Kuckartz et al., 2009, S. 48 f.). Erhoben wurden alle Daten mithilfe der webbasierten Plattform EvaSys, einem Lehrevaluationssystem der Universität Rostock. Da weder alle Hebammen bzw. Familienhebammen der Hansestadt und dem Landkreis Rostock über eine eigene Website verfügten noch ein Register potenzieller Teilnehmerinnen mit Kontaktdaten existierte, war lediglich ein offener Zugang möglich. Alle Teilnehmenden erhielten nach Abschluss der Online-Befragung einen Gutscheincode im Wert von 10.00 Euro (Rostocker Kooperationspartner Bastel- und Schreibwarengeschäft „colour and more"). Die Erstellung eines individuellen Gutscheincodes war mit EvaSys nicht möglich war.

7.4.3 Durchführung der Untersuchung

Teilnehmende wurden darüber informiert, dass es sich um ein Kooperationsprojekt zwischen der Vernetzungsstelle Abenteuer Familien im Geburtshaus Am Vögenteich GmbH (Rostock) und der Universität Rostock handelt. Genutzt wurde vorrangig der Rostocker Familienblog – der Vernetzungsstelle Abenteuer Familie – als Zugang zur Online-Befragung.

Erste Erhebungsphase (Februar bis September 2015)
Während der ersten Wochen wurden potenzielle Teilnehmende über den Familienblog der Vernetzungsstelle Abenteuer Familie rekrutiert. Da die Zielgruppen bekannt waren, wurden Direktlinks auch über den Facebook-Account der Vernetzungsstelle verbreitet und im Schneeballverfahren durch Klientinnen und Hebammen weitergeleitet (Gräf, 2010, S. 81). Ebenso bekannt war, dass nicht alle Hebammen bzw. Klientinnen auf dieser sozialen Plattform aktiv waren, daher wurden weitere Strategien zur Einladung genutzt. Erfahrungen aus der Netzwerkarbeit vor Ort zeigten, dass Hebammen gut durch persönliche Kontaktaufnahmen, wie bspw. beim Rostocker Hebammenstammtisch (Frühjahr 2015) erreichbar waren. Gleichwohl erwies es sich als vorteilhaft, dass die Verfasserin der vorliegenden Arbeit während der laufenden Erhebung regelmäßig im Geburtshaus Am

Vögenteich GmbH tätig war. Sowohl kooperierende Hebammen als auch Klientinnen konnten auf diesem Weg persönlich eingeladen werden. Aufgrund des großen Interesses an der Umfrage und der Rückmeldungen der Klientinnen folgte die Erstellung von zwei verschiedenen Aushängen (Anhang D-1 und Anhang D-2 im elektronischen Zusatzmaterial) für die laufende Online-Befragung. Klientinnen unterstützten die Verfasserin dabei, die 30 Aushänge sowohl in der Hansestadt als auch im Landkreis Rostock an zentralen Anlaufstellen für Familien, wie bspw. Elterncafés und Second-Hand-Läden auszuhängen. Eine Verbreitung der Aushänge über bestehende Netzwerkkontakte zu potenziellen Akteuren Früher Hilfen bzw. über die Netzwerktreffen der Hansestadt Rostock erwies sich als sehr schwierig. Demgegenüber waren andere Kooperationspartner des Geburtshauses, bspw. Physiotherapien und Vereine dem Projekt gegenüber sehr offen. Handzettel (Aushang F-3) inklusive QR-Codes zur Befragung erreichten Klientinnen, die über Angebote im Geburtshaus nicht erreichbar waren, über kooperierende Familienhebammen ($n = 4$).

<u>Zweite Erhebungsphase</u> (Oktober 2015 bis Anfang Januar 2016)
Die Anzahl der online ausgefüllten Fragebögen stagnierte. An der Online-Befragung teilgenommen hatten lediglich $n = 16$ Hebammen und $n = 167$ Klientinnen. Hinzu kam, dass lediglich 17 % der erfassten Daten Familien mit Kindern aus diversen Regionen des Landkreises Rostock zuzuordnen waren. Es lag die Vermutung nahe, dass die potenzielle Zielgruppe ländlicher Regionen über die genutzten Rekrutierungswege nicht online erreichbar war. Alternative Zugänge wurden gewählt, da personalisierte Einladungen auch die Teilnehmerquote bei Online-Befragungen erhöhen können (Wagner & Hering, 2014). Aufgrund zeitlicher und ökonomischer Faktoren war es nicht möglich, Kontakte zu Klientinnen im Landkreis Rostock aufzubauen. Deshalb wurden Handzettel (Anhang D-4 im elektronischen Zusatzmaterial) sowie Aushänge (Anhang D-1 im elektronischen Zusatzmaterial) über zentrale Vertrauenspersonen, die regelmäßigen Kontakt zu Familien mit Kleinkindern pflegten, ausgeteilt. Die Kopier-, Versand- und Verpackungskosten wurden durch lokale Kleinunternehmen finanziert. Aufgrund begrenzter Ressourcen wurden neben dem Gutschein für Teilnehmende auch Incentives (Produktproben eines bekannten Unternehmens) für Kontaktpersonen vor Ort eingesetzt. Die Kontaktaufnahme zu regionalen Kooperationspartnern erfolgte systematisch über Koordinierungsstellen von Netzwerken Früher Hilfen in M-V sowie zentraler Anlaufstellen für Familien, wie bspw. Kindertagesstätten, Kindertagespflegen, Bibliotheken, Kirchgemeinden oder Mehrgenerationenhäuser. Da Schwangerschafts- und Schwangerschaftskonfliktberatungsstellen im

7.4 Datenerhebung

Landkreis Rostock nur bedingt vertreten waren, erfolgte die telefonische Kontaktaufnahme zu regionalen Tafeln (Deutsche Tafel e. V.) sowie zu Sozialkaufhäusern in Rostock. Insgesamt wurden während der zweiten Erhebungsphase zusätzlich 2 034 Handzettel und 20 weitere Aushänge an Familien mit Kindern in der Hansestadt und im Landkreis Rostock verteilt.

Um die stagnierende Anzahl teilnehmender Hebammen ebenso zu erhöhen, lag der Fokus während der zweiten Erhebungsphase auf Fachkräften des Landkreises Rostock. Grund hierfür war, dass davon auszugehen war, dass Hebammen der Hansestadt über den Hebammenstammtisch sehr gut untereinander vernetzt waren. Nicht involviert waren hier weitere Hebammen mit Niederlassung im Landkreis Rostock. Diese wurden telefonisch zur Teilnahme eingeladen. Während der zweiten Erhebungsphase erhöhte sich die Zahl befragter Hebammen um weitere neun Personen. Darüber hinaus berichtete die lokale Presse von der Online-Befragung. Über zwei kostenlose Zeitungen (Warnow Kurier (Hansestadt Rostock); Güstrower Anzeiger (Landkreis Rostock)), war es möglich, einen weiteren Aufruf – genutzt wurde der Text des Aushangs (Anhang D-1 und Anhang D-2 im elektronischen Zusatzmaterial) – an Familien und Hebammen zu starten. Es folgen zudem eine Anzeigenschaltung (ebenso vgl. Anhang D-1) für Rostock sowie für ausgewählte Gemeinden im Landkreis über die zwei Portale („Meine Stadt", „Ebay Kleinanzeigen"). Ebenso genutzt wurde eine Verlinkung zur Online-Befragung über das studienbegleitende Portal der Präsenzlehre der Universität Rostock (Stud.IP) (ebenso vgl. Anhang D-1 im elektronischen Zusatzmaterial). Während der zweiten Erhebungsphase bot sich zudem die Möglichkeit, über die Netzwerkkoordinatorin Frühe Hilfen vom Landkreis Rostock, weitere Aushänge potenziellen Netzwerkpartnern persönlich zukommen zu lassen. Darüber hinaus war es möglich, 84 Beilagen (Ansprache für Hebammen sowie Aushänge zur Rekrutierung von Klientinnen) in Tagungsmappen für einen Fachtag der Frühen Hilfen des Landkreises sowie der Hansestadt Rostock in Güstrow zu integrieren (Anhang D-5 im elektronischen Zusatzmaterial). Kurz nach Beginn der zweiten Datenerhebungsphase konnte eine deutliche Zunahme der Anzahl erfasster Datensätze (Fragebogen Familien, $n = 87$) verzeichnet werden. Dies entspricht mehr als 50 % der vorher innerhalb von acht Monaten erfassten Datensätze ($n = 167$). Auch erhöhte sich die Anzahl von verfügbaren Datensätzen von Hebammen um ca. ein Drittel ($n = 5$). Im weiteren Verlauf erhöhte sich die Anzahl erfasster Datensätze (Fragebogen Familien) fortlaufend ($n = 390$, Anfang Dezember 2015) bis zum Ende der Erhebungsphase am 06.01.2016 ($n = 407$). Insgesamt betrug die Anzahl erfasster Fragebögen (Hebammen) im Januar 2016 $n = 25$.

7.5 Datenaufbereitung und statistische Datenanalyse

7.5.1 Quantitative egozentrierte Netzwerkanalyse

Ziel der vorliegenden Arbeit ist es, die Eigenschaften egozentrierter Netzwerke von Hebammen und Klientinnen mithilfe von „statistischen Verfahren auf *Zusammenhänge mit anderen individuellen Variablen*" (Fuhse, 2016, S. 19) zu untersuchen, um Aussagen über die Rolle dieser Gesundheitsfachkräfte in Netzwerken Frühe Hilfen machen zu können. Als egozentriertes Netzwerk werden „Beziehungen einer fokalen Person (Ego) zu anderen Personen (Alteri), mit denen sie in einem direkten Kontakt steht" (Wolf, 2010) bezeichnet. Neben den Beziehungen werden auch Attribute von Ego und seinen Alteri erhoben (Jansen, 2006, S. 80). Im Kontext von Netzwerken Früher Hilfen geht es in der vorliegenden Promotionsschrift vorrangig um die intersektorale Vernetzung von Hebammen bzw. Familienhebammen. Durch den Fokus auf diese spezielle Gruppe von Ego sowie aufgrund der interessierenden Merkmale der Alteri hinsichtlich ihrer Zugehörigkeit zu einem der für Frühe Hilfen relevanten Sektoren weist diese Untersuchungsmethode entsprechendes Potenzial auf (Gamper, 2020; NZFH, 2014b, S. 8 f.; Trappmann, Hummell & Sodeur, 2011, S. 261; Ziegenhain et al., 2011, S. 54). Egozentrierte Netzwerke werden mithilfe von mindestens zwei Teilen bzw. Fragebogensektionen erhoben. Hierzu gehören Namens-Generatoren und Namens-Interpreter. Optional kann bei egozentrierten Netzwerkanalysen eine dritte Sektion hinzugefügt werden, der sogenannte Namens-Inter-Relator (Borgatti et al., 2018, S. 307; Crossley et al., 2015, S. 50 ff.; Fuhse, 2016, S. 118 f.; Jansen, 2006, S. 80 f.; Marsden, 2005; Perry et al., 2018, S. 68; Wolf, 2010). Im ersten Schritt war bei den Befragten in Erfahrung zu bringen, welche Personen zum persönlichen Netzwerk gehören (Borgatti et al., 2018, S. 307; Fuhse, 2016, S. 118). Anstatt eine oder mehrere offene Fragen von Namens-Generatoren zu nutzen, wurden in der vorliegenden Arbeit alle Egos zu relevanten Akteuren in Netzwerken Früher Hilfen befragt. Hierbei ging es bei Hebammen um potenzielle Kooperationspartner. Klientinnen wurden zur Angebotsnutzung im Zusammenhang mit Frühen Hilfen befragt. Neben vorgegebenen Optionen hatten Hebammen und Klientinnen die Möglichkeit, nicht aufgeführte Alteri zu nennen. Aufgrund der Zugehörigkeit potenzieller Akteure Früher Hilfen zu einem spezifischen Sektor, wie bspw. Gesundheitsbereich oder Kinder- und Jugendhilfe, können mithilfe der ersten Ergebnisse der Namens-Generatoren Aussagen über ausgewählte Eigenschaften dieser Akteure und über die Zusammensetzung des persönlichen Netzwerkes getroffen werden. Um weitere Informationen über Beziehungen oder Verhalten der Alteri in Erfahrung zu bringen, wird im zweiten

7.5 Datenaufbereitung und statistische Datenanalyse

Schritt der Namens-Interpreter eingesetzt. Über diesen wird ein Großteil relevanter Netzwerkinformationen gewonnen (Borgatti et al., 2018, S. 311; Fuhse, 2016, S. 122; Perry et al., 2018, S. 127). Der Namens-Generator sowie der Namens-Interpreter wurden in der vorliegenden Arbeit nicht nacheinander, sondern parallel eingesetzt. So gaben die Gesundheitsfachkräfte bei der Auswahl der für sie relevanten Alteri gleich die Kontakthäufigkeit mit an. Durch den Fokus auf die Vernetzung von Hebammen als ausgewählte Akteure im Netzwerk Frühe Hilfen kam bei Klientinnen lediglich der Namens-Generator zum Einsatz – es war demnach von Interesse, ob ein Kontakt besteht oder eben nicht.

Die erfassten Daten wurden mit SPSS 28.0 (*IBM SPSS Statistics for Windows*, Released 2021) weiterverarbeitet und abhängig vom geplanten statistischen Verfahren aufgearbeitet sowie analysiert.

7.5.2 Mehrebenenanalyse

Bei egozentrierten Netzwerkanalysen ist im Einzelfall von statistischen Methoden wie bspw. lineare bzw. multiple lineare Regressionsanalysen abzusehen, da zentrale Voraussetzungen, wie die Unabhängigkeit einzelner Daten, verletzt werden und damit bspw. Standardfehler unterschätzt, Regressionskoeffizienten eher signifikant und Konfidenzintervalle zu eng werden (Crossley et al., 2015, S. 130; Perry et al., 2018, S. 205 ff.). Folglich kann hier „von wechselseitigen Einflüssen der einzelnen Analyseeinheiten und der übergeordneten Gruppe ausgegangen werden" (S. Voß, 2015). In Mehrebenenanalysen ist Ego einer übergeordneten Ebene zuzuordnen. Wie in Abbildung 7.1 dargestellt, wird Ego auf Ebene 2 (Level-2-Einheiten) verortet. Die zum jeweiligen egozentrierten Netzwerk gehörigen Alteri werden auf Ebene 1 (Level-1-Einheiten) hinzugefügt. Es kann sich hierbei um einzelne Personen oder Gruppierungen mit ähnlichen Merkmalen, bspw. Berufsgruppen oder Sektoren, handeln. Gerichtete Netzwerkbeziehungen (ein- oder ausgehend) stellen die Verbindung beider Ebenen (metrische Skalierung). Ebenso sind binäre, ungerichtete Beziehungen (Nominalskalierung) möglich (Crossley et al., 2015, S. 130).

<u>Voraussetzungen und Grundidee der Modellierung</u>
Eine Mehrebenenanalyse ist zu nutzen, wenn drei Voraussetzungen gegeben sind: 1. Bei der abhängigen Variablen handelt es sich um Level-1-Einheiten, wie bspw. Merkmale der Alteri oder Beziehungen zwischen Egos und ihren Alteri. Um bspw. die Rolle der Hebamme durch personenbezogene Merkmale sowie Beziehungsart zu ihren Alteri zu untersuchen, genügt es nicht, lediglich Variablen

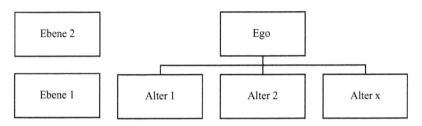

Abb. 7.1 Mehrebenenstruktur. (Eigene Darstellung in Anlehnung an Crossley et al., 2015, S. 131)

auf der Beobachtungsebene von Ego (individuelle Merkmale, Netzwerkdichte, u. Ä.) mit einzubeziehen. Auch die Beobachtungsebene der Alteri ist bei der Analyse mitzubetrachten. 2. Müssen die Beobachtungen auf Ego-Ebene (Level-2-Einheiten) unabhängig voneinander sein. Bei der vorliegenden Arbeit ist davon auszugehen, dass dies bei Hebammen gegeben ist, da nicht nur Hebammen einer Klinik befragt wurden, sondern die Umfrage an alle Hebammen in der Hansestadt und im Landkreis Rostock gerichtet war. Dasselbe gilt bspw. auch für Klientinnen, die nicht alle von derselben Hebamme begleitet wurden bzw. dasselbe Angebot Früher Hilfen nutzten. 3. Es wird keine bzw. eine minimale Überschneidung der einzelnen egozentrierten Netzwerke angenommen. In der vorliegenden Promotionsschrift trifft diese dritte Annahme zu, da sich erhobene Netzwerkdaten auf die jeweilige Art des Angebots, wie bspw. Erziehungsberatung oder Familienbildung beziehen. Durch die Vielzahl der Angebote und dem oftmals damit verbundenen regionalen Bezug ist davon auszugehen, dass Klientinnen unterschiedliche Einrichtungen bzw. Fachkräfte konsultierten, wodurch sich maximal eine geringe Überschneidung der einzelnen Alteri ergeben kann. Das bedeutet, es besteht eine geringe Wahrscheinlichkeit, dass ein Alter im Sinne von ein- und derselben Beratungsstelle bzw. Fachkraft in zwei egozentrieren Netzwerken gemeint ist (Crossley et al., 2015, S. 129; Perry et al., 2018, S. 209). Um die oben beschriebenen Abhängigkeiten der Alteri (Level-2-Einheiten) vom jeweiligen Ego (Level-1-Einheiten) zu beachten, werden bei der Modellierung eine bzw. mehrere Zufallsvariablen, die auf Grundlage vorliegender Daten geschätzt werden, hinzugefügt (Crossley et al., 2015, S. 127 ff.; Perry et al., 2018, S. 209 ff.). Es ist von drei verschiedenen Arten von Effekten auszugehen: Effekte von Alter-Variablen (z. B. Sektorzugehörigkeit), Effekte von Ego-Variablen (Merkmale von Schichten, Betrieben) sowie das Zusammenwirken von Ego- und Alter-Variablen

(Ditton, 1998, S. 16; Perry et al., 2018, S. 215 ff.). In Netzwerken von Hebammen ist dementsprechend davon auszugehen, dass intersektorale Beziehungen aufgrund der verschiedenen rechtlichen Grundlagen von Kompetenzbereichen (Exosystem) sowie Verfügbarkeit (Makrosystem) in Abhängigkeit von Berufsgruppe bzw. Sektor (Mesosystem) unterschiedlich sein können. Aufgrund dessen werden zur egozentrierten Netzwerkanalyse der Hebammen neben festen Effekten auch zufällige Konstanten sowie Steigungen in den jeweiligen statistischen Modellen mit eingebaut. Dies gilt immer dann, wenn bei Prädiktoren signifikante, feste Effekten angezeigt werden (Eid et al., 2017, S. 734 ff.; Field, 2018, S. 956 ff.; Perry et al., 2018, S. 215 f.).

7.5.3 Mehrebenenanalyse: Stichprobe 1

Die Hypothesen 1 bis 3 (Perspektive Hebammen) schließen Variablen auf beiden Ebenen (Ego-Ebene, Alter-Ebene) mit ein. Da die abhängigen Variablen metrisch skaliert sind, wurden hier lineare Mehrebenenanalyse gerechnet. Vor der Analyse wurden metrisch sowie quasi-metrische Variablen, mit Ausnahme des *EI Indexes*, auf den Gesamtmittelwert zentriert (Ditton, 1998, S. 75; Eid et al., 2017, S. 743; Field, 2018, S. 950 f.; Hox et al., 2018, S. 82). Angenommen wurde die hierarchische Datenstruktur bei allen drei Nullmodellen (Hypothesen 1–3), da der Intraklassen-Koeffizient (ρ) einen Grenzwert von $\rho > 0.1$ überschreitet (Ditton, 1998, S. 62; Perry et al., 2018, S. 234; Vajargah & Nikbakht, 2015). Die einzelnen Kennwerte zum ρ beruhen auf eigenen Berechnungen: Die Varianz interindividueller Unterschiede (Achsenabschnitt) wird dividiert durch die Summe der Varianzen interindividueller (σ_ε^2) und intraindividueller Unterschiede (σ_{u0}^2). Alle Werte zum ρ können den Ergebnistabellen entnommen werden (siehe Abschnitt 8.1.3 bis 8.1.5). Zur Parameterschätzung wurde die Maximum-Likelihood-Methode genutzt (Eid et al., 2017, S. 745; Field, 2018, S. 958). Inferenzstatistische Aussagen zu Effekten von Prädiktoren wurden für alle Modelle auf Grundlage des Wald-Tests getroffen (Eid et al., 2017, S. 746; Field, 2018, S. 965 ff.). Berechnungen der Random-Intercept-Modelle basieren auf der Kovarianzstruktur „Varianzkomponenten". Verändert wurde diese auf unstrukturierte Varianzkomponenten bei Integration von zufälligen Steigungen (Random-Slope-Modelle). Aufgrund der geringen Stichprobengröße wurde das Informationskriterium von Hurvich und Tsai (*AICC*) zur Bewertung der Modellgüte genutzt (Field, 2018, S. 947 ff.). Die Voraussetzungsprüfung für statistische Modelle, die als Basis der Ergebnisdiskussion dienen, wurde mithilfe von je einem Q-Q-Diagramm und einem Streudiagramm standardisierter Residuen vorgenommen. Bei mehr als einem statistischen Ausreißer (>3 Standardabweichungen) wurde das entsprechende Mehrebenenmodell unter Ausschluss entsprechender Fälle erneut gerechnet (Eid et al., 2017, S. 747 f.). Die Ermittlung der jeweiligen Extremwerte erfolgte mithilfe von SPSS. Genutzt wurden hierfür die Werte der 5. Imputation, da diese auch für die finale Ergebnisinterpretation genutzt wurden. Alle Ergebnisse sind dem jeweils zu den Modellen ausgewiesenen Anhang im elektronischen Zusatzmaterial hinterlegt.

7.5.4 Multiple lineare Regression: Stichprobe 2

Da die zu erklärenden, intervallskalierten Variablen (Hypothese 4 und 5) in den jeweiligen egozentrierten Netzwerken lediglich einen Wert annehmen kann, d. h. sich innerhalb des Netzwerkes einer Klientin nicht verändern, ist die multiple lineare Regression als statistische Methode angezeigt (Perry et al., 2018, S. 205). Aufgrund der nicht erreichten geplanten Stichprobengröße ($318 \leq N \leq 691$) wurde eine datengesteuerte, nach beiden Subgruppen differenzierte Vorauswahl aus den zur Verfügung stehenden theoriegeleitet erhobenen Variablen getroffen. Dieses Vorgehen kann „zur Maximierung der Varianzaufklärung der abhängigen Variablen bei gleichzeitiger Minimierung der Anzahl zu berücksichtigender unabhängiger Variablen" (Eid et al., 2017, S. 655) führen. Zudem wird vermieden, „dass ein tatsächlicher Einflussfaktor nicht signifikant erscheint, weil seine Wirkung nicht mehr hinreichend präzise ermittelt werden kann." (Backhaus et al., 2018, S. 94). Dementsprechend wird ineffizienten Schätzern vorgebeugt (Auer & Rottmann, 2020, S. 481; Backhaus et al., 2018, S. 94; Eid et al., 2017, S. 706; Field, 2018, S. 397 f.; Hackl, 2013, S. 107). Bewusst vermieden wurde die oft genutzte Methode, bei der zur Modellspezifikation nur jene Prädiktoren ausgewählt werden, die „zum einen hoch mit dem Kriterium korrelieren und zum anderen untereinander eine geringe Korrelation aufweisen." (Bortz & Schuster, 2010, S. 352). Aufgrund theoretischer Aspekte war von einer möglichen Existenz von Supressorvariablen, d. h. zum Prädiktor unkorrelierte Variablen, auszugehen (Eid et al., 2017, S. 660 ff.). Als Methode zur Modellspezifikation genutzt, wurde die datengesteuerte Auswahl mittels Rückwärtselimination. Dieses Vorgehen wurde zur Vermeidung eventueller Suppressoreffekte, die bei der Vorwärtsselektion auftreten können, vorgezogen. Die schrittweise Regression wurde aufgrund ihres explorativen Charakters nicht in Betracht gezogen (Eid et al., 2017, S. 656 f.; Field, 2018, S. 398 ff.). Die angesprochene geringe Stichprobengröße sowie zwei weitere Gründe machen eine systematische Auswahl nicht relevanter Regressoren notwendig:

7.5 Datenaufbereitung und statistische Datenanalyse

1. kamen aus theoretischer Perspektive sowohl zahlreiche personen- als auch netzwerkbezogene Variablen infrage und
2. bietet der in Deutschland noch nicht elaborierte Forschungsstand zum Thema der vorliegenden Promotionsschrift kaum Anhaltspunkte für eine spezifische Auswahl.

Da die Rückwärtselimination auf der Einschätzung von signifikanten F-Werten basiert – gewählt wurde in der hier dokumentierten Analyse ein von Eid et al. (2017, S. 656) empfohlenes Signifikanzniveau von $\alpha < .10$ – erscheint in Anbetracht der geringen Stichprobengröße ein gestuftes Vorgehen notwendig zu sein.

Schritt 1: personenbezogene Variablen
Die in Tabelle 7.8 aufgelisteten personenbezogenen dummy-kodierten Variablen wurden zur Durchführung der Rückwärtselimination ins Regressionsmodell aufgenommen.

Tab. 7.8 aufgenommene personenbezogene Variablen (Stichprobe 2: Klientinnen)

Variable	Regressionsmodell	
	Hypothese 4	Hypothese 5
Einkommen (monatlich)	x	x
Alter (Klientin)	x	x
Familienstand	x	x
Wohnort	x	x
ISCED-Bildungsgrad (Klientin)	x	x
Erstelternschaft	x	x
Alter letztgeborenes Kind	x	x

Die durch die Methode ermittelten Modelle wurden hinsichtlich des korrigierten Determinationskoeffizienten (*korr. R^2*) überprüft. Als Orientierungswert genutzt wurde jeweils der höchste Wert (Bortz & Schuster, 2010, S. 192; Field, 2018, S. 411).

Schritt 2: netzwerkbezogene Variablen
Durchführung der Rückwärtselimination durch Aufnahme, der in Tabelle 7.9, aufgelisteten netzwerkbezogenen Variablen ins Regressionsmodell sowie Auswahl des ermittelten Modells mit dem höchsten korrigierten R^2.

Tab. 7.9 aufgenommene netzwerkbezogene Variablen (Stichprobe 2: Klientinnen)

Variable	Regressionsmodell	
	Hypothese 4	Hypothese 5
Schwangerschaft		
therapeutische Allianz	x^a	x
Zufriedenheit rund um die Angebotsnutzung	x^b	x
Zufriedenheit mit der Zusammenarbeit verschiedener Einrichtungen	x	x
originäre Hebammenhilfe in Anspruch genommen[c]		x
Blau Index H	x	x
Informationen zu Angeboten über Hebamme bekommen	x	
Informationen zu Angeboten über andere Netzwerkpartner	x	
Informationen zu Angeboten über Printmedien (z. B.: Flyer, Zeitung, …)	x	
Informationen zu Angeboten über Internet	x	
Informationen zu Angeboten über Freunde, Bekannte, …	x	
Informationen zu Angeboten über eigenmotivierte Suche	x	
Angebotsnutzung auch bei älteren Geschwisterkindern	x	
Geburt bis zum dritten Geburtstag		
originäre Hebammenhilfe in Anspruch genommen		x^b
Blau Index H		x^a
Angebotsnutzung auch bei älteren Geschwisterkindern		x

Anmerkungen: x: Als Kontrollvariable im Modell aufgenommen. x^a: Als Regressand im Modell aufgenommen. x^b: Als Regressor im Modell aufgenommen. [c]: Variable gilt als Voraussetzung zur Aufnahme in Subgruppe 1 für die Überprüfung von Hypothese 4, womit eine erneute Aufnahme ins Regressionsmodell entfiel.

Schritt 3: netzwerk- sowie personenbezogene Variablen
Durchführung der dritten Rückwärtselimination nach Aufnahme von netzwerk- sowie personenbezogenen Variablen in ein neues Regressionsmodell, und zwar

7.5 Datenaufbereitung und statistische Datenanalyse

genau dann, wenn Variablen in den vorherigen Schritten (1 und 2) in eins der Modelle aufgenommen wurden. Das Ergebnis dieses Vorgangs wurde als ein für die Hypothesenprüfung geeignetes Modell genutzt.

Schritt 4: Identifikation von Spezifikationsfehlern
Mit dem RESET-Test (Regression Specification Error Test) nach Ramsey (1969) wurde für beide Regressionsmodelle ermittelt, ob Spezifikationsfehler vorlagen (Auer & Rottmann, 2020, S. 484; Backhaus et al., 2018, S. 94; Hackl, 2013, S. 111 f.). Der in der Ökonometrie, ein Teilbereich der Wirtschaftswissenschaften, verwendete RESET-Test wird in der vorliegenden Promotionsschrift als eine von Backhaus et al. (2018, S. 94) vorgeschlagene Alternative zu dem von Eid et al. (2017, S. 657) skizzierten Vorgehen zur Ermittlung der Prognosegüte genutzt. In der Anwendung geht es beim RESET-Test um einen Vergleich zwischen einem Originalmodell ohne Restriktionen und einem Modell mit Restriktionen. Über eine Erweiterung der Regressionsgleichung des Originalmodells kann „durch einen F-Test gezeigt werden, dass eine derartig erweiterte Gleichung einen besseren „Gesamtfit" aufweist als die originäre Gleichung" (Auer & Rottmann, 2020, S. 482). In diesem Fall würde ein Spezifikationsfehler im Originalmodell vorliegen. Die einfachste Form dieses Misspezifikationstest für die Nutzung von SPSS (*IBM SPSS Statistics for Windows*, Released 2021) läuft in drei Schritten ab:

1. Ableitung einer nichtlinearen Funktion der erklärenden Variablen über potenzierte Variablen, die „als Proxies für jede mögliche (unbekannte) vernachlässigte Variable" (Auer & Rottmann, 2020, S. 482) angesehen werden können,
2. Berechnung der F-Statistik in der R^2-Version: $[(R^2_{restr} - R^2) / N_{restr}] / [(1 - R^2_{restr}) / (n - N_{koeff})]$ Hierbei fließen folgende Werte in die Berechnung des F-Wertes (F_{kalk}) mit ein: Anzahl der Restriktionen (N_{restr}), Gesamtzahl der Koeffizienten im restriktiven Modell (N_{koeff}), Größe der Teilstichprobe (n), Determinationskoeffizient des Originalmodells (R^2) sowie Determinationskoeffizient des restriktiven Modells (R^2_{restr}) (Verbeek, 2015, S. 105). Zur Ermittlung des kritischen F-Wertes (F_{krit}) kam ein Online-Tool (Social Science Statistics, 2018) zum Einsatz.
3. Es folgte der Vergleich vom „Gesamtfit" der zwei Modelle mittels Testung der Nullhypothese, dass hinzugefügte Koeffizienten gleich Null sind (H$_0$: $\beta_3 = \beta_4 = \beta_i = 0$) gegenüber Alternativhypothese, dass mindestens einer dieser hinzugefügten Koeffizienten gleich Null ist. Wird durch den RESET-Test $F_{kalk} = 0$

ermittelt, ist die Nullhypothese unabhängig vom Signifikanzniveau abzulehnen (Auer & Rottmann, 2020, S. 483 f.).

7.5.5 Auswertung offener Antwortformate

Stichprobe 1: Hebammen
In den zwei verwendeten Fragebögen wurden offene Antwortformate mit begrenzter Zeichenzahl eingesetzt. Die strukturierte Auswertung der offenen Antworten folgte dem Vorgehen der quantitativen Textanalyse (Eid et al., 2017, S. 62; Züll & Menold, 2019). Im ersten Schritt wurde „ein System von Antwortkategorien generiert, denen die von einer Person frei gegebenen Antwort zugeordnet" (Eid et al., 2017, S. 62) wurde, entwickelt. Als Grundlage für diese Kategorien diente das sozialökologische Konzept mit den fünf verschiedenen Systemen (Bronfenbrenner, 1993; Bronfenbrenner & Morris, 2006). Die im Rahmen der theoretischen Basis sowie der Aufarbeitung des Forschungsstandes herausgearbeiteten Ursachen für bzw. gegen eine intersektorale oder interprofessionelle Zusammenarbeit wurden je einem der fünf sozialökologischen Systeme zugeordnet. Auf diese Weise sollte „Doppeldeutigkeit" (Eid et al., 2017, S. 63) vermieden werden. Vereinzelt wurden zudem bekannte Zusammenhänge bzw. Kurzdefinitionen nach Empfehlung von Züll und Menold (2019) zur eindeutigeren Identifizierung ähnlicher Aspekte in den offenen Antworten hinzugefügt. Aus diesen Zuordnungen wurden für alle offenen Antwortformate des Fragebogens „Hebamme" je eine nominalskalierte Variable mit fünf Ausprägungen bzw. Kombinationen dieser abgeleitet: Mikrosystem, Mesosystem, Exosystem, Makrosystem, Chronosystem. Ein Kategoriensystem wurde für die drei genutzten Fragen mit offenem Antwortformat entwickelt:

1. Welche Gründe gibt es für einen fachlichen Austausch mit anderen Netzwerkakteuren? (ausgehende Kontakte: Ego → Alter)
2. Welche Gründe gibt es gegen einen fachlichen Austausch mit anderen Netzwerkakteuren? (nicht ausgehende Kontakt: Ego → Alter)
3. Welche Gründe gibt es für ausbleibende Kontaktaufnahme durch andere Netzwerkakteure? (vermutete Gründe ausbleibender eingehender Kontakte: Alter → Ego)

7.5 Datenaufbereitung und statistische Datenanalyse

Offenes Antwortformat 1: ausgehend: Ego → Alter
Für das erste offene Antwortformat (1.) wird das im Nachfolgenden skizzierte Kategoriensystem inklusive dazugehöriger Aspekte verwendet. Abgeleitet wurden die einzelnen Kategorien aus dem aktuellen Stand der Forschung (vgl. Kapitel 5), der der vorliegenden Promotionsschrift zugrunde liegt. Kurzdefinitionen, Anmerkungen bzw. Hinweise zur Eingrenzung sind kursiv gekennzeichnet. Basierend auf dem sozialökologischen Konzept erfolgte eine Unterteilung in: persönliche Gründe (Mikrosystem), Zusammenarbeit aufgrund weiterem Beratungsbedarf (Mesosystem) sowie strukturelle Ursachen auf regionaler Ebene, die im Exo- sowie Makrosystem zu verorten sind. Strukturelle bzw. gesetzliche Begründungen sind dem Makrosystem und transitorische Übergänge dem Chronosystem zuzuordnen:

I. **Mikrosystem: persönliche Gründe**
   1. Berufliches Selbstverständnis
   2. Rollenverständnis
   3. Vorteile durch Kooperation und Vernetzung
   4. Kompetenzgrenzen
   5. Kein Bedarf: *da Frauen meist nicht zur vulnerablen Klientel gehören, wenn durch Hebamme begleitet*
II. **Mesosystem: Zusammenarbeit aufgrund weiterem Beratungsbedarf**
   6. Zusätzlicher Beratungs-/Unterstützungsbedarf vulnerabler Familien (Familienhebamme über Gesundheitsamt, Sozialpädagogische Familienhilfe über Kinder- und Jugendhilfe): *mögliche Gründe können jene sein, die im Zusammenhang mit bekannten Risikofaktoren aufgeführt werden Mehrlingsgeburt, Alleinerziehende, Behinderung, Minderjährigkeit, geringer Bildungsstand und damit verbundene Herausforderungen, fehlende soziale Unterstützung, geringes monatliches Einkommen, auch Ersternschaft und darauf resultierend Überforderung in Bezug auf die Erfüllung elterlicher Pflichten und Rechte*
   7. Einzelfallbezogene Zusammenarbeit: *in Ergänzung (Familienhebamme) oder im Rahmen der originären Hebammenhilfe (Kinderarzt, Frauenarzt, Hebammen): mütterliche und kindliche Gesundheit, Diagnosen, Absprachen diesbezüglich, hierzu auch Supervisionen u. Ä. vgl. Rostock*
   8. Gemeinsame Interessen
   9. Verdacht auf Kindeswohlgefährdung
   10. Empfehlung weiterer primärpräventiver Angebote anderer Sektoren/Träger

III. **Exosystem: strukturelle Ursachen auf regionaler Ebene**
  11. Lokale Netzwerktreffen
IV. **Makrosystem: strukturelle Ursachen**
  12. Gesetzlicher Rahmen originärer Hebammenhilfe
V. **Chronosystem: transitorische Übergänge**
  13. Organisation weiterführender Betreuung *am Ende der Betreuungszeit, hierzu auch Suche nach Familienhebamme*
  14. Fallbezogener Austausch während Übergangsphase *zu anderer Begleitung*
  15. Eigene professionelle Weiterentwicklung
  16. Weiterentwicklung Gesundheitsvorsorge

Offenes Antwortformat 2: „nicht ausgehend: Ego → Alter"
Für die offenen Antwortformate (2.) und (3.) wurden im ersten Schritt zentrale Aspekte zum oben vorgestellten fünfteiligen Raster zusammengefasst. Basierend auf dem sozialökologischen Konzept erfolgte eine Unterteilung in: persönliche Gründe (Mikrosystem), Zusammenarbeit mit Fachkräften sowie Arbeit mit Klientinnen (Mesosystem) sowie strukturelle Ursachen, die im Exo- sowie Makrosystem zu verorten sind. Unbekannt sind zum gegenwärtigen Zeitpunkt Gründe gegen einen fachlichen Austausch, die im Chronosystem verortet werden könnten. Im nächsten Schritt wurde überprüft, ob Inhalte der Kategorien auf beide Perspektiven (Kontaktrichtungen: ein- und ausgehende Kontakte) anwendbar sind. Im Ergebnis zeigt sich, dass dies zwar oft, aber nicht in Bezug auf jede Kategorie zutrifft. Aus diesem Grund wurde für jedes offene Antwortformat (2) und (3) eine separate Übersicht angelegt. Mit einem Stern (*) gekennzeichnete Aspekte wurden im Rahmen des hier vorgestellten Promotionsprojektes von Hebammen genannt und dem Kategoriensystem hinzugefügt. Kursiv gedruckte Hinweise dienten der gezielten Zuordnung einzelner Antworten zur jeweiligen Kategorie.

I. **Mikrosystem: Persönliche Gründe**
  1. Kommunikation
  2. Fehlende Kompetenzen und Erfahrungen: interprofessionelle/intersektorale Zusammenarbeit
  3. Rollenverständnis
  4. Zeitliche Ressourcen: *die vor allem bei der Vermittlung vulnerabler Familien notwendig sind*
  5. Kein Vernetzungsbedarf: *mögliche Ursache hierfür kann auch fehlende Identifikation möglicher Risikofaktoren seitens der Hebamme sein*

II. **Mesosystem: Zusammenarbeit mit Fachkräften und Arbeit mit Klientinnen**
   6. negative Erfahrungen: *zwischenmenschliche Beziehungsebene im Kontext interprofessioneller/intersektoraler Vernetzungsaktivität* hierzu gehören auch Aspekte wie keine Hilfsbereitschaft*, Ignoranz*, Beschimpfungen*, Überheblichkeit*, mangelnde Rückmeldungen*, Desinteresse*, kein Kontakt erwünscht*
   7. Mögliches Misstrauen *der Klientin gegenüber der Hebamme bei möglicher Vermittlung an andere Netzwerkakteure, insbesondere der Kinder- und Jugendhilfe*
III. **Exosystem: strukturelle Ursachen auf regionaler Ebene**
   8. Organisatorische Herausforderungen: *z. B. verschiedene Tätigkeitszeiten Beteiligter*
   9. Fehlende Netzwerkstrukturen: *vor Ort*
   10. Unsicherheit *bzgl. Netzwerkkoordination und lokaler Angebote*
   11. Rollen und Zuständigkeiten ungeklärt: *v. a. mit Blick auf Überschneidungen in der Praxis*
IV. **Makrosystem: Strukturelle Ursachen**
   12. Strukturelle Herausforderungen: *z. B. aufgrund verschiedener rechtlicher und datenschutzrechtlicher Grundlagen, hierzu gehört auch die Abrechnung*
   13. Finanzielle Ressourcen: *Vernetzungsaktivität nicht abrechenbar über Krankenkassen, nicht während der Bundesinitiative Frühe Hilfen und Familienhebammen mit in den Blick genommen.*
   14. Verschiedene rechtliche Grundlagen für auch zu Unwissenheit bzgl. Kompetenzbereich potenzieller Netzwerkakteure
   15. Verschiedene Formen beruflicher Sozialisation und damit einhergehende Betreuungsaspekte: *verschiedene Kompetenzen, Ansätze, Konzepte, Einstellungen*, Meinungen*, Hierarchien*
   16. Vorurteile gegenüber anderer Berufsgruppen, *z. B. auch gegenüber Prozessen der Kinder- und Jugendhilfe*, hierzu gehört auch Angst vor Konkurrenz*
V. **Chronosystem: transitorische Übergänge**
   17. Frauen suchen selbst (weiterführende) Angebote*

Offenes Antwortformat 3: nicht eingehend: Alter → Ego
Für das dritte offene Antwortformat (3) wurde nachfolgendes Kategoriensystem genutzt:

I. **Mikrosystem: persönliche Gründe**
  1. Kommunikation
  2. Fehlende Kompetenzen und Erfahrungen: interprofessionelle/intersektorale Zusammenarbeit
  3. Rollenverständnis
  4. Zeitliche Ressourcen: *die vor allem bei der Vermittlung vulnerabler Familien notwendig sind*
  5. kein Vernetzungsbedarf: *mögliche Ursache hierfür kann auch fehlende Identifikation möglicher Risikofaktoren seitens der Hebamme sein*
  6. Verschiedene Formen beruflicher Sozialisation und damit einhergehende Betreuungsaspekte: *verschiedene Kompetenzen, Ansätze, Konzepte, Einstellungen,* „Meinungen"*, ...
II. **Mesosystem: Zusammenarbeit mit Fachkräften und Arbeit mit Klientinnen**
  7. negative Erfahrungen: *zwischenmenschliche Beziehungsebene im Kontext interprofessioneller/intersektoraler Vernetzungsaktivität* hierzu gehören auch Aspekte wie keine Hilfsbereitschaft*, Ignoranz*, Beschimpfungen*, Überheblichkeit*, mangelnde Rückmeldungen*, Desinteresse*, kein Kontakt erwünscht*
III. **Exosystem: strukturelle Ursachen auf regionaler Ebene**
  8. Organisatorische Herausforderungen: *z. B. verschiedene Tätigkeitszeiten Beteiligter*
  9. Fehlende Netzwerkstrukturen: *vor Ort*
  10. Unsicherheit *bzgl. Netzwerkkoordination und lokaler Angebote*
  11. Rollen und Zuständigkeiten ungeklärt: *v. a. mit Blick auf Überschneidungen in der Praxis*
IV. **Makrosystem: strukturelle Ursachen**
  12. Strukturelle Herausforderungen: *z. B. aufgrund verschiedener rechtlicher und datenschutzrechtlicher Grundlagen, hierzu gehört auch die Abrechnung*
  13. Verschiedene rechtliche Grundlagen für auch zu Unwissenheit bzgl. Kompetenzbereich potenzieller Netzwerkakteure*
  14. Finanzielle Ressourcen: *Vernetzungsaktivität nicht abrechenbar über Krankenkassen, nicht während der Bundesinitiative Frühe Hilfen und Familienhebammen mit in den Blick genommen.*
  15. Verschiedene Formen beruflicher Sozialisation und damit einhergehende Betreuungsaspekte: *verschiedene Kompetenzen, Ansätze, Konzepte, Einstellungen,* Meinungen*, Hierarchien*

7.5 Datenaufbereitung und statistische Datenanalyse

16. Vorurteile gegenüber anderer Berufsgruppen: *z. B. auch gegenüber Prozessen der Kinder- und Jugendhilfe,* hierzu gehört auch Angst vor Konkurrenz*

V. **Chronosystem: transitorische Übergänge**

15. keine empirischen Befunde bekannt bzw. erhoben*

Kategorisierung offener Antworten

In den ersten beiden Antwortformaten (1 und 2) wurden befragte Hebammen dazu eingeladen, drei Gründe für bzw. gegen einen fachlichen Austausch mit anderen Fachkräften zu nennen. Es erfolgte eine Kategorisierung dieser auf Grundlage der oben vorgestellten fünf Kategorien, wobei neben der Sortierung über die EgoID ebenso eine Zuordnung der jeweiligen Position des angegebenen Grundes, wie in Tabelle 7.10 aufgeführt, erfolgte. Dies vereinfachte den nachfolgenden Arbeitsschritt.

Tab. 7.10 offene Antworten: Stichprobe Hebammen

Antwort	Kategorie	EgoID
Offenes Antwortformat (1): 3 Gründe für fachlichen Austausch (ausgehende Kontakte)		
Fachlicher Austausch/um Rat fragen	II	18,21,**4**,**9**,**10**,**17**
Besprechung von Fällen bzw. Befunden inkl. kollegiale Beratung	II	4,5,10,13,20,**24**
Zweitmeinung einholen/Meinungsaustausch	II	12,**10**
Terminabsprachen	II	**5, 9**
Zeitlich weiterführende Unterstützung und Begleitung wichtig/sichern	V	**25,21**
(Wichtiger) Informationsaustausch mit Kolleginnen	II	**24, 25**
Im Interesse/zur Unterstützung der Klientin	II	**12,18**
Sicherheit bezüglich eigener Entscheidungen	I	3
Komplikationen während Schwangerschaft oder nach Geburt	II	17
Zusammenarbeit	II	9
Betreuung einer Risikoschwangeren	II	22
wenn eigener Erfahrungsschatz nicht ausreicht	I	23

(Fortsetzung)

Tab. 7.10 (Fortsetzung)

Antwort	Kategorie	EgoID
Überweisung von Patientinnen	V	24
Sofortige Hilfe notwendig (Absprache mit Kinderarzt oder Frauenarzt)	II	25
Sicherheit von Mutter und Kind	II	12
Komplikationen beim Neugeborenen	II	17
Aktualisierung von Kontaktdaten	II	18
Optimierung von Zuständigkeiten	III	20
Hilfe bei Problemen, die nicht gelöst werden können	II	21
Problemfamilien, Suche nach Familienhebamme	V	23
Beseitigung von Kommunikationsdefiziten	III	<u>4</u>
Optimierung von Verständlichkeiten	III	<u>20</u>
Offenes Antwortformat (2): 3 Gründe gegen fachlichen Austausch (nicht ausgehende Kontakte)		
Unterschiedliche Ansätze: Behandlung, Betreuung	IV	4,10
Unterschiedliche Ansätze: Problemlösung	IV	10
Unfreundlich behandelt werden	II	9
Beschimpfungen	II	12
Gefühlt kein Kontakt erwünscht	II	13
Ignoranz	II	17
Hierarchie unter Hebammen und Ärzten	IV	18
Vorurteile gegen unsere Arbeit	IV	21
Dort ist keine Hilfe zu erwarten	II	22
Frauen gehen selbstständig zu Kinder- oder Frauenarzt	V	23
Keine Notwendigkeit	I	24
nur einseitige und eingeschränkte Besprechungen oder Beratungen (es wird zu wenig neutral beraten)	III	18
Desinteresse anderer Berufsgruppen	II	4
Als inkompetent abgestempelt werden	II	9
Überheblichkeit und Spießrutenlauf	II	12
Konkurrenz	IV	17
Ärzte, die keine Zusammenarbeit wollen	II	21
Unwissenheit darüber, wo sie sitzen, wie sie helfen können	III	24
Unüberbrückbare Differenzen	IV	<u>4</u>

(Fortsetzung)

7.5 Datenaufbereitung und statistische Datenanalyse

Tab. 7.10 (Fortsetzung)

Antwort	Kategorie	EgoID
Keine Wertschätzung	II	**12**
Mangelnde Rückmeldung	II	**9**
Viele Meinungen – verunsicherte Frauen	IV	**10**
Betrifft mich nicht in meiner Arbeit (bspw. Schulamt usw.)	I	**24**
Offenes Antwortformat (3): Gründe, warum einige Berufsgruppen nie in Austausch treten (eingehende Kontakte)		
Bei den Ämtern ist es das Geld. Bei der Hebamme das Interesse an Kind.	IV	3
Unterschiedliche Behandlungsansätze Vermeintlich besseres Fachwissen und Kompetenzgerangel	IV	4
Kein Interesse am Austausch	I	5
Leider haben wir Hebammen oft das Gefühl bzw es sogar gesagt bekommen das wir den Frauen/ Kindern nicht mehr oder besseres Bieten können als Frauen/ Kinderärzte. Dem ist natürlich nicht so. Aber wir sind bei Ärzten einfach fachlich schlecht anerkannt. Nur wenige Ärzte kennen unsere Kompetenzen und arbeiten gerne mit uns zusammen. Meine einzige Kinderärztin mit der ich viel zusammen gearbeitet habe ist nun in Rente. *(hier wurde IV anstatt II gewählt, da IV als Hauptargument angeführt wird)* Somit musste ich eine aktuelle Zusammenarbeit verneinen.	IV	9
Ärzte: sehen Hebammen oft nicht als gleichberechtigte Betreuungspersonen der Frau/ des Kindes an.	IV	10
keine Wertschätzung meiner Arbeit, werde als Konkurrenz (oder noch schlimmer) wahrgenommen.	II	12
unterschiedliche Fachmeinungen, Konkurrenz, Unwissen über unser Kompetenzbereich und Aufgabengebiet	IV	13
keine Kenntnis vom Arbeitsfeld und dem Kompetenzspielraum von Hebammen	IV	17
ich kann es mir nicht erklären ich bin überall im öffentlichen Bereich zu finden	I	18
andere Ansprechpartner sind wichtiger	II	21
kein Interesse	I	22
Gynäkologe – Angst, die Schwangere an die Hebamme zu „verlieren", Hebammen betrachten Schwangerschaft nicht als Krankheit, Ärzte manchmal schon	IV	23

(Fortsetzung)

Tab. 7.10 (Fortsetzung)

Antwort	Kategorie	EgoID
Ich denke es bestand bis heute keine Notwendigkeit oder andere Hebammen wurden angeschrieben, da meine öffentliche Präsenz nicht so enorm ist.	I	24
Bin keine Familienhebamme und somit nicht der erste Ansprechpartner.	IV	25

Anmerkungen: Die Gründe wurden in der von Ego genannten Reihenfolge dokumentiert: 1. Grund, **2. Grund**, **3. Grund**. I: Mikrosystem, II: Mesosystem, III: Exosystem, IV: Makrosystem, V: Chronosystem; $N = 18$.

Systematisierung und Zusammenfassung der Analyse

Die Analyseergebnisse wurden im nächsten Arbeitsschritt, wie in Tabelle 7.11 dargestellt, in eine gemeinsame Tabelle überführt. Ausgehend von der jeweiligen EgoID (Hebamme) wurde auf diese Weise eine differenzierte Aufstellung der Besetzungen möglich. Hier ist neben der Besetzung der oben genannten

Tab. 7.11 systematische Zusammenfassung offener Antworten von Hebammen

EgoID	Ego → Alteri Gründe für Kontaktaufnahme			Ego → Alteri Gründe gegen Kontaktaufnahme			Alteri → Ego vermutete Gründe ausbleibender Kontaktaufnahme
	1.	2.	3.	1.	2.	3.	
3	I						IV
4	II	II	III	IV	II	IV	IV
5	II	II					I
9	II	II	II	II	II	II	IV
10	II	II		IV	IV	IV	IV
12	II	II	II	II	II	II	II
13	II			II			IV
17	II	II	II	II	IV		IV
18	II	II	II	IV			I
20	II	III	III				
21	II	II	V	IV	II		II
22	II			II			I
23	I	V		V			IV
24	V	II	II	I	III	I	I
25	II	V	II				IV

Anmerkungen: Die farbigen Markierungen dienen der Kategorisierung einzelner Antwortkombinationen. I: Mikrosystem, II: Mesosystem, III: Exosystem, IV: Makrosystem, V: Chronosystem.

7.5 Datenaufbereitung und statistische Datenanalyse

Kategorien auch von Interesse, in welcher Kombination die von Ego genannten Gründe (je maximal drei für offene Antwortformate 1 und 2) auftraten. Zu beachten ist hier, dass bei den maximal drei zu nennenden Gründen (zu 1 und 2) keine hierarchische Ordnung erfragt wurde, sondern lediglich eine Nennung. Bei der Skalierung kommt dementsprechend lediglich eine nominale Variable infrage: Ego (Hebamme) und Alteri (Berufsgruppen und andere Hebammen).

Ableitung von drei nominalskalierten Kontrollvariablen
Aus der Übersicht angeführter Gründe (Tabelle 8.11) – unter Beachtung der jeweiligen Kategorie – ergibt sich folgende Ableitung für die Merkmalsausprägung der drei neuen Variablen, die in Tabelle 7.12 zusammengefasst wird.

Tab. 7.12 Zuordnung systematisierter Antworten zu neuen Variablen

EgoID	Variable		Ego→Alteri:	Ego→Alteri:	Alteri→Ego:
	Bezeichnung im Datensatz	Ausprägung	Gründe für Kontaktaufnahme	Gründe gegen Kontaktaufnahme	vermutete Gründe ausbleibender Kontaktaufnahme
14,15,19,3	auspro	0	keine Angabe		
5,9,10,12,13,17,18,22		1	I		
		2	II; II,II; II,II,II		
4,20		3	II,II,III; II,III,III		
21,24,25		4	II,II,V; II,V,II	V,II,II;	
23		5	I; V		
3,5,20,25,1,9,15,14	auscontra	0		keine Angabe	
24		1		I,III,I	
9,12,13,22		2		II; II,II,II	
4,17,21		3		II,IV; IV,II,IV	II,IV;
10,18		4		IV; IV,IV,IV	
23		5		V	
14,15,19,20	eincontra	0			keine Angaben
5,18,22,24		1			I
12,21		2			II
3,4,9,10,13,17,23,25		3			IV

Anmerkungen: I: Mikrosystem, II: Mesosystem, III: Exosystem, IV: Makrosystem, V: Chronosystem, $N = 18$.

Ausgehend von dieser Analyse wurden dem Datensatz „Hebammen" (Stichprobe 1) für jede der drei offenen Antwortformate je eine neue Variable mit folgenden Ausprägungen, d. h. von Hebammen angegebene Kombinationen der Gründe, und zwar in Bezug auf das jeweilige sozialökologische System, hinzugefügt:

- **Ego (Hebamme) → Alteri**

  o Gründe für Kontaktaufnahme (Variable „auspro")
  0 = keine Angabe
  1 = Mikrosystem
  2 = Mesosystem
  3 = Mesosystem & Exosystem
  4 = Mesosystem & Chronosystem
  5 = Mikrosystem & Chronosystem
  o Gründe gegen Kontaktaufnahme (Variable „auscontra")
  0 = keine Angabe
  1 = Mikrosystem & Exosystem
  2 = Mesosystem
  3 = Mesosystem & Makrosystem
  4 = Makrosystem
  5 = Chronosystem

- **Alteri → Ego (Hebamme)**

  o Vermutete Gründe ausbleibender Kontaktaufnahme (Variable „eincontra")
  0 = keine Angabe
  1 = Mikrosystem
  2 = Mesosystem
  3 = Makrosystem

Das Ergebnis der vorgestellten quantitativen Textanalyse ist in Tabelle 7.13 im Vergleich zum bekannten Stand der Forschung zusammengefasst. Dabei wird deutlich, dass sich zwar zahlreiche Schnittmengen zwischen Forschungsstand und vorliegender Erhebung ergeben, gleichzeitig jedoch nicht alle Aspekte von teilnehmenden Hebammen genannt wurden.

Stichprobe 1: Klientinnen
Aus der Perspektive von Klientinnen sind einige Gründe aus gegenwärtigen Forschungsergebnissen bekannt, die für die vorliegende Arbeit von Bedeutung sind. Hierzu gehören Aspekte, die für die Nutzung von Angeboten Früher Hilfen

7.5 Datenaufbereitung und statistische Datenanalyse

Tab. 7.13 offene Antwortformate teilnehmender Hebammen und Stand der Forschung

	I Mikrosystem	II Mesosystem	III Exosystem	IV Makrosystem	V Chronosystem
Gründe für Kontaktaufnahme (Ego → Alteri)					
1	o	o	o	o	o
2	x	x	x		x
3		x	x		x
Gründe gegen Kontaktaufnahme (Ego → Alteri)					
1	o	o	o	o	
2	x	x	x	x	x
3	x	x		x	
vermutete Gründe ausbleibender Kontaktaufnahme (Alteri → Ego)					
1	o	o	o	o	
2	x	x	x	x	

Anmerkungen: o: Stand der Forschung, x: von teilnehmenden Hebammen (Ego) genannte Gründe.

sprechen. Die originäre Hebammenhilfe wird bspw. aufgrund des aufsuchenden Charakters und der damit verbundenen Betreuung im vertrauten Umfeld zu Hause in Anspruch genommen (Schlüter-Cruse et al., 2016). Bekannt ist ebenso, dass Klientinnen unzufrieden sind mit der interprofessionellen Zusammenarbeit von Hebammen mit anderen potenziellen Netzwerkakteuren Früher Hilfen, wie bspw. Frauenärztinnen und Frauenärzte (S. Lohmann et al., 2018). Gleichwohl wird die Vermittlerrolle von Hebammen mit Zusatzqualifikation zur Familienhebamme angenommen, wenn eine gute Beziehung zwischen Gesundheitsfachkraft und Klientin besteht (Makowsky & Schücking, 2013). Unabhängig davon ist jedoch ebenso bekannt, dass die von Hebammen betreuten Klientinnen oft nicht zur von Netzwerken Früher Hilfen beschriebener vulnerabler Klientel gehört und dementsprechend oft keine intersektorale Vermittlung durch die Hebammen notwendig ist (Eickhorst et al., 2016; Neumann & Renner, 2016). Die von Klientinnen gegebenen Antworten auf offene Fragen wurden im ersten Schritt in einer Übersicht, siehe Tabelle 7.14, inkl. dazugehöriger EgoID systematisch zusammengefasst.

Nach der Selektion von für die vorliegende Forschungsfrage relevanten offenen Antworten folgte die systematische Zuordnung der in Tabelle 7.14 bereits mit integrierten Kategorien. Nicht mit eingebunden in diesen Arbeitsschritt sowie der nachfolgenden Ergebnisinterpretation (vgl. Abschnitt 9.2 und 9.3) wurden offene Antwortformate, auf die weniger als zehn teilnehmende Klientinnen geantwortet haben. Diese sind im Anhang E im elektronischen Zusatzmaterial einsehbar. Aus eben angeführten Gründen wurde die erhobene nominalskalierte Variable „sonstige Angebote" für alle drei Lebensphasen – Schwangerschaft, Geburt bis zum dritten Geburtstag, nach dem dritten Geburtstag – auch nicht in nachfolgende Berechnungen mit aufgenommen. Zusammengefasst wurden die Antworten auf die zwei offenen, inhaltlich ähnlichen Antwortformate in Bezug auf Angebote nach der Geburt bis zum dritten Geburtstag: „Weitere Wünsche und Anregungen" und „weitere (Beratungs-/Informations-)Angeboten neben bestehenden". Darüber hinaus wurden die Antworten auf die vier offenen Antwortformate zur Unzufriedenheit während der Schwangerschaft (mit Angeboten, Beratern, Informationen, eigenem Nutzen) ausgehend von den Ergebnissen der explorativen Faktorenanalyse (siehe Abschnitt 7.5.7) sowie inhaltlichen Aspekten zusammengefasst. Hinzukam, dass gleiche Antworten auf verschiedene Items gegeben wurden (siehe bspw. EgoID 203, 214, 332). Die Ergebnisse wurden im nächsten Schritt wie in Tabelle 7.15 dokumentiert, basierend auf für die Forschungsfrage relevanten Aspekte, zusammengefasst.

Tab. 7.14 systematische Zusammenfassung offener Antworten von Klientinnen

Kategorie/Antwort	EgoID
A – Grund Unzufriedenheit mit Zusammenarbeit verschiedener Einrichtungen (Schwangerschaft)	
2 welche Zusammenarbeit?	289
2 Es gibt keine Zusammenarbeit	81
1 ich kann kaum Zusammenarbeit feststellen	203
2 Konnte keine Zusammenarbeit erkennen	403
1 Zusammenarbeit nicht deutlich merkbar	63
1 Es war kaum Zusammenarbeit zwischen den Hebammen und den Ärzten möglich.	248
1 Wenig/Geringe Zusammenarbeit von Gynäkologen und Hebammen (außerhalb der Klinikeinrichtung)	220
1 Zusammenarbeit zwischen Hebammen und Geburtsklinik muss verbessert werden.	85
2 Keine vernetzung und transparenz. Diakonie und Hebamme hatten teils widersprüchliche infos	246
3 Schulmedizin und Hebammen sehen sich als Konkurrenz	144
3 Arzt arbeitet nicht gern mit Hebamme	162
3 Man hat das Gefühl, es herrsche einfach nur größer Konkurrenzkampf.	364
2 Schlechte bis keine Kommunikation!	111
3 In meinem Fall war es so, dass von Seiten der Ärzte ein Misstrauen gegenüber der Hebamme herrschte.	272
3 Frauenarzt redet Arbeit Hebamme schlecht. Schade	395
2 Die Einrichtungen (z. B. Gyn., Hebamme, Pro Familia) waren für sich kompetent aber nicht vernetzt.	183
3 Vorurteile gegenüber der Qualität der Hebammen Arbeit seitens der Gynäkologen und deren Angestellten.	163
B – Grund für Unzufriedenheit mit Informationen zu Angeboten, Qualität von Angeboten, Berater/-innen, persönlichem Nutzen von Angeboten (Schwangerschaft)	
III Der Frauenarzt sollte darüber informieren welche Anrechte man hat (zb. Hebammenleistungen)	25
III Zu wenig Infos	63
III Angebote waren mir nicht präsent genug	400

(Fortsetzung)

Tab. 7.14 (Fortsetzung)

Kategorie/Antwort	EgoID
II hat absolut nur das nötigste gemacht um ihr Geld zu verdienen, sehr traurig, 90 % wusste man schon vom ersten Kind noch und viel mehr konnte sie einem auch nicht erzählen	332
I mir persönlich hätte etwas mehr Orientierung an der Schulmedizin gefallen, nicht das Gefühlt, dass mir die Geburtsvorbereitung unter der Geburt geholfen hätte	198
II keine individuelle, hilfreiche Beratung; leider unfreundliche Hebamme, keine mir neuen Informationen erhalten z. T. wurden mir falsche Informationen gegeben	203
I hat nicht so viel gebracht wie erhofft, zT nicht persönlich genut	209
II Hebamme: kaum Zeit durch die Vielzahl an Müttern	238
II Hätte mir von der Hebamme eine weniger kompromisslose, alternative Sichtweise gewünscht.	318
II Hebamme war allerdings nicht gut (war nicht für ich da)	214
I haben uns erst bei der dritten Hebamme gut aufgehoben gefühlt	403
I Individuelles Problem, Beratung war nicht so hilfreich.	312
II Hebamme war eher am Kaffeetrinken interessiert als am Helfen.	49
C – generelle Verbesserungsvorschläge (Schwangerschaft)	
III Zusammenarbeit, mehr Akzeptanz	144
III Zusammenarbeit zwischen Hebammen und Geburtsklinik muss verbessert werden.	85
III Zusammenarbeit von Gynäkologen in Klinik und Praxis mit Hebammen, mehr Beleghebammen	99
III Zu viele Eltern, kaum Platz, lange Wartezeiten auf Kursteilnahme	255
III vom Frauenarzt zu erfahren, dass auch vor Geburt mehr Hebammenbetreuung möglich ist (statt Arzt)	133
III Unter einander mehr Aufmerksamkeit, was alles für Beratungsangebote in/um Rostock existieren.	20
III Sich besser auf die Mütter einstellen	32

(Fortsetzung)

Tab. 7.14 (Fortsetzung)

Kategorie/Antwort	EgoID
III recht zeitig sollte die kette gyn zu freier hebamme und von dort zu weiteren angeboten fuehren.	298
III Online Zusammenfassung von hilfen, anträgen und Voraussetzungen und fristen für hilfen.	246
II motivierteres/freundlicheres Personal; individuellere Beratung (mehr Zeit für jeden)	203
III mehr Zusammenarbeit, mehr Informationen für Schwangere und junge Familien, mehr Vernetzung	63
III Mehr Zusammenarbeit zwischen Gynäkologen, Krankenhaus und Hebammen	68
III Mehr Vernetzung, Klarere Informationen zu verschiedenen Behörden und Antragsmöglichkeiten.	183
III Mehr Unterstützung vom Arzt eine Hebamme zu finden. Mehr Abstimmung zwischen beiden Parteien.	21
III mehr Kooperation untereinander	194
III Mehr Informationen über die Angebote auch bei den Behörden, wie Jobcenter	351
III Mehr Hebammenvorsorge statt Gynäkologe	215
III Mehr Hebammen… Ähnlichere Angebote	162
III Mehr Hebammen in den gynäkologischen Praxen und Flyer(Angebote/Hilfe) + Hebammenliste zum mitnehmen	352
III Interdisziplinäre Zusammenarbeit stärken	163
V Ich hätte mir gewünscht, dass „meine" Hebamme mit in die Klinik hätte kommen dürfen	308
III Gynäkologen sollten die Arbeit der Hebammen nicht belächeln und eine Zusammenarbeit anstreben	131
V Gerade für Erstgebährende würde ich mir eine etwas längere Betreuung durch die Hebammen wünschen.	126
V Es wäre schön, wenn man seine Hebamme auch zur Geburt mit ins Krankenhaus nehmen darf.	284
III Es wäre schön, wenn Informationen leichter zugänglich sind, wie bspw. das Heft Wirbel (?).	312
IV Es muss weiterhin Hebammen geben, das hat mir unheimlich geholfen. Besonders nach der Geburt.	334

(Fortsetzung)

Tab. 7.14 (Fortsetzung)

Kategorie/Antwort	EgoID
III Es ist schwer einen Überblick über bestehende Angebote zu bekommen & für sich das Richtige zu finden	78
II Einige Hebammen arbeiten sehr unpersönlich, als wollten sie nur verdienen.	335
III eine allgemeine Beratungsstelle, die z. B. eine Liste aller örtl. Hebammen hat, welche davon alternat	19
III Die Vernetzung untereinander könnte optimiert werden, um z. B. auf Alternativen aufmerksam zu machen	240
V Die selber gewählte Hebamme sollte auch die Geburt im Kreissaal begleiten dürfen	252
IV die Rechte einer Frau auf die freie Wahl ihrer Hebamme & ihres Entbindungsortes, Beleghebammen	128
V Die Hebamme müsste ggf. mit ins Krankenhaus kommen dürfen und dort weiterhin zuständig für mich sein	114
III Die Erreichbarkeit ist schwierig wenn man auf dem Dorf lebt.	175
III Die breite Vielfalt der nutzbaren Angebote sollte öffentlicher gemacht werden.	139
III Die Ärzte sollten mehr Vertrauen in die Hebammen haben. Sie sind die primären Vertrauenspersonen.	272
III Die „Zusammenarbeit" von Gynäkologin und Hebamme war nicht so positiv (Ärztin stellte sich quer)	283
V Das man die lieb gewonnenene Hebamme auch mit in die Klinik mit nehmen dürfe.	14
III Besseres u schnelleres netz vor allem bei Notfällen	102
III bessere Zusammenarbeit zwischen Hebammen und Ärzten	2
II Bessere Interaktion in der Schwangerschaftsberatung.	248
III bessere Aufklärung über Vorsorge, Ergänzungsmittel	268
III Angebote in Rostock alle komplett überlastet	189
III Anerkennung von Briefen d. Hebamme im ärztlichen Sektor, wenig ärztl. Akzeptanz außerklin. Geburt	279

(Fortsetzung)

7.5 Datenaufbereitung und statistische Datenanalyse

Tab. 7.14 (Fortsetzung)

Kategorie/Antwort	EgoID
D – Wünsche und weitere (Beratungs-/Informations-) Angebote, neben bestehenden (Geburt bis zum dritten Geburtstag)	
IV umfassende Hilfe für Schwangerschaft im Studium, Finanzierung, Urlaubssemester etc	400
II Treffen für junge Schwangere / Mütter U20 oder U22	209
II Stillgruppen, Gruppen/Treffen für alternative Themen (z. B. natürliche Säuglingspflege)	56
III Qualifiziertere Beratung von Universitäten für werdende Eltern im Studium. (Finanzierung/Studium)	270
III mehr Müttertreffs, Krabbelgruppen, vielleicht von unversitärer Seite, kinderfreundliche Cafés	335
III Mehr Kursangebote im ländlichen Raum, Im ländlichen Raum sind Angebote dieser Art noch ausbaufähig oder müssten besser kommuniziert werden	196
III Mehr Beratung über finanzielle Unterstützung. Die findet man immer eher zufällig.	272
III mehr Beratung für Väter	194
III mehr Angebote, die Familien zusammenführen. dann können sich Familien gegenseitig unterstützen, leider viele überfüllte Kurse/nur wenig angebotene Zeiten	203
IV Längere Hebammenbetreuung bei Bedarf	106
IV Längere Hebammenbetreuung	28
II Ganzheitlich – Hebamme dicht an mir dran – Beratungsstellen haben nötiges Know-How, beides in einem?	20
V Familienorganisation, mehr Vorbereitung auf erste Zeit mit Kind statt auf Geburt	189
III Erziehungstipps nach dem 1.Lebensjahr	213
III Erziehungsprobleme/Verhalten regelmäßig mit Fachkräften besprechen können bei sich zu hause.	21
III Erziehung im Kleinkindalter	63
II Eltern Kind gruppen	137

(Fortsetzung)

Tab. 7.14 (Fortsetzung)

Kategorie/Antwort	EgoID
II Eine Art Portal, wo sich junge Eltern gerade Mütter zusammenfinden können. Informationsaustausch etc	282
III ein allseits bekanntes ratgeberportal, bessere Vernetzung, ein allseits bekanntes ratgeberportal	83
II bessere Vernetzung, mehr Informationen bereits vom Gynäkologen	296
III BEratungsangebote sind gut, aber beim zweiten Kind merkt man aktuell die hohe Auslastung doch stark	112
II Beratung über Möglichkeiten ähnlich gesinnten Mütter in der Elternzeit zu treffen	19
II Angebote für Studierende mit Kindern, studentische Kinderbetreuung, Informationsplattform, Angebote sind oft unbekannt (viel Recherche was, was ist) & teuer	183
III Angebote & Entlastung für Alleinerz. (auch die, die es innerhalb der Woche sind) zB. Leihomas, Angebote sind oft unbekannt (viel Recherche was, was ist) & teuer	78
III Angebot ist gut, aber es gibt zu viele Teilnehmer und zu wenig Kursplätze	255
IV dass die Krankenkassen noch mehr Besuche von der Hebamme im ersten Jahr übernehmen	311
III Mehr Angebote. Alles voll	162
IV längere finanzielle Unterstützung der Angebote durch Krankenkassen (z. B. längerer Rückbildungskurs)	141
III Im ländlichem Gebiet sind die Angebote sehr gering meist muss man Strecken von 50 km in kauf nehmen.	155
III Es gibt zu wenig angebote in dirkow	359
II Die Gruppengröße sollte möglichst klein gehalten werden	284
III Bessere Bekanntmachungen auf einer Internetseite für ganz Rostock	68
III Auch im Speckgürtel Rostock mehr Angebote.	352
E – Grund für ausbleibende Angebotsnutzung (Geburt bis zum dritten Geburtstag)	
I Wusste ich nicht.	14
I Wohnortswechsel, keine Zeit	250

(Fortsetzung)

7.5 Datenaufbereitung und statistische Datenanalyse

Tab. 7.14 (Fortsetzung)

Kategorie/Antwort	EgoID
I Weiß/wusste nicht, dass man das bis zum 3 Geburtstag wahrnehmen darf.	66
III Weil man zu weit fahren müsste.	227
I War nicht nötig bin selbst ausgebildet	376
I Nicht nötig	190,75
I Nicht benötigt	215
II Meine Kinderärztin hat mir gut weiter geholfen.	15
II Meine Hebamme war ausreichend	213
I keine Zeit, Prüfungsdruck im Studium	318
I keine Zeit, keine Ahnung von deren Existenz	275
I Keine Zeit, kaum Angebote in der Nähe	327
I Keine zeit	207
I Kein Bedarf	335,233,120,142,171,135
I Kannte keine Angebote. Hätte sie sonst gerne wahrgenommen	338
III In unserer Stadt gibt es kaum angebote	137
II Ich habe mich schnell in die Mutterrolle eingespielt. Kann bei fragen aber jederzeit meine hebi anru	389
II Habe mich über den Kinderarzt informieren lassen.	244
II Fehlende Infos was möglich ist zusätzlich zur standard nachsorge	285

Anmerkungen: 1: wenig Zusammenarbeit, 2: keine Zusammenarbeit, 3: keine professionelle Zusammenarbeit, d. h. es handelt sich um Antworten in Bezug auf strukturell begründete Aussagen, bspw. „Konkurrenz zwischen Hebamme und Frauenarzt", I: Mikrosystem, II: Mesosystem, III: Exosystem, IV: Makrosystem, V: Chronosystem.

7.5.6 Umgang mit fehlenden Daten

Stichprobe 1: Hebammen

Daten, die nach dem Erhebungszeitraum eingingen, wurden entfernt ($n = 9$). Aufgrund offener Antworten, die die Vermutung nahelegten, dass es sich nicht um eine Fachkraft, sondern eine Klientin handelt, wurden weitere Bögen ($n = 2$) gelöscht. Dies galt auch für Fragebögen, bei denen aufgrund fehlender Angaben keine eindeutige Zuordnung zur Tätigkeit, bspw. Hebamme oder Familienhebamme, möglich war ($n = 3$). Ferner wurde ein Fragebogen aus dem Datensatz

Tab. 7.15 Kategorien zur Systematisierung offener Antworten von Klientinnen

Lebensphase	Erhobene Aspekte	Sozialökologische Systeme
Schwangerschaft	Unzufriedenheit mit Angeboten	I II III
Geburt bis zum dritten Geburtstag	generelle Verbesserungsvorschläge	II III IV V
	Wünsche an bestehende und weitere Angebote	II III IV V
nach dem dritten Geburtstag	Wünsche an bestehende und weitere Angebote	I II III
	Gründe für ausbleibende Angebotsnutzung	I II III

Anmerkungen: I: Mikrosystem, II: Mesosystem, III: Exosystem, IV: Makrosystem, V: Chronosystem, [a]zugeordnet wurden Antworten in Bezug auf vorrangig strukturell begründete Aussagen, bspw. „Konkurrenz zwischen Hebamme und Frauenarzt".

entfernt, bei dem mehr als 50 % der Netzwerkinformationen fehlten. Bei verbleibenden Fragebögen konnten fehlende Daten mittels logischer Zuordnung ergänzt werden. Nach ersten Schritten lag eine Stichprobe ($n_{Heb} = 18$) mit noch teilweise fehlenden Daten vor. Es folgte ausgehend von der Empfehlung der Autorengruppe der KiD 0–3 (Eickhorst et al., 2016) die Prüfung der Datenstruktur mit dem MCAR-Test nach Little ($x^2 = 0.00$; $DF = 752$; $p > .999$). Aufgrund des extremen *p*-Wertes folgte erneut eine Überprüfung, inwiefern fehlende Daten bei einzelnen Werten häufiger auftraten. Im Gegensatz zu bereits bekannten Häufigkeiten fehlender Werte, zwischen 1 und 2, fiel auf, dass fehlende Daten bei nachfolgenden Variablen gehäuft auftraten: „Sonstige Netzwerkakteure werden kontaktiert" ($n = 7$), „Sonstige Netzwerkakteure kontaktieren die Hebamme" ($n = 11$) und „Qualität der Zusammenarbeit mit sonstigen Netzwerkpartnern" ($n = 10$). Da die Angaben von „sonstigen" Netzwerkpartnern nicht unmittelbar auf jede Fachkraft zutreffen mussten, wurde ein erneuter MCAR-Test nach Little durchgeführt, wobei diese drei Variablen ausgelassen wurden. Auch hier wurde ein extremer p-Wert ($x^2 = ,00$; $DF = 598$; $p > .999$) festgestellt. Da jedoch keine auffällig häufig fehlenden Werte auftreten, ist davon auszugehen, dass komplett zufällig fehlende Daten (MCAR) vorliegen. Das „bedeutet, dass ein fehlender Wert weder von der betrachteten Variablen selbst noch von anderen Variablen abhängt." (Eid et al., 2017, S. 291). Es folgte eine multiple Imputation für quasi-metrische Variablen – insgesamt fünf Imputationen – wobei die benannten drei Variablen ausgelassen wurden. Diese Entscheidung basierte auf der Annahme, dass zwar

7.5 Datenaufbereitung und statistische Datenanalyse

in Mehrebenenmodellen an und für sich fehlende Daten kein grundsätzliches Problem darstellen, wohl aber bei Netzwerkanalysen ungünstige Auswirkungen haben können. Fehlende Daten können zu Spezifikationsfehlern führen und damit Reliabilität sowie Validität ungünstig beeinflussen. Es gibt unterschiedliche Fehlerquellen, doch treten fehlende Daten oft bei Online-Befragungen – allen voran aufgrund technischer Aspekte während der Erhebung – auf (Borgatti et al., 2018, S. 41 f.; Field, 2018, S. 940; Perry et al., 2018, S. 51). Da aufgrund des Frageformats – Ankreuzen von Beziehungen zu vorgegebenen potenziellen Netzwerkpartnerinnen und Netzwerkpartnern – vorrangig technische Gründe als Ursache für fehlende Angaben definiert wurden, wurde die multiple Imputation gewählt (Perry et al., 2018, S. 51). Der Vorteil dieser Methode besteht darin, dass es möglich ist, eventuellen Nachteilen fehlender Daten auf höheren Ebenen – Ego-Level – vorzubeugen (Hox, Moerbeek & van Schoot, 2018, S. 68). Bewusst verzichtet wurde auf die von Borgatti et al. (2018, S. 86) vorgeschlagene Variante, Alteri aus dem jeweiligen Netzwerk zu entfernen, wenn Beziehungen nicht beschrieben werden. Der Grund für diese Entscheidung liegt darin, dass in der vorliegenden Erhebung nicht nach einzelnen Alteri im Sinne von Einzelpersonen gefragt wurde, sondern Berufsgruppen als Antwortoptionen angegeben wurden.

Stichprobe 2: Klientinnen

Da Hebammen vorrangig mit Klientinnen selbst arbeiten, wurde in der vorliegenden Arbeit die Variable „Geschlecht" zur Selektion genutzt. Bögen mit fehlenden Angaben ($n = 23$) sowie mit der Merkmalsausprägung „männlich" ($n = 34$) wurden gelöscht. Da kontextuelle Aspekte wie bspw. auch der Migrationshintergrund aus sozialökologischer Perspektive relevant sind, wurde zur Datenanalyse lediglich Fragebögen mit Angaben zur Nationalität „deutsch" genutzt. Nicht mit eingeschlossen wurden jene mit fehlenden Angaben ($n = 24$) bzw. „sonstige Nationalität" ($n = 6$). Fehlende Angaben zum Wohnort ($n = 12$) wurden mit weiteren Angaben zum Rostocker Stadtteil bzw. Region im Landkreis Rostock abgeglichen. Eine sachlogische Zuordnung war teilweise möglich ($n = 5$). Gelöscht wurden jene ohne klare Zuordnung (n = 7). Im nächsten Schritt erfolgte ein Abgleich der Zeitstempel, mit dem jede Fragebogen ID bei Online-Befragungen versehen wird: Bögen, die unmittelbar hintereinander abgespeichert wurden, wurden hinsichtlich einer möglichen Mehrfachteilnahme bzgl. identischer Angaben näher angeschaut (Schoen, 2015). Es wurden sechs Fälle doppelt eingereichter Fragebögen, die komplett identisch waren, identifiziert. Ein weiterer Fragebogen wurde aufgrund von widersprüchlichen bzw. absurden Antworten gelöscht. Fragebögen ($n = 2$) mit mehr als 50 % fehlenden Werten wurden entfernt (Gräf, 2010, S. 63). Dies gilt auch für Fragebögen

($n = 4$), die nach dem Erhebungszeitraum (07.01.2016) eingingen. Die Angaben zur Angebotsnutzung „nach dem dritten Geburtstag" (ja/nein) ($n = 34$) wurden aufgrund sachlogischer Zuordnung komplettiert. Erfasst wurde neben dem Alter des letztgeborenen Kindes (in Monaten) auch das Altern des ältesten Kindes (in Jahren). Fehlten Angaben zum Alter ($n = 26$) bzw. gaben Klientinnen ($n = 2$) an, schwanger zu sein und noch keine Kinder zu haben, wurden die entsprechenden Bögen gelöscht. Im Ergebnis lagen Fragebögen von Klientinnen mit letztgeborenen Kindern im Alter zwischen 0 und 14 Jahren vor. Folgende Überlegung führte zur Löschung weiterer Fragebögen aufgrund des kindlichen Alters. Erste Modellprojekte in den Bundesländern mit Fokus auf Frühe Hilfen wurden zwischen 2007 und 2010 realisiert (NZFH, 2014c). Die Datenerhebung der vorliegenden Arbeit fand größtenteils 2015 statt. Im Jahr 2007 geborene Kinder waren zu diesem Zeitpunkt ca. acht Jahre (96 Monate) alt und theoretisch bestände die Möglichkeit der Nutzung erster Angebote Früher Hilfen. Dementsprechend wurde dies als Höchstalter angesetzt. Gelöscht wurden Fragebögen, bei denen diese Obergrenze überschritten wurde ($n = 4$).

Weitere Aspekte: Klientinnen
Angenommen wurde, dass die Familienhebamme ab dem Beginn der Schwangerschaft mit Klientinnen arbeiten kann (NZFH, 2013, S. 11). Während der Datenerhebung wurde bekannt, dass in M-V Familienhebammen erst nach dem Wochenbett tätig werden (Familienhebamme im Geburtshaus Am Vögenteich GmbH 5/2015 nach mündlicher Mitteilung). Aufgrund dessen ist die Angabe „Familienhebamme" als während der Schwangerschaft genutztes Angebot zu streichen und durch „Hebamme" zu ersetzen.

7.5.7 Gütekriterien und Skalenbildung

Netzwerkdaten: Fragebogen Hebammen und Klientinnen
Quantitative Netzwerkdaten können auf unterschiedlichen Wegen erhoben werden. Ausgehend von der Tatsache, dass das Internet eine wichtige Rolle spielt, ist davon auszugehen, dass valide und reliable Netzwerkdaten mithilfe virtueller Umfragen generiert werden können (Perry et al., 2018, S. 52). Die Validität von Netzwerkdaten ist im Zusammenhang mit dem theoretischen sowie konzeptionellen Rahmen einer Untersuchung einzuschätzen (Diaz-Bone, 1997, S. 74 ff.; Jansen, 2006, S. 85 ff.; Perry et al., 2018, S. 71 ff.). Dabei ist davon auszugehen, dass Egos Angaben bzgl. eines Verhaltens, wie bspw. Kontaktaufnahme zu einem Netzwerkakteur oder Inanspruchnahme eines Angebots, valider sind

7.5 Datenaufbereitung und statistische Datenanalyse

als Angaben zu emotionalen Fragestellungen (Kogovšek & Ferligoj, 2005). Mit der „Verzerrung zugunsten eigener Präferenzen" (Jansen, 2006, S. 87) ist bei Angaben Egos zu Alteri Attributen zu rechnen, wenn es nicht um soziodemografische, sondern um Aspekte wie bspw. Einstellungen geht. Eine Voraussetzung für valide Netzwerkdaten ist Reliabilität. Hierbei ist in drei Bereiche zu unterscheiden: 1. personenbezogene Merkmale Egos, 2. Angaben Egos zum eigenen Netzwerk, hierzu gehören Beziehungen sowie personenbezogenen Angaben der Alteri und 3. Angaben Egos hinsichtlich „der Parameter, die die Netzwerkstruktur beschreiben, wie Dichte, Heterogenität und Netzwerkgröße." (Diaz-Bone, 1997, 69). Für Aussagen zur Reliabilität des Instruments zur Erhebung egozentrierter Netzwerke sind vor allem die beiden zuletzt genannten von Bedeutung (2. und 3.). Ausgehend von Ergebnissen verschiedener Reliabilitätsstudien war anzunehmen, dass die in der vorliegenden Promotionsschrift erhobenen Daten zu Kontakthäufigkeiten zwischen den Hebammen und potenziellen Netzwerkakteuren eher niedrige Reliabilitätskoeffizienten aufweisen würden, da nicht konkrete Personen, sondern Personengruppen verschiedener Sektoren erfragt wurden. Grundsätzlich wäre aber auch bei Erhebung von einzelnen Personen eine höhere Reliabilität zu erreichen, wenn „es gelingt, der Kontrollerhebung das Netzwerk mit den gleichen Personen als Alteri zu erheben." (Jansen, 2006, S. 87). Dennoch ist aufgrund der spezifischen Formulierung nach konkreten Personengruppen im Vergleich zu unspezifischen Netzwerkgeneratoren von einer höheren Reliabilität auszugehen (Crossley et al., 2015, S. 72 ff.; Jansen, 2006, S. 86). Ferner ist jedoch eine Unterscheidung zwischen wahrgenommenen und tatsächlichen Beziehungen zu potenziellen Netzwerkpartnern notwendig (Jansen, 2006, S. 86 f.). Folglich ist davon auszugehen, dass eine Erhebung von zwei Perspektiven sinnvoll ist, denn es geht bspw. nicht nur um die durch Klientinnen wahrgenommene Zusammenarbeit, sondern vor allem auch um die von Hebammen tatsächlich beschriebene Zusammenarbeit der Angebote. Eben dies gilt auch in Bezug auf die tatsächliche Vernetzungsaktivität der Hebammen bzw. Familienhebamme im Kontext von Netzwerken Früher Hilfen. Bis dato liegt z. B. vorrangig die Perspektive der Steuerungs- und Koordinationsebene vor (Küster et al., 2017b).

<u>WAI-SR: Fragebogen Hebammen und Klientinnen</u>
Bei der Nutzung dieses Erhebungsinstrumentes kann von konvergenter Validität ausgegangen werden (Wilmers et al., 2008). Zudem gilt das WAI-SR mit guten internen Konsistenzen als zuverlässig. Cronbachs Alpha (α_c) der Subskalen und Gesamtwerte liegt zwischen $\alpha_c = .81$ und $\alpha_c = .93$. In der hier dokumentierten Untersuchung können die internen Konsistenzen für den Gesamtwert sowohl für die Therapeutenversion (Hebammen: $\alpha_c = .84, .12 \leq r_{it} \leq .73, n = 15$) als auch

für die Patientenversion (Klientinnen: $\alpha_c = .999, .98 \leq r_{it} \leq .99$, Subgruppe 1, $n = 253$) bestätigt werden. Die Anzahl aufgenommener Fälle (Hebammen) wurde durch die Software SPSS verringert. Aufgrund technischer Einschränkungen konnte bei Reliabilitätsanalyse nicht der imputierte Datensatz genutzt werden. Die Angaben für beide Versionen basieren auf den nicht imputierten Originaldaten. Detaillierte Ergebnisse sind in Anhang F-1 (Therapeutenversion) und Anhang F-2 (Patientenversion) im elektronischen Zusatzmaterial hinterlegt. Bei der Patientenversion könnten dahin gehend Hinweise vorliegen, dass perfekt korrelierte, d. h. redundante Items dabei sind (Streiner, 2003). Ebenso können Werte mit $\alpha_c > .70$ auf die hohe Itemanzahl zurückzuführen sein (Moosbrugger & Schermelleh-Engel, 2012, S. 133 f.). Die untersuchten Trennschärfen (part-whole korrigiert) der Items beider in der Erhebung eingesetzten Versionen weisen fast ausnahmslos Werte größer als $r_{it} = .50$ auf. Das erste Item der Patientenversion weist in den ersten beiden Stichprobengruppen geringere Werte auf als dies für die Gruppe der Klientinnen mit älteren Kindern der Fall ist, gute Trennschärfen weisen Werte zwischen .40 und .07 auf (Moosbrugger & Schermelleh-Engel, 2012, S. 86). In der Therapeutenversion gibt es bei 4 Items niedrigere Werte von $\alpha_c < .40$. Insgesamt verändert sich α_c nur geringfügig, mit Werten von $\alpha_c > .80$, wenn eines der Items weggelassen werden würde. Ausgehend vom oben genannten Hinweis bzgl. der hohen Itemanzahl wurde eine zweite Reliabilitätsanalyse zur genutzten längeren Therapeutenversion, allerdings mit nur 12 Items (Item 1 bis 11, Item 13) durchgeführt. Ein etwas geringerer Wert für Cronbachs Alpha ($\alpha_c = .80$) wurde verzeichnet. Allerdings wiesen im Vergleich zur längeren Therapeutenversion 4 Items niedrigere Werte für Trennschärfen ($r_{it} < .40$) auf, wobei bei Item 9 einen Extremwert zu verzeichnen ($r_{it} = .04$) war. Deshalb wurden für die Datenanalyse (Stichprobe 1: Hebammen) der vorliegenden Promotionsschrift bei der Skalenbildung alle erhobenen 15 Items genutzt. Eine auf den nicht imputierten Daten basierende, bivariate Korrelationsprüfung beider ermittelten Gesamtmittelwerte für die therapeutische Allianz, Therapeutenversion mit 12 bzw. 15 Items, bestätigte zudem hoch signifikante Zusammenhänge ($r_s = .98$, $p < .001$, 95 % KI [.94,.99]). Diese Berechnung basiert ebenso wie die Reliabilitätsanalyse auf den Originaldaten des imputierten Datensatzes (Eid et al., 2017, S. 862 f.; Field, 2018, S. 824 ff.; Moosbrugger & Kelava, 2012, S. 84 ff.).

<u>Zufriedenheit rund um die Angebotsnutzung: Fragebogen Klientinnen</u>
Klientinnen ($N = 289$), die Angebote während der Schwangerschaft in Anspruch nahmen, wurden zu ihrer Zufriedenheit befragt. Hierzu wurden fünf Items (Likert-Skala, siebenstufig) genutzt: Zufriedenheit mit den Informationen zu

7.5 Datenaufbereitung und statistische Datenanalyse

Angeboten (Item 1), mit der Qualität der Angebote (Item 2), mit Fachkräften von Angeboten (Item 3), mit dem persönlichen Nutzen (Item 4) sowie der Zusammenarbeit verschiedener Einrichtungen (Item 4). Im Rahmen des Datenchecks wurden diese Items mittels der explorativen Faktorenanalyse überprüft (Field, 2018, S. 777; Moosbrugger & Schermelleh-Engel, 2012). Genutzt wurde die Maximum-Likelihood-Methode (Eid et al., 2017, S. 899). Analyseergebnisse der 5. Imputation wurden als Entscheidungsgrundlage genutzt. Die Voraussetzung für die explorative Faktorenanalyse (Kaiser-Meyer-Olkin Kriterium (*KMO*) = .83, *Bartlett-Test* $x^2(10, N = 289) = 814.70, p < .001$) waren gegeben (Eid et al., 2017, S. 924; Field, 2018, S. 808 ff.). Die Anti-Image Correlation (>.50) zeigte, dass alle Items gut zur Faktorenanalyse passen. Es wurde ein Faktor gezogen, mit dem sich 94 % der Varianz der Daten erklären lässt. Detaillierte Ergebnisse der Faktorenanalyse sind in Anhang F-3 im elektronischen Zusatzmaterial hinterlegt. Durch das Item „Zusammenarbeit verschiedener Einrichtungen" kam lediglich 4 % der Varianz dazu, wodurch der Schwellenwert nur knapp überschritten wurde und im nachfolgenden Schritt dieses Item weggelassen wurde. Durch Analyse der vier verbleibenden Items, Ziehung eines Faktors, konnten 100 % der Varianz (*KMO* = .82, *Bartlett-Test* $x^2(6, n = 289) = 702.47, p < .001$) erklärt werden. Aufgrund der Ergebnisse in der Faktorenmatrix wurden die vier ersten Items zu einer Skala zusammengefasst. Aus netzwerktheoretischer Perspektive kann die Herausnahme des fünften Items damit begründet werden, dass es sich um die Beschreibung einer anderen Beobachtungsebene (Alter-Alter) durch das jeweilige Ego (Klientin) handelt (Perry et al., 2018, S. 199). Hinzu kommt, dass dieses Item aus sozialökologischer Perspektive im Gegensatz zu den anderen vier Items nicht im Mesosystem, sondern im Exosystem der Klientin zu verorten ist (Bronfenbrenner, 1993; Bronfenbrenner & Morris, 2006). Die vier Items der neuen Skala „Zufriedenheit rund um die Angebotsnutzung" weisen Trennschärfen (part-whole korrigiert) von über $r_{it} = .50$. Für die interne Konsistenz der gesamten Stichprobe der Klientinnen ($n = 286$) ergab sich eine gute interne Konsistenz von $\alpha_c = .89$. Wenige Klientinnen ($n = 3$) wurden durch die Software SPSS aus den Berechnungen ausgeschlossen. Angaben zur erklärten Gesamtvarianz sind in Anhang F-4 im elektronischen Zusatzmaterial hinterlegt.

Ergebnisse 8

8.1 Stichprobe 1: Hebammen

Die Ergebnisse der Mehrebenenmodelle wurden an einem durch multiple Imputation ergänzten Datensatz berechnet. Aufgrund technischer Einschränkungen der Statistiksoftware SPSS werden einzelne Prüfgrößen, wie bspw. Wald-Z, nicht für kombinierte Daten, sondern lediglich für die der 5. Imputation ausgegeben. Deshalb basiert die Ergebnisdarstellung auf den zuletzt genannten Daten. In den dazugehörigen Ergebnistabellen werden relevante Kennwerte der kombinierten Daten ergänzend hinzugefügt. Detaillierte Angaben der kombinierten Daten sind dem jeweils ausgewiesenen Anhang im elektronischen Zusatzmaterial zu entnehmen. Die nachstehenden dokumentierten Ergebnisse wurden nach folgender Systematik aufgebaut: Nullmodell (Intercept-Only-Modell) ohne Prädiktorvariablen, Hinzufügen eines zufälligen Achsenabschnittes (Random-Intercept-Modell) und schrittweise Integration weiterer Prädiktorvariablen. Abschließend wurde überprüft, inwiefern das Hinzufügen einer zufälligen Steigung (Random-Intercept- und Random-Slope-Modell) von Vorteil ist (Eid et al., 2017, S. 732 ff.; Field, 2018, S. 951; Perry et al., 2018, S. 231 ff.).

Ergänzende Information Die elektronische Version dieses Kapitels enthält Zusatzmaterial, auf das über folgenden Link zugegriffen werden kann https://doi.org/10.1007/978-3-658-40953-1_8.

© Der/die Autor(en), exklusiv lizenziert an Springer Fachmedien Wiesbaden GmbH, ein Teil von Springer Nature 2023
N. Naranjos Velazquez, *Die Rolle freiberuflicher Hebammen in Netzwerken Frühe Hilfen*, https://doi.org/10.1007/978-3-658-40953-1_8

8.1.1 Deskriptive Auswertung von Ego-Level Daten

Alle teilnehmenden Gesundheitsfachkräfte gaben wie in Tabelle 8.1 ersichtlich an, als freiberufliche Hebammen ($N = 18$) tätig zu sein. Lediglich $n = 4$ verfügten über die Zusatzqualifikation zur Familienhebamme. Zudem gibt es, wie in Tabelle 7.8 dargestellt, verschiedene Mischformen des Tätigkeitsbereiches, z. B. freiberufliche Hebammen, die gleichzeitig in der Klinik als Beleghebammen ($n = 2$) oder festangestellt tätig sind ($n = 3$). Aussagen zur Repräsentativität sind aufgrund fehlender Statistiken nicht möglich. Es ist aufgrund einer Erhebung aus dem Jahr 2012 davon auszugehen, dass etwa 60 % aller Hebammen in Deutschland freiberuflich, mehrheitlich ohne Geburtshilfe tätig sind. Letzteres bezieht sich sowohl auf Beleghebammen als auch auf die außerklinische Geburtshilfe (M. Albrecht et al., 2012, S. 91). Das bedeutet: Teilnehmende Hebammen der vorliegenden Untersuchung entstammen diesen 60 % in Bezug auf die Gesamtstichprobe aller Hebammen in Deutschland. Aktuellen Angaben des Landeshebammenverbandes M-V e. V. (2021) zur Folge sind aktuell insgesamt 31 freiberufliche Hebammen in der Hansestadt sowie im Landkreis Rostock aktiv. Diese Zahl dient jedoch lediglich der Orientierung, da nicht bekannt ist, welche dieser Hebammen bereits zum Erhebungszeitraum aktiv war. Bekannt ist allerdings, dass nach mündlicher Mitteilung durch Mitarbeitende des Deutschen Hebammenverbandes e. V. am 30.09.20214 bundesweit 15 743 aktive Mitglieder registriert waren. Einige Hebammen ($n = 216$) waren im Landeshebammenverband M-V e. V. registriert. Wenn diese Zahl als Grundgesamtheit für das Bundesland verstanden wird, nahmen an der vorliegenden Untersuchung rund 8 % ($N = 18$) teil. Wird jedoch davon ausgegangen, dass der bundesweite Anteil freiberuflicher Hebammen mit 60 % auch für M-V gilt, dann entspricht dies einer Grundgesamtheit von $N = 130$ und übertragen auf die Anzahl teilnehmender Hebamme ($N = 18$) bedeutet dies, dass 14 % aller in M-V tätigen Hebammen an der vorliegenden Untersuchung teilnahmen. Dennoch wurde aufgrund von Erfahrungen in regionalen Netzwerken Frühe Hilfen seitens der Autorin von einem qualitativen Design abgesehen.

Teilnehmende Hebammen mit Zusatzqualifikation zur Familienhebamme, wie in der Tabelle 8.2 zusammenfassend dargestellt, sind entweder nur in der Hansestadt Rostock ($n = 2$) oder nur im Landkreis Rostock ($n = 2$) sowie in beiden Bereichen gleichzeitig ($n = 4$) tätig. Eine vergleichbare Aufteilung liegt auch bei Hebammen ohne Zusatzqualifikation zur Familienhebamme vor.

Die Bundesinitiative Netzwerke Frühe Hilfen und Familienhebammen (2012–2015) war dem überwiegenden Anteil der Hebammen ($n = 14$) bekannt. Wie

8.1 Stichprobe 1: Hebammen

Tab. 8.1 Anstellung und Zusatzqualifikation teilnehmender Hebammen (N = 18)

Kompetenzbereich und Anstellungsverhältnis der Hebamme			Familienhebamme		
			nein	freiberuflich	freiberuflich und angestellt
freiberuflich	Geburtshilfe	nein	8	2	1
		außerklinisch	1	1	–
		Beleghebamme	1	–	–
		außerklinisch und Beleghebamme	1	–	–
freiberuflich und angestellt	Geburtshilfe	nein	2	–	–
		außerklinisch	1	–	–
		Beleghebamme	–	–	–
		außerklinisch und Beleghebamme	–	–	–

Tab. 8.2 Wohnort von Klientinnen (N = 18)

		Zusatzqualifikation zur Familienhebamme		Gesamt
		nein	ja	
Wohnort der Klientinnen	Hansestadt Rostock	2	2	4
	Landkreis Rostock	4	2	6
	Hansestadt und Landkreis Rostock	4	4	8
Gesamt		**10**	**8**	**18**

aus Tabelle 8.3 hervorgeht, machten lediglich $n = 16$ Hebammen zu beiden Themen Angaben. Wenn vertraglich geregelte Kooperationen mit anderen Akteuren bestanden ($n = 9$), so war meist die Bundesinitiative Frühe Hilfen und Familienhebammen bekannt ($n = 7$). Aus diesem Grund wurde diese netzwerkbezogene Variable „vertraglich geregelte Kooperationen" in Kombination mit der personenbezogenen Variable mithilfe einer Kreuztabelle analysiert. Die in Tabelle 8.3 nicht mit enthaltenen Angaben einiger Hebammen ($n = 2$) lassen sich bei einer gemeinsamen Betrachtung der Variablen „Zusatzqualifikation zur Familienhebamme" und „vertraglich geregelte Kooperationen" identifizieren. Ein Großteil der Hebammen ($n = 11$) gibt an, dass Kooperation bestehen. Etwa die Hälfte dieser Fachkräfte verfügte zudem über die Zusatzqualifikation zur Familienhebamme ($n = 5$) (siehe Tabelle 8.4).

Tab. 8.3 vertraglich geregelte Kooperationen und Bundesinitiative Netzwerke Frühe Hilfen und Familienhebammen (n = 16)

		vertraglich geregelte Kooperationen		Gesamt
		nein	ja	
Bundesinitiative Netzwerke Frühe Hilfen und Familienhebammen (2012–2015) ist bekannt	ja	7	7	14
	nein	0	2	2
Gesamt		7	9	16

Tab. 8.4 vertraglich geregelte Kooperationen und Zusatzqualifikation zur Familienhebamme (N = 18)

		vertraglich geregelte Kooperationen		Gesamt
		nein	ja	
Zusatzqualifikation zur Familienhebamme	ja	2	6	8
	Nein	5	5	10
Gesamt		7	11	18

Therapeutische Allianz

Es ist von einer starken therapeutischen Allianz aus der Perspektive von Hebammen ($N = 18$, $M = 4.03$, $SD = 0.28$, $Min = 3.67$, $Max = 4.80$) auszugehen, Vergleich hierzu Abbildung 8.1. Diese Angaben basieren auf der 5. Imputation. Eine Übersicht der einzelnen Imputationen ist Anhang G-1 im elektronischen Zusatzmaterial zu entnehmen. Nach Prüfung mit dem Mann-Whitney-U Test (Anhang G-2 im elektronischen Zusatzmaterial) gibt es keinen signifikanten Unterschied zwischen der Stärke der therapeutischen Allianz bei Hebammen mit bzw. ohne Zusatzqualifikation zur Familienhebammen ($Z = -0.22$, $p = .83$). Hebammen ohne Zusatzqualifikation ($M = 3.99$, $SD = 0.19$, $Min = 3.73$,

Max = 4.33, *n* = 10) beschreiben im Vergleich zu Familienhebammen (*M* = 4.09, *SD* = 0.37, *Min* = 3.67, *Max* = 4.80, *n* = 8) eine ähnlich starke therapeutische Allianz.

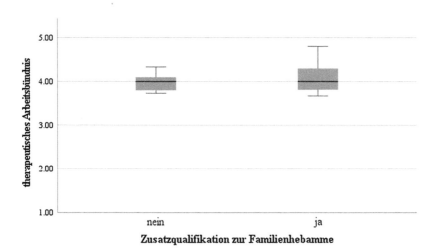

Abb. 8.1 therapeutische Allianz und Zusatzqualifikation zur Familienhebamme. (*Anmerkungen:* Berechnungen der Variablen „therapeutische Allianz" basieren auf den Daten der 5. Imputation. Wertebereich der Variablen „therapeutische Allianz" jeweils 1 („selten") bis 5 („immer"); „nein" (*n* = 10) und „ja" (*n* = 8).)

Homophilie
Die Netzwerke von Hebammen sind durch, wie in Abbildung 8.2 dargestellt, einen homophilen Charakter (*N* = 18, *M* = −1.30, *SD* = 0.29, *Min* = −1.00, *Max* = .18) gekennzeichnet. Die Standardabweichung fällt bei Familienhebammen dabei geringer aus (*M* = −.22, *SD* = 0.20, *Min* = −.50, *Max* = .09, *n* = 8) geringer aus als bei Hebammen ohne Zusatzqualifikation (*M* = −.36, *SD* = 0.35, *Min* = −1.00, *Max* = .18, *n* = 10). Bei Familienhebammen zeichnet sich eine stärkere Tendenz in Richtung heterophiler Merkmale ab. Nach Prüfung mit dem Mann-Whitney-U-Test (*Z* = −1.02, *p* = .32) gibt es keinen signifikanten Unterschied bezüglich der Stärke der Homophilie und der Zusatzqualifikation zur Familienhebamme (Anhang G-2 im elektronischen Zusatzmaterial). Ausgaben der Ergebnisse verschiedener Imputationen zum *EI Index* sind in Anhang G-1 im elektronischen Zusatzmaterial hinterlegt.

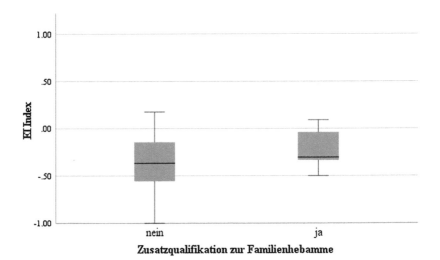

Abb. 8.2 EI Index und Zusatzqualifikation zur Familienhebamme. (*Anmerkungen:* Berechnungen der Variablen „EI Index" basieren auf den Daten der 5. Imputation. Wertebereich der Variablen „EI Index" jeweils -1 („homophil") bis 1 („heterophil"); Hebamme ($n = 10$) und Familienhebamme ($n = 8$))

Gründe für und gegen Austausch mit Fachkräften
Im Rahmen des hier dokumentierten Promotionsprojektes wurden Hebammen unter Nutzung offener Antwortformate nach Gründen für bzw. gegen einen Austausch mit anderen Fachkräften befragt. Das aus der quantitativen Textanalyse (siehe Abschnitt 7.3.5) abgeleiteten sozialökologische Kategoriensystem weist unter Bezugnahme auf zwei weitere Variablen – „*EI Index*" für Homophilie eines Netzwerkes sowie der „Zusatzqualifikation zur Familienhebamme" – Besonderheiten auf. Gründe für einen Austausch mit anderen Fachkräften, wie in Abbildung 8.3 dargestellt, können z. B. dann im Mesosystem verortet werden, wenn die Hebamme keine Zusatzqualifikation zur Familienhebamme angibt. Der *EI Index* kann hierbei negative Werte (homophiles Netzwerk) und positive Werte (heterophiles Netzwerk) annehmen. In dieser Teilstichprobe (n = 7) liegen im Mittel schwach homogene Werte vor ($M = -.34$, $SD = .42$, $Min = -1.00$, $Max = .18$). Dementsprechend sind in der vorliegenden Stichprobe Gründe für einen Austausch sowohl bei Hebammen ohne Zusatzqualifikation mit homophilen und heterophilen Netzwerken im Mesosystem zu verorten. Im Gegensatz dazu sind Gründe für einen Austausch bei einer Familienhebamme mit einem schwach

homophilen Netzwerk (*EI Index* = −.33) im Mesosystem zu verorten. Aus den erhobenen Daten geht z. B. auch hervor, dass nur Hebammen ohne Zusatzqualifikation zur Familienhebamme Gründe für einen Austausch im Mikrosystem verorten, und zwar genau dann, wenn ihr Netzwerk weniger homophil ist. Ausschließlich Familienhebammen ($n = 2$) geben Gründe für einen Austausch mit anderen Fachkräften an, die gleichzeitig im Mesosystem und im Exosystem bzw. im Mikrosystem und Chronosystem zu verorten sind ($M = -.17$, $SD = .14$, $Min = -.27$, $Max = -.08$).

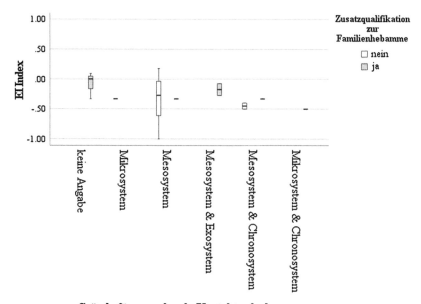

Abb. 8.3 Gründe für ausgehende Kontaktaufnahmen zu anderen Fachkräften und Spannweite vom EI Index: sozialökologisches Kategoriensystem. (*Anmerkungen:* Berechnungen der Variablen „*EI Index*" basieren auf den Daten der 5. Imputation. Wertebereich der Variablen „*EI Index*" jeweils −1 („homophil") bis 1 („heterophil"); nein ($n = 10$); ja ($n = 8$))

Auch die von Hebammen ohne Zusatzqualifikation genannten „Gründe gegen ausgehende Kontaktaufnahmen" sind im Mesosystem zu verorten, wie in Abbildung 8.4 dargestellt, wenn sie gleichzeitig ein stark homophiles bis schwach heterophiles Netzwerk angeben ($M = -.53$, $SD = .55$, $Min = -1.00$, Max

$= .07, n = 3$). Bei einer Familienhebammen mit schwach homophilem Netzwerk sind Gründe gegen einen Austausch – ebenso wie bereits beschriebene Gründe für einen Austausch – im Mesosystem zu verorten ($M = -.33, n = 1$). Gegensatz dazu geben Hebammen ohne Zusatzqualifikation Gründe gegen einen Austausch im Mesosystem an, wenn sie ein im Mittel stärker homophiles Netzwerk verfügen ($M = -.53, SD = .55, Min = -1.00, Max = .07, n = 3$). Diese Fachkräfte führen zudem im Makrosystem zu verortende Gründe – z. B. gesetzliche Aspekte – gegen einen Austausch an, wenn ihr Netzwerk sehr schwach homophil bis schwach heterophil ist ($M = .02, SD = .23, Min = -.14, Max = .18, n = 2$). Keine Angaben zu Gründen gegen einen Austausch gemacht wurden von Hebammen ($M = -.14, SD = .19, Min = -.27, Max = .00, n = 2$) und von einer Familienhebammen ($M = .09, n = 1$). Zuletzt genannte verfügen dabei zum Teil über ein schwach heterophiles Netzwerk.

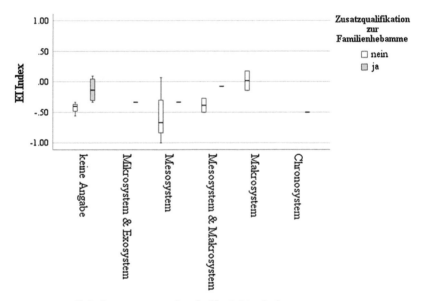

Abb. 8.4 Gründe gegen ausgehende Kontaktaufnahmen zu anderen Fachkräften und Spannweite vom EI Index: sozialökologisches Kategoriensystem. (*Anmerkungen:* Berechnungen der Variablen „*EI Index*" basieren auf den Daten der 5. Imputation. Wertebereich der Variablen „*EI Index*" jeweils –1 („homophil") bis 1 („heterophil"); nein ($n = 10$); ja ($n = 8$))

Von Hebammen – unabhängig von der Zusatzqualifikation – vermutete Gründe ausbleibender Kontaktaufnahmen durch andere Fachkräfte lassen im Gegensatz zu Gründen aus eigener Perspektive eindeutig einem sozialökologischen System zuordnen: Mikro-, Meso- oder Makrosystem. Hebammen mit einem stärker homophil bis schwach heterophil ausgeprägten Netzwerk verorten vermutete Gründe gegen einen Austausch im Mikrosystem ($M = .02$, $SD = .23$, $Min = -.14$, $Max = .18$, $n = 2$). Hier einzuordnen sind z. B. Vorurteile oder Konkurrenzdenken. Beim Vergleich des Netzwerkmerkmals „Homophilie" fällt in Abbildung 8.5 auf, dass Hebammen ohne Zusatzqualifikation vermutete Gründe gegen eingehende Kontakte im Makrosystem verorten, wenn ein schwach bis komplett homophiles Netzwerk vorliegt.

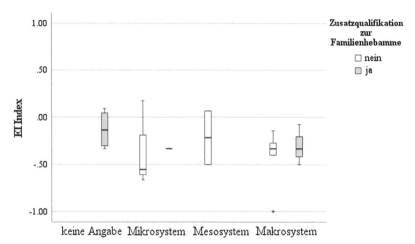

Abb. 8.5 vermutete Gründe für ausbleibende Kontaktaufnahmen durch andere Fachkräfte und Spannweite vom EI Index: sozialökologisches Kategoriensystem. (*Anmerkungen:* Berechnungen der Variablen „*EI Index*" basieren auf den Daten der 5. Imputation. Wertebereich der Variablen „*EI Index*" jeweils −1 („homophil") bis 1 („heterophil"); nein ($n = 10$); ja ($n = 8$))

Entwickelte Kategorien wurden hinsichtlich eines bivariaten Zusammenhangs mit dem Exakt Test nach Fisher unter Angabe von Crámers Index (V) getestet (Cohen, 1988, S. 223 ff.; Eid et al., 2017, S. 564; Field, 2018, S. 839). Ein signifikanter, starker, positiver Zusammenhang ($V = .81$, $p < .01$) ergab sich, wie

Tab. 8.5 Unterschiede ausgewählter Variablen und Kategorisierung von Gründen für oder gegen Kontaktaufnahmen

Variable	Gründe für ein- und ausgehende Kontakte						
	Ego[a] → Alteri[b]		Ego[a] → Alteri[b]		Alteri[b] → Ego[a]		
	Gründe für ausgehende Kontaktaufnahmen		Gründe gegen ausgehende Kontaktaufnahmen		vermutete Gründe für ausbleibende eingehende Kontaktaufnahmen		
	V	p	V	p	V	p	
Zusatzqualifikation zur Familienhebamme	.81	<.01	.54	.54	.64	.11	
Bundesinitiative[c] (2012–2015) bekannt	.84	.13	.74	.28	.39	>.99	
vertraglich geregelte Kooperationen	.47	.83	.59	.25	.49	.31	
Wohnort der Klientin	.61	.26	.49	.79	.35	.79	

Anmerkungen: p: p-Wert vom Exakter Test nach Fisher, *V*: Cramérs V, [a]Hebamme, [b]potenzielle Netzwerkakteure Frühe Hilfen, [c]Bundesinitiative Netzwerke Frühe Hilfen und Familienhebammen; $N = 18$.

8.1 Stichprobe 1: Hebammen

in Tabelle 8.5 ausführlich dargestellt, zwischen genannten Gründen für ausgehende Kontakte und der Zusatzqualifikation zur Familienhebamme der Hebamme. Ein tendenziell signifikanter, starker Zusammenhang ($V = .64$, $p = .11$) wurde zwischen Zusatzqualifikation und vermuteten Gründen ausbleibender eingehender Kontakte festgestellt.

8.1.2 Deskriptive Auswertung von Alter-Level Daten

Zu den von Hebammen am häufigsten angegebenen Kooperationspartnern gehören andere Hebammen, Gesundheitsämter, Familienhebammen, Geburts- und Kinderkliniken. Wie in Tabelle 8.6 dargestellt, sind diese Netzwerkakteure dem Gesundheitsbereich (Sektor II) zuzuordnen. Bis auf die angegebenen Kooperationen mit Sozialpädagogischen Familienhilfen (Sektor I) und Schwangerschafts(konflikt-)beratungsstellen (Sektor III) werden weitere für Netzwerke Frühe Hilfen relevante Akteure nur vereinzelt genannt.

Tab. 8.6 vertraglich geregelte Kooperationen mit Hebammen sortiert nach Sektoren

Sektor		Netzwerkakteur[a]	Anzahl
I	Kinder- & Jugendhilfe	Kindertagesstätte	2
		Kindertagespflege	2
		Sozialpädagogische Familienhilfe	4
		Amt für Jugend und Soziales	3
		Familienbildungsstätte	3
II	Gesundheitsbereich	Kinderärztinnen und Kinderärzte	3
		Frauenärztinnen und Frauenärzte	3
		Geburts-/Kinderkliniken	5
		Frühförderstellen	2
		Gesundheitsamt	6
		Familienhebammen	5
		Hebammen	8
III	Psychosoziale Beratungsstellen & Dienste	Schwangerschafts(konflikt-)beratungsstellen	4

(Fortsetzung)

Tab. 8.6 (Fortsetzung)

Sektor	Netzwerkakteur[a]	Anzahl
IV	Sonstige Akteure	Schule	2
		Familiengericht	2
		Jobcenter	2
		Schulamt	2

Anmerkungen: [a]Bezieht sich jeweils auf eine Berufsgruppe bzw. Institution, nicht aber auf einzelne Personen; $N = 18$.

Intersektorale Kontakthäufigkeiten
Die bei Hebammen eingehenden Kontakte stammen, wie in Tabelle 8.7 im Detail dargestellt, überwiegend aus dem Gesundheitsbereich (Sektor II). Eingehende intersektorale Kontakthäufigkeiten gehen am häufigsten von Schwangerschafts(konflikt-)beratungsstellen (Sektor II) aus ($M = 4.22$, $SD = 0.65$). Auch Netzwerkakteure der Kinder- und Jugendhilfe (Sektor I) werden genannt, wobei die häufigsten Kontaktaufnahmen durch das Amt für Jugend und Soziales ($M = 4.44$, $SD = 0.62$), Sozialpädagogische Familienhilfen ($M = 4.49$, $SD = 0.63$) bzw. Familienbildungsstätten ($M = 4.61$, $SD = 0.78$) erfolgten. Hebammen beschreiben keine eingehenden Kontakte durch potenzielle Netzwerkakteure Früher Hilfen aus dem Sektor IV (sonstige Akteure). Angaben zu kombinierten Ergebnissen des multiplen imputierten Datensatzes sind dem Anhang G-3 im elektronischen Zusatzmaterial zu entnehmen.

Tab. 8.7 eingehende Kontakthäufigkeiten: Hebammen

Sektor	Netzwerkakteur	*M*	*SD*	*Min*	*Max*
I	Kindertagesstätte	5.00	0.00	5.00	5.00
	Kindertagespflege	5.00	0.00	5.00	5.00
	Sozialpädagogische Familienhilfe	4.49	0.63	3.00	5.00
	Amt für Jugend und Soziales	4.44	0.62	3.00	5.00
	Familienbildungsstätten	4.61	0.78	2.00	5.00

(Fortsetzung)

Tab. 8.7 (Fortsetzung)

Sektor	Netzwerkakteur	M	SD	Min	Max
II	Kinderärztinnen und Kinderärzte	4.22	0.65	3.00	5.00
	Frauenärztinnen und Frauenärzte	3.94	0.87	2.00	5.00
	Geburts-/Kinderkliniken	4.28	0.75	3.00	5.00
	Frühförderstellen	4.78	0.43	4.00	5.00
	Gesundheitsamt	4.26	0.59	3.00	5.00
	Familienhebammen	4.22	1.00	1.00	5.00
	Hebammen	2.50	1.04	1.00	4.00
III	Schwangerschafts(konflikt-)-beratungsstellen	4.22	0.65	3.00	5.00
IV	Schule	5.00	0.00	5.00	5.00
	Familiengericht	5.00	0.00	5.00	5.00
	Jobcenter[a]	5.00	0.00	5.00	5.00
	Schulamt	5.00	0.00	5.00	5.00

Anmerkungen: Berechnungen basieren auf den Daten der 5. Imputation. Wertebereich der Variablen jeweils 1 („mindestens 2–3mal pro Woche") bis 5 („nie"); I: Kinder- und Jugendhilfe, II: Gesundheitsbereich, III: psychosoziale Beratungsstellen/Dienste, IV: weitere Akteure; *M*: arithmetisches Mittel, *SD*: Standardabweichung, *Min*: Minimum, *Max*: Maximum. [a]Zum Zeitpunkt der hier dokumentierten Erhebung wurde das Jobcenter noch als ARGE (Arbeitsgemeinschaft SGB II) bezeichnet; $N = 18$.

Anders gestaltet sich die Zusammensetzung des Netzwerkes von Hebammen mit Blick auf ausgehende Kontakthäufigkeiten. So werden zwar, wie in Tabelle 8.8 dargestellt, vorrangig Akteure des Gesundheitsbereichs (Sektor II) kontaktiert, allerdings werden auch potenzielle Netzwerkakteure Früher Hilfen aus allen anderen Sektoren (I, III, IV) benannt – hier wird mit Abstand am häufigsten die Sozialpädagogische Familienhilfe ($M = 4.28$, $SD = 0.67$) sowie die Schwangerschafts(konflikt-)-beratungsstellen ($M = 3.44$, $SD = 0.78$) kontaktiert. Genau diese intersektoralen ein- und ausgehenden Kontakthäufigkeiten – Sektor I, III und IV – werden zur Hypothesenprüfung in der vorliegenden Promotionsschrift genutzt (vgl. Abschnitt 8.1). Angaben zu kombinierten Ergebnissen des multiplen imputierten Datensatzes sind dem Anhang G-3 im elektronischen Zusatzmaterial zu entnehmen.

Tab. 8.8 ausgehende Kontakthäufigkeiten: Hebammen

Sektor	Netzwerkakteur	M	SD	Min	Max
I	Kindertagesstätte	4.83	0.38	4.00	5.00
	Kindertagespflege	4.83	0.38	4.00	5.00
	Sozialpädagogische Familienhilfe	4.28	0.67	3.00	5.00
	Amt für Jugend und Soziales	4.11	1.02	1.00	5.00
	Familienbildungsstätte	4.39	0.85	2.00	5.00
II	Kinderärztinnen und Kinderärzte	3.72	0.57	3.00	5.00
	Frauenärztinnen und Frauenärzte	3.44	0.86	2.00	5.00
	Geburts-/Kinderkliniken	3.67	0.91	2.00	5.00
	Frühförderstellen	4.39	0.61	3.00	5.00
	Gesundheitsamt	4.00	1.08	1.00	5.00
	Familienhebammen	3.44	1.15	1.00	5.00
	Hebammen	1.75	0.97	1.00	4.00
III	Schwangerschafts(konflikt-)-beratungsstellen	3.68	0.78	2.00	5.00
IV	Schule	4.83	0.38	4,00	5.00
	Familiengericht	4.83	0.38	4.00	5.00
	Jobcenter	4.56	1.04	1.00	5.00
	Schulamt	4.89	0.32	4.00	5.00

Anmerkungen: Ergebnisse basieren auf den Daten der 5. Imputation. Wertebereich der Variablen jeweils 1 („mindestens 2–3mal pro Woche") bis 5 („nie"); I: Kinder- und Jugendhilfe, II: Gesundheitsbereich, III: psychosoziale Beratungsstellen/Dienste, IV: weitere Akteure. Berechnungen; M: arithmetisches Mittel, SD: Standardabweichung *Min*: Minimum, *Max:* Maximum; $N = 18$.

Beziehungsstärke

Die Beziehungsstärke wird berechnet durch das arithmetische Mittel aus ein- und ausgehenden Kontakthäufigkeiten. Aufgrund der unmittelbaren Verbindung zu ein- und ausgehenden Kontakthäufigkeiten, ist auch die Beziehungsstärke durch ähnliche Kennzeichen wie oben beschrieben geprägt. Die intensivsten Beziehungen pflegen befragte Hebammen, wie in Tabelle 8.9 dargestellt, zu Netzwerkakteuren desselben Sektors (Gesundheitsbereich), wobei sich hierbei Differenzen abzeichnen. Im Mittel pflegen Hebammen zu anderen Hebammen

8.1 Stichprobe 1: Hebammen

Tab. 8.9 Beziehungsstärke zwischen Hebamme und Netzwerkakteurinnen sowie Netzwerkakteuren

Sektor	Netzwerkakteur	M	SD	Min	Max
I	Kindertagesstätte	4.92	0.19	4.50	5.00
	Kindertagespflege	4.92	0.19	4.50	5.00
	Sozialpädagogische Familienhilfe	4.38	0.56	3.00	5.00
	Amt für Jugend und Soziales	4.28	0.67	3.00	5.00
	Familienbildungsstätte	4.50	0.73	2.00	5.00
II	Kinderärztinnen und Kinderärzte	3.97	0.47	3.00	4.50
	Frauenärztinnen und Frauenärzte	3.69	0.77	2.50	5.00
	Geburts-/Kinderkliniken	3.97	0.67	2.50	5.00
	Frühförderstellen	4.58	0.46	3.50	5.00
	Gesundheitsamt	4.13	0.74	2.35	5.00
	Familienhebammen	3.83	0.99	1.00	5.00
	Hebammen	2.12	0.89	1.00	4.00
III	Schwangerschafts(konflikt-)-beratungsstellen	3.95	0.65	2.50	5.00
IV	Schule	4.92	0.19	4.50	5.00
	Familiengericht	4.92	0.19	4.50	5.00
	Jobcenter	4.78	0.52	3.00	5.00
	Schulamt	4.94	0.16	4.50	5.00

Anmerkungen: Berechnungen basieren auf den Daten der 5. Imputation. Wertebereich der Variablen jeweils 1 („mindestens 2-3mal pro Woche") bis 5 („nie");: I: Kinder- und Jugendhilfe, II: Gesundheitsbereich, III: psychosoziale Beratungsstellen/Dienste, IV: weitere Akteure. Berechnungen; *M*: arithmetisches Mittel, *SD*: Standardabweichung, *Min*: Minimum, *Max*: Maximum; $N = 18$.

die stärksten Beziehungen ($M = 2.12$, $SD = 0.89$). Beziehungen zu Kinderärztinnen sowie Kinderärzten, Frauenärztinnen sowie Frauenärzten und Geburts- sowie Kinderkliniken werden zwar als nicht so stark beschrieben ($M = 3.69$–3.97), weisen jedoch eine im Gegensatz zu Hebammen geringere Standardabweichung ($SD = 0.47$–0.77) auf. Die größten Unterschiede hinsichtlich der Beziehungsstärke zeichnen sich in Bezug auf Familienhebammen ($M = 3.83$, $SD = 0.99$) ab. Am geringsten ist die Beziehungsstärke zu Akteuren aus Sektor

IV ($M = 4.78$–4.94, $SD = 0.16$–0.52) sowie zu Kindertagesstätten und Kindertagespflegen (Sektor I, $M = 4.92$, $SD = 0.19$). Im Gegensatz dazu wird die Beziehung zu weiteren Akteuren der Kinder- und Jugendhilfe (Sektor I) wie das Amt für Jugend und Soziales, Sozialpädagogische Familienhilfe und Familienbildungsstätten als intensiver beschrieben ($M = 4.28$–4.50, $SD = 0.56$–0.73). Angaben zu kombinierten Ergebnissen des multiplen imputierten Datensatzes sind dem Anhang G-3 im elektronischen Zusatzmaterial zu entnehmen.

Einschätzung der Zusammenarbeit
Alle befragten Hebammen ($N = 18$) gaben an, weder mit einer Kindertagesstätte noch mit dem Schulamt zusammenzuarbeiten. Mit Ausnahme von Frühförderstellen ($M = 3.40$, $SD = 0.55$, $n = 5$) wurde die Beziehung zu potenziellen Akteuren Früher Hilfen, wie in Tabelle 8.10 dargestellt, aus Sektor II und III beschrieben ($n = 10$–18). Die durchschnittliche Einschätzung der Zusammenarbeit von Frühförderstellen ist jedoch ebenso so hoch, aber hinsichtlich der Standardabweichung niedriger als beim Gesundheitsamt ($M = 3.40$, $SD = 1.26$, $n = 10$). Informationen zur Einschätzung der Zusammenarbeit auf Grundlage der kombinierten Daten des multiplen imputierten Datensatzes sind dem Anhang G-3 im elektronischen Zusatzmaterial zu entnehmen.

Tab. 8.10 Einschätzung der Zusammenarbeit zwischen Hebamme und Netzwerkakteurinnen sowie Netzwerkakteuren

Sektor	Netzwerkakteur	n	M	SD	Min	Max
I	Kindertagesstätte	0	–	–	–	–
	Kindertagespflege	1	5.00	–	5.00	5.00
	Sozialpädagogische Familienhilfe	7	3.29	0.95	2.00	5.00
	Amt für Jugend und Soziales	9	3.78	1.20	1.00	5.00
	Familienbildungsstätte	2	2.00	1.41	1.00	3.00
II	Kinderärztinnen und Kinderärzte	14	2.79	1.12	1.00	5.00
	Frauenärztinnen und Frauenärzte	15	2.93	1.22	1.00	5.00
	Geburts-/Kinderkliniken	13	3.15	1.41	1.00	5.00
	Frühförderstellen	5	3.40	0.55	3.00	4.00

(Fortsetzung)

Tab. 8.10 (Fortsetzung)

Sektor	Netzwerkakteur	n	M	SD	Min	Max
	Gesundheitsamt	10	3.40	1.26	1.00	5.00
	Familienhebammen	14	2.36	1.15	1.00	5.00
	Hebammen	18	1.73	0.75	1.00	3.00
III	Schwangerschafts(konflikt-)-beratungsstellen	12	2.33	0.78	1.00	4.00
IV	Schule	1	3.00	–	3.00	3.00
	Jobcenter	1	2.00	–	2.00	2.00
	Schulamt	0	–	–	–	–

Anmerkungen: Berechnungen basieren auf der 5. Imputation. Wertebereich der Variablen jeweils 1 („sehr gut") bis 5 („unzureichend"); I: Kinder- und Jugendhilfe, II: Gesundheitsbereich, III: psychosoziale Beratungsstellen/Dienste, IV: weitere Akteure. Berechnungen; *n*: Anzahl der Antworten, *M*: arithmetisches Mittel, *SD*: Standardabweichung, *Min*: Minimum, *Max*: Maximum; $N = 18$.

8.1.3 Hypothese 1

Es gibt einen hoch signifikanten, positiven Effekt (vgl. Tabelle 8.11, Modell 2) eingehender intersektoraler Kontakthäufigkeiten auf ausgehende intersektorale Kontakthäufigkeiten ($b = 0.53$, $SE = 0.10$, $p < .001$), womit die Alternativhypothese anzunehmen ist. Das bedeutet, eingehende Kontakthäufigkeiten können als Einflussfaktoren der Vernetzungsaktivität von Hebammen selbst angenommen werden. Die Effektgröße bleibt unabhängig von in den Modellen aufgenommenen Kontrollvariablen, wie in Tabelle 8.11 detailliert dargestellt, relativ konstant, womit eingehende Kontakthäufigkeiten als stärkster Indikator für Vernetzungsaktivitäten anzunehmen sind. Aufgrund der Skalierung der abhängigen Variablen führt ein positiver Effekt zur Abnahme ausgehender intersektoraler Kontakthäufigkeiten, ein negativer Effekt erhöht diese Häufigkeiten. Am niedrigsten ist der Effekt des Prädiktors (vgl. Tabelle 8.11, Modell 6) eingehender intersektoraler Kontakthäufigkeiten ($b = 0.49$, $SE = 0.10$, $p < .001$), wenn die netzwerkbezogenen Kontrollvariablen *EI Index* ($b = -0.91$, $SE = 0.20$, $p < .001$) und „vermutete Gründe ausbleibender Kontaktaufnahme" als Kontrollvariablen mit ins Modell aufgenommen werden. Bei zuletzt genannter Kontrollvariable liegt ein tendenzieller signifikanter negativer Effekt auf die abhängige Variable bei der Merkmalsausprägung „keine Angaben" ($b = -0.22$, $SE = 0.15$, $p = .15$) vor. Es wird zudem ein nicht signifikanter, negativer Effekt ($b = -0.16$, $SE = 0.14$,

Tab. 8.11 Ergebnisse zu Hypothese 1

Variable[a]	Modell 1	Modell 2	Modell 3	Modell 4	Modell 5	Modell 6
	Intercept-Only-Modell	Random-Intercept-Modell				
interindividuelle Unterschiede	0.00 ($SE = 0.10$)	0.00 ($SE = 0.10$)	0.23 ($SE = 0.76$)	−0.18 ($SE = 0.22$)	0.16 ($SE = 0.18$)	−0.17 ($SE = 0.11$)
eingehende intersektorale Kontakthäufigkeiten		0.53*** ($SE = 0.10$)	1.83 ($SE = 1.76$)	0.54*** ($SE = 0.11$)	0.53*** ($SE = 0.10$)	0.50*** ($SE = 0.10$)
Hebammentätigkeit (Referenz: freiberuflich und angestellt)						
freiberuflich			−0.70 ($SE = 0.44$)			
Familienhebammentätigkeit (Referenz: freiberuflich und angestellt)						
keine Zusatzqualifikation			0.51 ($SE = 0.56$)			
freiberuflich			1.05* ($SE = 0.38$)			
Geburtshilfe (Referenz: außerklinisch und Beleghebamme)						
nein			−1.83(*) ($SE = 0.72$)			
außerklinisch			−0.66(*) ($SE = 0.32$)			
Beleghebammen			−0.12 ($SE = 0.41$)			

(Fortsetzung)

Tab. 8.11 (Fortsetzung)

Variable[a]	Modell 1	Modell 2	Modell 3	Modell 4	Modell 5	Modell 6
	Intercept-Only-Modell	Random-Intercept-Modell				
Zusatzqualifikation zur Familienhebamme (Referenz: ja)						
nein			−0.23 (SE = 0.24)			
Wohnort Klientin (Referenz: Hansestadt und Landkreis Rostock)						
Hansestadt Rostock			0.51 (SE = 0.37)			
Landkreis Rostock			−0.11 (SE = 0.31)			
Bundesinitiative bekannt (Referenz: nein)						
ja				−0.15 (SE = 0.19)		
Vertraglich geregelte Kooperationen (Referenz: ja)						
nein				−0.08 (SE = 0.18)		
EI Index				−1.34** (SE = 0.45)		−0.91*** (SE = 0.20)
Sozialökologisches Kategoriensystem[a]						
Gründe für Kontaktaufnahme (Referenz: Mikrosystem und Chronosystem)						
keine Angabe					−0.16 (SE = 0.42)	
Mikrosystem					1.02(*)(SE = 0.47)	

(Fortsetzung)

Tab. 8.11 (Fortsetzung)

Variable[a]	Modell 1	Modell 2	Modell 3	Modell 4	Modell 5	Modell 6
	Intercept-Only-Modell	Random-Intercept-Modell				
Mesosystem					0.21 (SE = 0.26)	
Mesosystem und Exosystem					−0.04 (SE = 0.36)	
Mesosystem und Chronosystem					0.76(*) (SE = 0.42)	
Gründe gegen Kontaktaufnahme (Referenz: Makrosystem, Chronosystem)						
keine Angabe					−0.81(*) (SE = 0.42)	
Mikrosystem und Exosystem					0.49 (SE = 0.42)	
Mesosystem					−0.18 (SE = 0.22)	
Mesosystem und Makrosystem					−0.19 (SE = 0.26)	
vermutete Gründe ausbleibender Kontaktaufnahme (Referenz: Makrosystem)						
keine Angabe					0.51 (SE = 0.42)	−0.22 (SE = 0.14)
Mikrosystem					−1.25***(SE = 0.25)	−0.16 (SE = 0.14)
Mesosystem					−0.62** (SE = 0.22)	−0.19 (SE = 0.18)

(Fortsetzung)

Tab. 8.11 (Fortsetzung)

Variable[a]	Modell 1	Modell 2	Modell 3	Modell 4	Modell 5	Modell 6
	Intercept-Only-Modell	Random-Intercept-Modell				
Modellgüte[a]						
ρ[b]	.32	.31	.11	.08	.03	.09
σ_ε^2	0.30 (SE = 0.03, Wald-Z = 9.00***)	0.26 (SE = 0.03, Wald-Z = 9.00***)	0.20 (SE = 0.02, Wald-Z = 8.98***)	0.27 (SE = 0.03, Wald-Z = 8.49***)	0.26 (SE = 0.03, Wald-Z = 9.00***)	0.26 (SE = 0.03, Wald-Z = 9.00***)
σ_{u0}^2	0.14 (SE = 0.06, Wald-Z = 2.46*)	0.12 (SE = 0.05, Wald-Z = 2.44*)	0.02 (SE = 0.02, Wald-Z = 1.57)	0.02 (SE = 0.02, Wald-Z = 1.33)	0.01 (SE = 0.01, Wald-Z = 0.60)	0.03 (SE = 0.02, Wald-Z = 1.45)
AICC	329.88	304.69	311.55	272.16	310.26	294.72
Modellgüte[c]						
ρ[b]	.31	.30	.10	.05	.01	.04
σ_ε^2	0.30*** (SE = 0.03)	0.26*** (SE = 0.03)	0.21*** (SE = 0.02)	0.27*** (SE = 0.03)	0.26*** (SE = 0.03)	0.26*** (SE = 0.03)
σ_{u0}^2	0.13* (SE = 0.06)	0.11* (SE = 0.05)	0.02 (SE = 0.02)	0.01 (SE = 0.02)	0.004 (SE = .01)	0.01 (SE = 0.02)

Anmerkungen: Berechnungen basieren auf zentrierten Werten für die abhängige Variable „ausgehende intersektorale Kontakthäufigkeiten" und die unabhängige Variable „eingehende intersektorale Kontakthäufigkeiten". ρ: Intraklassen-Korrelation. σ_ε^2: Varianz der Level-1-Residuen, σ_{u0}^2: Varianz der zufälligen Achsenabschnitte. [a]Angaben basieren auf Daten der 5. Imputation. [b]Eigene Berechnung nach Eid et al. (2017, S. 733). [c]Angaben basieren auf kombinierten Daten. (*) $p < 0.10$, * $p < .05$, ** $p < .01$ *** $p < 001$, $N = 18$.

$p = .27$) ist bei der Ausprägung „Mikrosystem", d. h. ausbleibende Gründe, die im Mikrosystem potenzieller Netzwerkakteure zu verorten sind, beschrieben. Genau von dieser Merkmalsausprägung geht ein hoch signifikanter, negativer Effekt ($b = -1.25$, $SE = 0.26$, $p < .001$) aus, wenn ausschließlich die drei Kontrollvariablen des sozialökologischen Kategoriensystems (vgl. Tabelle 8.11, Modell 5) aufgenommen werden. In beiden beschriebenen Modellen (5 und 6) ist jedoch davon auszugehen, dass keine Mehrebenenstruktur ($\rho < .10$) mehr vorliegt.

Im Vergleich zum unkonditionierten Modell (Intercept-Only-Modell) verbessert sich das Informationskriterium von $AICC = 329.88$ auf $AICC = 294.72$ (vgl. Tabelle 8.11, Modell 6). Im Gegensatz dazu verringert sich der „Anteil der Varianz der zufälligen Achsenabschnitte an der Gesamtvarianz von Y" (Eid et al., 2017, S. 733) von $\rho = .32$ auf $\rho = .09$ (Modell 6), was als Indikator dafür anzusehen ist, dass sich die Unterschiede zwischen den einzelnen Ego-Level-Einheiten verringern. Aufgrund der geringen Stichprobengröße war eine gemeinsame Aufnahme aller netzwerkbezogenen sowie ausgewählter personenbezogener Kontrollvariablen ins Modell nicht möglich. Deshalb wurde, wie anschließend dokumentiert, ein weiteres Modell mit einer zufälligen Steigung für die Prädiktorvariable „eingehende intersektorale Kontakthäufigkeiten" angeschlossen.

Die Ergebnisse der Mehrebenenanalysen mit kombinierten Daten, inklusive Voraussetzungsprüfungen, sind für Modell 3 (Anhang H-1, Anhang H-2), Modell 5 (Anhang H-3, Anhang H-5) und Modell 6 (Anhang H-7, Anhang H-8) im elektronischen Zusatzmaterial hinterlegt. Aufgrund von identifizierten Extremwerten wurde für Modell 5 und Modell 6 zudem eine erneute Berechnung unter Ausschluss entsprechender Fälle durchgeführt. Im Ergebnis dieser Analyse veränderten sich die Effekte und die Modellgüte minimal, weshalb die Interpretation der Modelle auf dem vollständigen Datensatz basiert. Die Ergebnisse der Voraussetzungsprüfung wurden ebenso im Anhang – für Modell 5 (Anhang H-4, Anhang H-6) und Modell 6 (Anhang H-7, Anhang H-9) – im elektronischen Zusatzmaterial dokumentiert.

Modell 7: Integration einer zufälligen Steigung
Die Beziehung zwischen eingehenden und ausgehenden intersektoralen Kontakthäufigkeiten unter Kontrolle vom *EI Index* sowie vermuteter Gründe ausbleibender Kontaktaufnahmen zeigt nicht signifikante Varianzen zwischen den jeweiligen Achsenabschnitten befragter Egos (Hebammen) ($\sigma_{u0}^2 = 0.03$, $SE = 0.02$, *Wald-Z* $= 1.47$, $p = .14$). Zusätzlich variieren die zufälligen Steigungen (Regressionsgewichte) zwischen den einzelnen Hebammen mit einer Tendenz zu signifikanten

Varianzen ($\sigma_{u1}^2 = 0.37$, $SE = 0.19$, $Wald\text{-}Z = 1.91$, $p = .06$). Achsenabschnitte und Steigungen kovariieren zudem positiv, jedoch nicht signifikant ($\sigma_{u01} = 0.01$, $SE = 0.05$, $Wald\text{-}Z = 0.23$, $p = .82$). Das Informationskriterium verbesserte sich im Vergleich zum Nullmodell auf $AICC = 295.60$. Im Vergleich zu Modellen ohne zufällige Steigung ist bei fast allen Kontrollvariablen von signifikanten, negativen Effekten auszugehen. Lediglich eine Tendenz zu signifikanten Effekten wurde bei der Merkmalsausprägung „angenommene Gründe ausbleibender Kontaktaufnahmen", die im Mesosystem zu verorten sind, notiert. Aufgrund redundanter Effekte wurde die Merkmalsausprägung „vermutete Gründe ausbleibender Kontaktaufnahmen", die dem Makrosystem zuzuordnen sind, ausgeschlossen. Detaillierte Angaben zum Modell 7 – Ergebnisse der 5. Imputation und kombinierte Daten – mit zufälliger Steigung sind Anhang H-10 im elektronischen Zusatzmaterial zu entnehmen. Ergebnisse der Voraussetzungsprüfung sind in Anhang H-11 im elektronischen Zusatzmaterial hinterlegt.

8.1.4 Hypothese 2

Es gibt keinen signifikanten Effekt von der Zusatzqualifikation zur Familienhebamme auf die Beziehungsstärke zu verschiedenen Akteursgruppen. Die Nullhypothese ist anzunehmen. Dies bedeutet, die Beziehungsstärke zwischen Hebammen und potenziellen Netzwerkakteuren wird nicht beeinflusst von der Zusatzqualifikation zur Familienhebamme. Der beschriebene Effekt ändert sich auch dann nicht, wie in Tabelle 8.12 detailliert dargestellt, wenn personenbezogenen bzw. netzwerkbezogene Kontrollvariablen mit in das statistische Modell aufgenommen werden. Das Informationskriterium variiert geringfügig ($471.45 \leq AICC \leq 532.17$). Aufgrund der geringen Intraklassen-Korrelation ($\rho < .10$) ist zudem davon auszugehen, dass in den Modellen 4, 6 und 7 keine Mehrebenenstruktur vorliegt. Ebenso verringert sich zuletzt genannter Kennwert auf $\rho = .10$ bei Aufnahme von drei Kontrollvariablen. Hierbei geht es um vertraglich geregelte Kooperationen, der Kenntnis über die Bundesinitiative Netzwerke Frühe Hilfen und Familienhebammen sowie um den Wohnort der betreuten Klientinnen. Sowohl bei der Merkmalsausprägung (Wohnort der Klientin) Hansestadt Rostock als auch Landkreis Rostock sind keine signifikanten Effekte zu beschreiben. Wohl aber ist die jeweilige Richtung der Effekte entgegengesetzt. In Modell 7 nimmt die Intraklassen-Korrelation den niedrigsten Wert ($\rho < .00$) an, während ausgewählte Merkmalsausprägungen der drei Variablen des sozialökologischen Kategoriensystem eine Tendenz zu signifikanten Effekten bzw. auch hoch signifikante Effekte aufweisen. Voraussetzungsprüfungen wurden für Modell

Tab. 8.12 Ergebnisse zu Hypothese 2

Variable[a]	Modell 1	Modell 2	Modell 3	Modell 4	Modell 5	Modell 6	Modell 7
	Intercept-Only-Modell	Random-Intercept-Modell					
interindividuelle Unterschiede	0.04 (SE = 0.07)	−0.05 (SE = 0.10)	−0.09 (SE = 0.10)	−0.04 (SE = 0.56)	0.07 (SE = 0.22)	−0.23 (SE = 0.09)	0.39 (SE = 0.13)
Zusatzqualifikation zur Familienhebamme (Referenz: ja)							
nein		0.17 (SE = 0.13)	0.17 (SE = 0.13)	0.13 (SE = 0.20)	0.14 (SE = 0.16)	0.10 (SE = 0.09)	0.48* (SE = 0.18)
Zugehörigkeit Netzwerkpartner zu Gesundheitsbereich (Referenz: ja)							
nein			0.07 (SE = 0.06)	0.07 (SE = 0.06)	0.02 (SE = 0.07)	0.07 (SE = 0.06)	0.07 (SE = 0.06)
Hebammentätigkeit (Referenz: freiberuflich und angestellt)							
freiberuflich				−0.38 (SE = 0.27)			
Familienhebammentätigkeit (Referenz: freiberuflich und angestellt)							
keine Zusatzqualifikation				0.07 (SE = 0.41)			
freiberuflich				−0.04 (SE = 0.23)			
Geburtshilfe (Referenz: außerklinisch und Beleghebamme)							
nein				0.02 (SE = 0.57)			
außerklinisch				0.15 (SE = 0.27)			

(Fortsetzung)

Tab. 8.12 (Fortsetzung)

Variable[a]	Modell 1	Modell 2	Modell 3	Modell 4	Modell 5	Modell 6	Modell 7
	Intercept-Only-Modell	Random-Intercept-Modell					
Beleghebamme				0.39 (SE = 0.34)			
Wohnort Klientin (Referenz: Hansestadt und Landkreis Rostock)							
Hansestadt Rostock					0.12 (SE = 0.35)		
Landkreis Rostock					−0.17 (SE = 0.27)		
Bundesinitiative bekannt (Referenz: nein)							
ja					−0.24 (SE = 0.25)		
vertraglich geregelte Kooperationen (Referenz: ja)							
nein					0.12 (SE = 0.21)		
EI Index						−0.69*** (SE = 0.19)	
therapeutische Allianz						−0.21 (SE = 0.20)	
Sozialökologisches Kategoriensystem[a]							
Gründe für Kontaktaufnahme (Referenz: Mikrosystem und Chronosystem)							
keine Angabe							−0.07 (SE = 0.30)
Mikrosystem							0.79* (SE = 0.37)

(Fortsetzung)

Tab. 8.12 (Fortsetzung)

Variable[a]	Modell 1	Modell 2	Modell 3	Modell 4	Modell 5	Modell 6	Modell 7
	Intercept-Only-Modell	Random-Intercept-Modell					
Mesosystem							−0.51(*) (SE = 0.26)
Mesosystem und Exosystem							−0.12 (SE = 0.26)
Mesosystem und Chronosystem							0.38 (SE = 0.32)
Gründe gegen Kontaktaufnahme (Referenz: Makrosystem und Chronosystem)							
keine Angabe							−1.36*** (SE = 0.32)
Mikrosystem und Exosystem							0.03 (SE = 0.32)
Mesosystem							0.10 (SE = 0.18)
Mesosystem und Makrosystem							−0.59** (SE = 0.18)
Vermutete Gründe ausbleibender Kontaktaufnahme (Referenz: Makrosystem)							
keine Angabe							0.83** (SE = 0.32)
Mikrosystem							−0.76*** (SE = 0.18)
Mesosystem							−0.54** (SE = 0.18)

(Fortsetzung)

Tab. 8.12 (Fortsetzung)

Variable[a]	Modell 1	Modell 2	Modell 3	Modell 4	Modell 5	Modell 6	Modell 7
	Intercept-Only-Modell	Random-Intercept-Modell					
Modellgüte[a]							
ρ^b	.19	.17	.17	.06	.10	.05	.00
σ_ε^2	0.29 (SE = 0.07, Wald-Z = 12.00***)	0.29 (SE = 0.03, Wald-Z = 12.00***)	0.29 (SE = 0.02, Wald-Z = 12.00***)	0.29 (SE = 0.02, Wald-Z = 12.00***)	0.28 (SE = 0.03, Wald-Z = 11.31***)	0.29 (SE = 0.02, Wald-Z = 12.00***)	0.29 (SE = 0.02, Wald-Z = 12.37***)
σ_{u0}^2	0.07 (SE = 0.03, Wald-Z = 2.38*)	0.06 (SE = 0.03, Wald-Z = 2.32*)	0.06 (SE = 0.03, Wald-Z = 2.32*)	0.02 (SE = 0.01, Wald-Z = 1.58)	0.03 (SE = 0.03, Wald-Z = 1.86(*))	0.02 (SE = 0.01, Wald-Z = 1.45)	0.00 (SE = 0.00) –
AICC	527.20	527.60	528.36	532.17	471.45	519.83	526.55
Modellgüte[c]							
ρ^b	.18	.17	.17	.06	.10	.06	.00
σ_ε^2	0.29*** (SE = 0.03)	0.29*** (SE = 0.03)	0.29*** (SE = 0.02)	0.29*** (SE = 0.02)	0.28*** (SE = .03)	0.29*** (SE = 0.02)	0.29*** (SE = 0.02)
σ_{u0}^2	0.07* (SE = 0.03)	0.06* (SE = 0.03)	0.06* (SE = 0.03)	0.02 (SE = 0.01)	0.03*(*) (SE = .02)	0.02 (SE = 0.01)	0.00 (SE = 0.00)

Anmerkungen: Berechnungen basieren auf zentrierten Werten für die abhängige Variable „Beziehungsstärke". σ_ε^2: Varianz der Level-1-Residuen, σ_{u0}^2: Varianz der zufälligen Achsenabschnitte. ρ: Intraklassen-Korrelation. [a]Angaben basieren auf Daten der 5. Imputation. [b]Eigene Berechnung nach Eid et al. (2017, S. 733). [c]Angaben basieren auf kombinierten Daten. (*) $p < 0.10$, * $p < .05$, ** $p < .01$ *** $p < .001$, $N = 18$.

5 (Anhang I-3 im elektronischen Zusatzmaterial) und Modell 7 (Anhang I-7 im elektronischen Zusatzmaterial) durchgeführt. Ebenso hinterlegt wurden weitere Informationen zu den Mehrebenenmodellen 5 (Anhang I-1 im elektronischen Zusatzmaterial) und 7 (Anhang I-5 im elektronischen Zusatzmaterial). Überprüft wurde darüber hinaus zu beiden Modellen die Wirkung der identifizierten statistischen Ausreißer. Im Ergebnis waren zwar Verbesserungen bei Modell 5 bezüglich der Voraussetzungsprüfungen (Anhang I-4 im elektronischen Zusatzmaterial) festzustellen, doch wurden lediglich geringe Veränderungen einzelner Effekte notiert (Anhang I-2 im elektronischen Zusatzmaterial). Modell 7 ohne statistische Ausreißerwerte wurde lediglich mit Fehlermeldungen durch die Statistiksoftware SPSS berechnet, weshalb die Ergebnisse (Anhang I-6 im elektronischen Zusatzmaterial) auch aufgrund nicht gegebener Voraussetzungen nicht interpretierbar sind (Anhang I-8 im elektronischen Zusatzmaterial). Aus genannten Gründen liegt der vollständige Datensatz der Ergebnisinterpretation zugrunde. Von der Integration zufälliger Steigungen wurde infolge der geringen Stichprobengröße abgesehen. Jedoch wurde aufgrund der skizzierten Ergebnisse zum statistischen Modell 6 zusätzlich eine multiple lineare Regression durchgeführt. In Anbetracht nicht gegebener Voraussetzungen – keine Normalverteilung – sind die Ergebnisse derselben nicht interpretierbar (Anhang I-9 im elektronischen Zusatzmaterial). Gleichwohl ist aufgrund der Berechnungen des RESET-Tests die Vermutung zulässig, dass die gewählten Kontrollvariablen – die drei Variablen des sozialökologischen Kategoriensystems – Effekte auf den Prädiktor haben können (Anhang I-10 im elektronischen Zusatzmaterial).

8.1.5 Hypothese 3

Ausgehend von der deskriptiven Analyse vorliegender Daten wurden mit Blick auf für die dritte Hypothese relevanten Variablen bei den Berechnungen die Akteursgruppen „Kindertagesstätten" und „Schulamt" ausgeschlossen. Nicht erhoben wurde die Einschätzung der Zusammenarbeit mit dem „Familiengericht", weshalb auch diese Akteursgruppe nicht in die Berechnungen einging. Es gibt einen signifikanten, geringen positiven Effekt der Beziehungsstärke ($b = 0.44$, $SE = 0.15$ $p = .004$) zu verschiedenen Akteursgruppen auf die Einschätzung der Zusammenarbeit mit diesen (vgl. Tabelle 8.13, Modell 2). Die Alternativhypothese ist anzunehmen, das bedeutet, dass sich die Einschätzung der Zusammenarbeit mit abnehmender Beziehungsstärke verbessert. Der Effekt bleibt unabhängig von in Modellen aufgenommenen Kontrollvariablen,

Tab. 8.13 Ergebnisse: Hypothese 3

Variable[a]	Modell 1	Modell 2	Modell 3	Modell 4	Modell 5	Modell 6	Modell 7	Modell 8	Modell 9
	Intercept-Only-Modell	Random-Intercept-Modell							
interindividuel-le Unterschiede	0.02 ($SE = 0.15$)	0.08 ($SE = 0.16$)	0.10 ($SE = 0.18$)	0.27 ($SE = 1.47$)	0.35 ($SE = 0.24$)	−0.49 ($SE = 0.32$)	0.25 ($SE = 0.26$)	1.20 ($SE = 0.42$)	−0.50 ($SE = 0.32$)
Beziehungs-stärke		0.44** ($SE = 0.15$)	0.45** ($SE = 0.15$)	0.47** ($SE = 0.15$)	0.44** ($SE = 0.15$)	0.23 ($SE = 0.16$)	0.46** ($SE = 0.15$)	0.50*** ($SE = 0.15$)	0.26(*) ($SE = 0.15$)
Zusatzqualifikation zur Familienhebamme (Referenz: ja)									
nein				−0.08 ($SE = 0.54$)					
Zugehörigkeit des Netzwerkpartners zum Gesundheitsbereich (Referenz: ja)									
nein			−0.03 ($SE = 0.16$)	−0.05 ($SE = 0.16$)	−0.03 ($SE = 0.16$)	−0.02 ($SE = 0.16$)	−0.04 ($SE = 0.16$)	−0.04 ($SE = 0.16$)	
Hebammentätigkeit (Referenz: freiberuflich und angestellt)									
freiberuflich				1.20 ($SE = 0.74$)					
Familienhebammentätigkeit (Referenz: freiberuflich und angestellt)									
keine Zusatzqualifikation				−1.23 ($SE = 1.10$)					
freiberuflich				−1.31(*) ($SE = 0.65$)					
Geburtshilfe (Referenz: außerklinisch und Beleghebamme)									
nein				1.48 ($SE = 1.50$)					
außerklinisch				0.04 ($SE = 0.69$)					
Beleghebamme				−0.38 ($SE = 0.89$)					

(Fortsetzung)

Tab. 8.13 (Fortsetzung)

Variable[a]	Modell 1	Modell 2	Modell 3	Modell 4	Modell 5	Modell 6	Modell 7	Modell 8	Modell 9
	Intercept-Only-Modell	Random-Intercept-Modell							
Wohnort Klientin (Referenz: Hansestadt und Landkreis Rostock)									
Hansestadt Rostock					−0.30 (SE = 0.39)				
Landkreis Rostock					−0.52 (SE = 0.34)				
Bundesinitiative bekannt (Referenz: nein)									
ja						0.72(*) (SE = 0.36)			0.81* (SE = 0.34)
Vertraglich geregelte Kooperationen (Referenz: ja)									
nein						0.17* (SE = 0.24)			
EI Index							0.50 (SE = 0.65)		
therapeutische Allianz							−0.24 (SE = 0.70)		
Sozialökologisches Kategoriensystem[a]									
Gründe für Kontaktaufnahme (Referenz: Mikrosystem und Chronosystem)									
keine Angabe								−1.98* (SE = 0.84)	
Mikrosystem								−1.65 (SE = 1.08)	
Mesosystem								−1.43* (SE = 0.61)	
Mesosystem und Exosystem								−1.40(*) (SE = 0.77)	
Mesosystem und Chronosystem								−1.50(*) (SE = 0.91)	

(Fortsetzung)

Tab. 8.13 (Fortsetzung)

Variable[a]	Modell 1	Modell 2	Modell 3	Modell 4	Modell 5	Modell 6	Modell 7	Modell 8	Modell 9
	Intercept-Only-Modell	Random-Intercept-Modell							
Gründe gegen Kontaktaufnahme (Referenz: Makrosystem, Chronosystem)									
keine Angabe								−0.58 (SE = 0.91)	
Mikrosystem und Exosystem								−1.25 (SE = 0.83)	
Mesosystem								0.45 (SE = 0.55)	
Mesosystem und Makrosystem								0.39 (SE = 0.57)	
vermutete Gründe ausbleibender Kontaktaufnahme (Referenz: Makrosystem)									
keine Angabe								1.35 (SE = 0.82)	
Mikrosystem								1.43* (SE = 0.59)	
Mesosystem								−0.03 (SE = 0.44)	
Modellgüte[a]									
ρ[b]	.29	.32	.32	.19	.28	.10	.300	.04	.11
σ_e^2	0.77*** (SE = 0.11)	0.71 (SE = 0.10, Wald-Z = 7.19***)	0.71 (SE = 0.10, Wald-Z = 7.19***)	0.70 (SE = 0.10, Wald-Z = 7.25***)	0.71 (SE = 0.10, Wald-Z = 7.18***)	0.70*** (SE = 0.11, Wald-Z = 6.55***)	0.71 (SE = 0.10, Wald-Z = 7.14***)	0.71 (SE = 0.10, Wald-Z = 7.20***)	0.70 (SE = 0.11, Wald-Z = 6.58***)
σ_{u0}^2	0.30* (SE = 0.15)	0.33 (SE = 0.15, Wald-Z = 2.14*)	0.33 (SE = 0.15, Wald-Z = 2.14*)	0.17 (SE = 0.09, Wald-Z = 1.81(*))	0.27 (SE = 0.14, Wald-Z = 2.01*)	0.08 (SE = 0.08, Wald-Z = 0.97)	0.30* (SE = 0.15, Wald-Z = 2.01*)	0.03 (SE = 0.05, Wald-Z = 0.56)	0.09 (SE = 0.09, Wald-Z = 1.06)
AICC	343.63	337.14	339.27	351.81	341.43	290.22	345.45	353.11	286.18

(Fortsetzung)

Tab. 8.13 (Fortsetzung)

Variable[a]	Modell 1	Modell 2	Modell 3	Modell 4	Modell 5	Modell 6	Modell 7	Modell 8	Modell 9
	Intercept-Only-Modell	Random-Intercept-Modell							
Modellgüte[c]									
ρ^b	.25	.28	.285	.16	.25	.06	.25	.02	.07
σ_ε^2	0.83*** ($SE = 0.13$)	0.76*** ($SE = 0.12$)	0.76*** ($SE = 0.12$)	0.76*** ($SE = 0.12$)	0.76*** ($SE = 0.12$)	0.77*** ($SE = 0.14$)	0.76*** ($SE = 0.12$)	0.76*** ($SE = 0.12$)	0.77*** ($SE = 0.13$)
σ_{u0}^2	.25	.28	0.30* ($SE = 0.15$)	0.15(*) ($SE = 0.09$)	0.25(*) ($SE = 0.13$)	0.05 ($SE = 0.08$)	0.26(*) ($SE = 0.14$)	0.02 ($SE = 0.05$)	0.06 ($SE = 0.08$)

Anmerkungen: Berechnungen basieren auf zentrierten Werten für die abhängige Variable „Einschätzung der Zusammenarbeit" und für die unabhängige Variable „Beziehungsstärke". σ_ε^2: Varianz der Level-1-Residuen, σ_{u0}^2: Varianz der zufälligen Achsenabschnitte. ρ: Intraklassen-Korrelation. [a]Angaben basieren auf Daten der 5. Imputation. [b]Eigene Berechnung nach Eid et al. (2017, S. 733). [c]Angaben basieren auf kombinierten Daten. (*) $p < 0.10$, * $p < .05$, ** $p < .01$ *** $p < .001$. $N = 18$.

wie in Tabelle 8.13 im Detail dargestellt, mit Ausnahme von Modell 6 signifikant. Berechnungen in Modell 9 zeigen eine Tendenz zu signifikanten Effekten (Anhang J-5 im elektronischen Zusatzmaterial). Am größten ist der Effekt dieses Prädiktors, wenn unter anderem die personenbezogenen Kontrollvariablen Hebammenhilfe (freiberuflich/angestellt) und Geburtshilfe mit ins Modell 4 aufgenommen werden (Anhang J-1 im elektronischen Zusatzmaterial). Letztere hat einen positiven, signifikanten Effekt ($b = 0.47$, $SE = 0.15$, $p < .01$) auf die abhängige Variable. Dieser Effekt ist in Modell 8 etwas höher ($b = 0.50$, $SE = 0.15$, $p < .001$), wobei hier allerdings keine Mehrebenenstruktur mehr gegeben ist (Anhang J-3 im elektronischen Zusatzmaterial). Ebenso wie die Angaben zu Ergebnissen der kombinierten Daten, sind auch die Resultate der Voraussetzungsprüfungen für Modell 4 (Anhang J-2), Modell 8 (Anhang J-4) und Modell 9 (Anhang J-6) im Anhang im elektronischen Zusatzmaterial hinterlegt. Von der Integration zufälliger Steigungen wurde aufgrund der geringen Stichprobengröße abgesehen. Ähnlich dem Vorgehen bei Prüfung der Hypothese 2 (vgl. Abschnitt 8.1.4) wurde eine multiple lineare Regression für Modell 8 durchgeführt. Aufgrund nicht gegebener Voraussetzungen sind die Ergebnisse derselben nicht interpretierbar (Anhang J-7 im elektronischen Zusatzmaterial). Aufgrund der Berechnungen des RESET-Tests ist nicht davon auszugehen, dass die gewählten Kontrollvariablen – die drei Variablen des sozialökologischen Kategoriensystems – Effekte auf den Prädiktor haben können (Anhang J-8 im elektronischen Zusatzmaterial).

8.2 Stichprobe 2: Klientinnen

Ausgehend von der Forschungsfrage wird im Folgenden Bezug auf Subgruppe 1 (Hypothese 4) und Subgruppe 2 (Hypothese 5) genommen. Zur differenzierten Analyse wurden Splitvariablen angelegt. Um die in Tabelle 8.14 im Detail dargestellte Zuordnung der Klientinnen zur jeweiligen Subgruppe vorzunehmen, kamen folgende vier Splitvariablen zum Einsatz:

- Teilgruppen
- Hebamme während Schwangerschaft in Anspruch genommen
- Subgruppe 1
- Subgruppe 2

Ein Großteil ($n = 244$) der erhobenen Stichprobe geht als gemeinsame Teilgruppe in die Analyse beider Hypothesen ein. Hierzu zählen Klientinnen, die während der Schwangerschaft Hebammenbetreuung nutzten und auch nach der Geburt bis zum dritten Geburtstag mindestens ein Angebot wahrnahmen, wie bspw. Hebammenhilfe oder anderes. Klientinnen der Teilgruppe 1 nahmen nur während der Schwangerschaft die originäre Hebammenhilfe in Anspruch. Nach der Geburt blieb jegliche Angebotsnutzung aus. Klientinnen der Teilgruppe 2 nahmen keine Hebammenhilfe während der Schwangerschaft wahr, nutzten jedoch mindestens ein anderes Angebot Früher Hilfen nach der Geburt bis zum dritten Geburtstag.

Tab. 8.14 Zusammensetzung Stichprobe 2 (N = 289): Subgruppe 1 und Subgruppe 2

	Subgruppe 1 (*n* = 280)		Subgruppe 2 (*n* = 253)
Hypothese	4		5
	Teilgruppe 1	gemeinsame Teilgruppe	Teilgruppe 2
	n = 36	*n* = 244	*n* = 9
Merkmale	Inanspruchnahme originärer Hebammenhilfe während Schwangerschaft	Inanspruchnahme originärer Hebammenhilfe während Schwangerschaft und Angebotsnutzung, nach Geburt bis zum dritten Geburtstag (vereinzelt Hebammenhilfe)	keine Inanspruchnahme originärer Hebammenhilfe während Schwangerschaft und Angebotsnutzung ab der Geburt bis zum dritten Geburtstag (teilweise auch originäre Hebammenhilfe (*n* = 3))

8.2.1 Deskriptive Auswertung personenbezogener Daten

Erhobene personenbezogene Daten, die sich in dieser Stichprobe auf soziodemografische Daten beziehen, werden in Tabelle 8.15 nach Subgruppen differenziert dargestellt. Aufgrund der teilweise schwachen Zellbesetzung wurden Kategorien erhobener Variablen – in Anlehnung an KiD 0–3 (Eickhorst et al., 2016) – zusammengefasst. Dies betrifft die Variablen „Einkommen", „Familienstand", „Wohnort", „Erstelternschaft" und „Alter des letztgeborenen Kindes". Eine detaillierte Darstellung personenbezogener Merkmale nach Teilgruppen ist Anhang K-1 im elektronischen Zusatzmaterial zu entnehmen.

Tab. 8.15 Zusammensetzung Stichprobe: Subgruppe 1 und Subgruppe 2

Merkmal	Subgruppe 1 ($n = 280$)		Subgruppe 2 ($n = 253$)	
	%	n	%	n
Einkommen				
bis 2 000 Euro	51.1	143	50.6	128
über 2 000 Euro	48.9	137	49.4	125
Alter				
bis 25 Jahre	10.4	29	11.1	28
26–30 Jahre	36.8	103	37.2	94
31–35 Jahre	35.0	98	33.2	84
über 35 Jahre	17.9	50	18.6	47
Familienstand				
alleinerziehend/geschieden	7.5	21	7.9	20
in Partnerschaft lebend/verheiratet	92.5	259	92.1	233
Wohnort				
Hansestadt Rostock	76.1	213	77.1	195
Landkreis Rostock	23.9	67	22.9	58
ISCED-Bildungsgrad der Klientin[a]				
niedrig	7.9	22	8.3	21
mittel	38.2	107	35.2	89
hoch	53.9	151	56.5	143
ISCED-Bildungsgrad des Partners[a]				
niedrig	3.6	10	4.0	10
mittel	37.1	104	36.0	91
hoch	51.1	143	51.8	131
fehlend	8.2	23	8.3	21
Erstelternschaft				
ja	55.4	155	55.3	140
nein	44.6	125	44.7	113

(Fortsetzung)

Tab. 8.15 (Fortsetzung)

Merkmal	Subgruppe 1 ($n = 280$)		Subgruppe 2 ($n = 253$)	
	%	n	%	n
Alter des letztgeborenen Kindes				
jünger als ein Jahr	31.4	88	30.4	77
mindestens ein Jahr	68.6	192	69.6	176

Anmerkungen: [a]ISCED-Bildungsgrad ermittelt über die Kombination von schulischer sowie beruflicher Bildung gemäß den ISCED-2011-Leveln: niedrig: maximal Mittlere Reife, kein beruflicher Abschluss, mittel: berufliche Bildungsabschlüsse bzw. Hochschulreife, hoch: Hochschulabschluss oder berufliche Meisterqualifikation; $N = 289$.

8.2.2 Deskriptive Auswertung: Netzwerkdaten während der Schwangerschaft

Angebotsnutzung

In M-V kann die Betreuung durch eine Familienhebamme normalerweise erst nach Ablauf der originären Hebammenhilfe – im ersten Lebensjahr – in Anspruch genommen werden. Dennoch gaben Klientinnen ($n = 13$, 5 %) an, dass sie dieses Angebot bereits während der Schwangerschaft nutzten. Nicht eindeutig zugeordnet werden konnten Angaben zur Kategorie „sonstige" ($n = 19$, 7 %), weshalb diese Variable aus weiteren Analysen ausgeschlossen wurde. Aufgrund der erkenntnisgeleiteten Auswahl relevanter Datensätze zur Analyse relevanter Aspekt wird das Angebot „Hebamme" von allen Klientinnen in Teilgruppe 1 und der gemeinsamen Teilgruppe während der Schwangerschaft in Anspruch genommen. Lediglich eine geringe Anzahl der teilnehmenden Klientinnen ($n = 9$, 3 %), wie in Tabelle 8.16 im Detail dargestellt, nahm keine Hebammenbetreuung während der Schwangerschaft wahr.

Netzwerkheterogenität

Die Netzwerkheterogenität – operationalisiert durch *Blau Index H* – bei Klientinnen, die während der Schwangerschaft originäre Hebammenhilfe in Anspruch nahmen, ist schwach heterogen ($M = .35$, $SD = 0.29$). Auffällig häufig, wie in Abbildung 8.6 dargestellt, treten stark homogene Werte auf.

8.2 Stichprobe 2: Klientinnen

Tab. 8.16 Angebotsnutzung während Schwangerschaft: Subgruppe 1 und Subgruppe 2

Sektor	Netzwerkakteur	Teilgruppe 1 (n = 36)		gemeinsame Teilgruppe (n = 244)		Teilgruppe 2 (n = 9)		Gesamt (N = 289)	
		n	%	n	%	n	%	n	%[a]
I	Ehe-/Paarberatung	–	–	4	1.6	–	–	4	1.4
	Eltern-/Familienberatung	15	41.7	128	52.5	6	66.7	149	51.6
II	Hebamme	36	100.0	244	100.0	–	–	280	96.9
	Familienhebamme	0	0.0	13	5.3	–	–	13	4.5
III	Schwangerschafts(konflikt-)-beratungsstellen	4	11.1	30	12.3	1	11.1	35	12.1
	Beratung bei physischen oder psychischen Problemen	–	–	11	4.5	–	–	11	3.8
IV	Allgemeine Soziale Beratung	7	19.4	61	25.0	5	55.6	73	25.3
–	sonstige	1	2.8	18	7.4	–	–	19	6.6

Anmerkungen: I: Kinder- und Jugendhilfe, II: Gesundheitsbereich, III: psychosoziale Beratungsstellen/Dienste, IV: weitere Akteure.
[a]Angaben beruhen auf eigenen Berechnungen; N = 289.

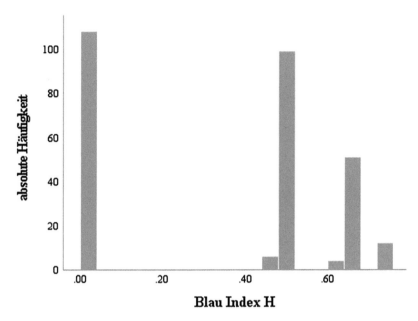

Abb. 8.6 Blau Index H während der Schwangerschaft: Subgruppe 1. (*Anmerkungen:* Wertebereich der Variablen „*Blau Index H*" jeweils .00 („homogen") bis .75 („heterogen"); $n =$ 280)

Weitere Unterschiede sind bei der Netzwerkheterogenität erkennbar, wenn eine nach ISCED-Bildungsgrad der Klientin differenzierte Betrachtung, siehe Abbildung 8.7, erfolgt. Die Netzwerkheterogenität ist bei Klientinnen mit mittlerem ISCED-Bildungsgrad ($M = .36$, $SD = 0.29$, $Min = .00$, $Max = .75$, $n = 107$) und bei Klientinnen mit hohem ISCED-Bildungsgrad ($M = .34$, $SD = 0.29$, $Min = .00$, $Max = .75$, $n = 151$) im Mittel etwas geringer als die Netzwerkheterogenität bei Klientinnen mit niedrigem ISCED-Bildungsgrad ($M = .45$, $SD = 0.27$, $Min = .00$, $Max = .75$, $n = 22$).

8.2 Stichprobe 2: Klientinnen

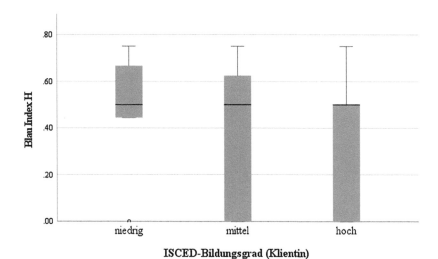

Abb. 8.7 Blau Index H während der Schwangerschaft und ISCED-Bildungsgrad der Klientin: Subgruppe 1. (*Anmerkungen:* Wertebereich der Variablen „*Blau Index H*" jeweils .00 („homogen") bis .75 („heterogen"). ISCED-Bildungsgrad ermittelt über die Kombination von schulischer sowie beruflicher Bildung gemäß den ISCED-2011-Leveln: niedrig: maximal Mittlere Reife, kein beruflicher Abschluss, mittel: berufliche Bildungsabschlüsse bzw. Hochschulreife, hoch: Hochschulabschluss oder berufliche Meisterqualifikation; $n = 280$)

Informationsquellen zu Angeboten

Klientinnen – Teilgruppe 1 und gemeinsame Teilgruppe – erhalten Informationen zu Angeboten, die ihnen während der Schwangerschaft zur Verfügung stehen, wie in Tabelle 8.17 detailliert dargestellt, oft von Hebammen (47 % bzw. 43 %). Vergleichbar ist diese relative Häufigkeit auch mit Informationen, die die Klientinnen über das Internet erhalten. Im Vergleich zu Freunden, Bekannten, Verwandten bzw. andere Gesundheitsfachkräfte erhalten mehr Klientinnen Informationen von Hebammen. Eine vergleichsweise sehr geringe Rolle spielen im Gegensatz dazu Printmedien wie bspw. Flyer oder regionale Zeitschriften.

Tab. 8.17 Informationsquellen zu Angeboten während Schwangerschaft

Informationsquelle	Teilgruppe 1 ($n = 36$)		gemeinsame Teilgruppe ($n = 244$)		Teilgruppe 2 ($n = 9$)		Gesamt ($n = 289$)	
	n	%[b]	n	%[b]	n	%[b]	n	%[b]
Hebamme	17	47.2	104	42.6	–	–	121	41.9
Freunde, Bekannte, Verwandte	16	44.4	97	39.8	3	33.3	116	40.1
Kategorie[a]: Netzwerkpartner								
Frauenärztinnen und Frauenärzte	12	33.3	73	29.9	2	22.2	87	30.1
Kinderärztinnen und Kinderärzte	–	–	12	4.9	1	11.1	13	4.5
Sonstige	35	97.2	243	99.6	9	100.0	287	99.3
Kategorie[a]: Printmedien								
Flyer	3	8.3	10	4.1	1	11.1	14	4.8
Rostocker Ratgeber für (werdende) Eltern	–	–	10	4.1	2	22.2	12	4.2
regionale Zeitungen	1	2.8	11	4.5	1	11.1	13	4.5
Familienzeitschrift „Wribbel"[c]	7	19.4	48	19.7	2	22.2	57	19.7
Kategorie[a]: Internet								
Geodatenportal Rostock	1	2.8	1	0.4	–	–	2	0.7
Internet	16	44.4	106	43.4	6	66.7	128	44.3
eigenmotivierte Suche	9	25.0	92	37.7	1	11.1	102	35.3

Anmerkungen: [a]Zur Datenreduktion gebildete Kategorie. [b]Angaben beruhen auf eigenen Berechnungen. [c]Kostenfreie Familienzeitschrift für die Hansestadt und den Landkreis Rostock; $N = 289$.

Zufriedenheit rund um die Angebotsnutzung

Klientinnen beschreiben eine hohe Zufriedenheit rund um die Angebotsnutzung während der Schwangerschaft ($M = 6.08$, $SD = 0.95$, $Min = 2.00$, $Max = 7.00$), wie in Abbildung 8.8 dargestellt, unter Nutzung von sechs aus sieben Antwortmöglichkeiten.

8.2 Stichprobe 2: Klientinnen

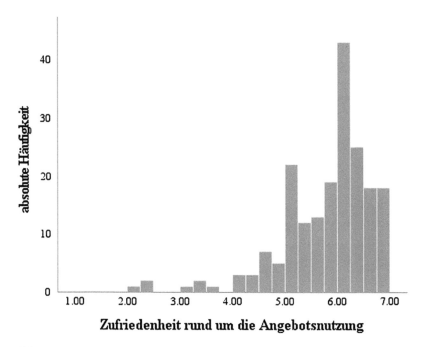

Zufriedenheit rund um die Angebotsnutzung

Abb. 8.8 Zufriedenheit rund um die Angebotsnutzung während Schwangerschaft: Subgruppe 1. (*Anmerkungen:* Berechnungen basieren auf der 5. Imputation. Wertebereich der Variablen jeweils 1 („überhaupt nicht zufrieden") bis 7 („absolut zufrieden"); $n = 280$)

Die Angaben zur Zufriedenheit rund um die Angebotsnutzung in Abhängigkeit vom Alter des letztgeborenen Kindes – jünger als ein Jahr ($M = 6.12$, $SD = 0.81$, $Min = 3.25$, $Max = 7.00$, $n = 88$) oder mindestens ein Jahr ($M = 6.05$, $SD = 1.00$, $Min = 2.00$, $Max = 7.00$, $n = 192$) – weisen bezüglich der durchschnittlichen Zufriedenheit minimale Unterschiede auf. Größer werden die Unterschiede beim Vergleich beider Gruppen, wie auch in Abbildung 8.9 dargestellt, wenn Extremwerte und Spannweite angegebener Werte zur Zufriedenheit mit in den Blick genommen werden. Etwas deutlicher werden die Unterschiede zu Angaben zur Zufriedenheit, wie in Abbildung 8.10 veranschaulicht, wenn der ISCED-Bildungsgrad der Klientinnen als Gruppierungsvariable genutzt wird. Statistische Ausreißer liegen in den Gruppen der Klientinnen mit mittlerem ($M = 6.16$, $SD = 0.91$, $Min = 3.25$, $Max = 7.00$, $n = 107$) und hohem ISCED-Bildungsgrad ($M = 6.04$, $SD = 0.98$, $Min = 2.00$, $Max = 7.00$, $n = 151$) vor. Im Mittel etwas niedriger ist die Zufriedenheit rund um die Angebotsnutzung bei Klientinnen mit niedrigem ISCED-Bildungsgrad ($M = 5.86$, $SD = 0.97$, $Min = 3.00$, $Max = 7.00$, $n = 22$). Eine tabellarische Übersicht relevanter Lagemaße zur Zufriedenheit mit der Angebotsnutzung, differenziert nach ISCED-Bildungsgrad der Klientin, ist im Anhang K-2 im elektronischen Zusatzmaterial hinterlegt.

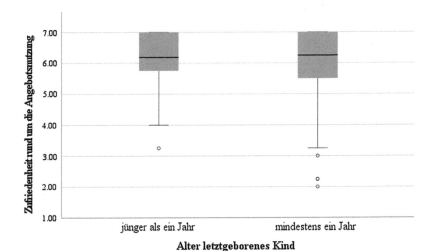

Abb. 8.9 Zufriedenheit rund um die Angebotsnutzung während Schwangerschaft und Alter letztgeborenes Kind: Subgruppe 1. (*Anmerkungen:* Berechnungen basieren auf der 5. Imputation. Wertebereich der Variablen „Zufriedenheit rund um die Angebotsnutzung" jeweils 1 („überhaupt nicht zufrieden") bis 7 („absolut zufrieden"); $n = 280$)

8.2 Stichprobe 2: Klientinnen

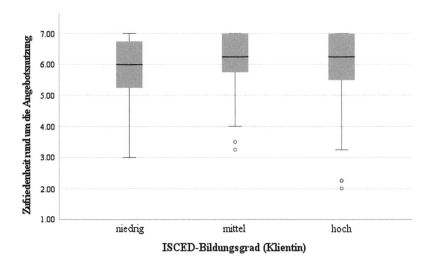

Abb. 8.10 Zufriedenheit rund um die Angebotsnutzung und ISCED-Bildungsgrad (Klientin) während Schwangerschaft: Subgruppe 1. (*Anmerkungen:* Berechnungen basieren auf der 5. Imputation. Wertebereich der Variablen „Zufriedenheit rund um die Angebotsnutzung" jeweils 1 („überhaupt nicht zufrieden") bis 7 („absolut zufrieden"). ISCED-Bildungsgrad ermittelt über die Kombination von schulischer sowie beruflicher Bildung gemäß den ISCED-2011-Leveln: niedrig: maximal Mittlere Reife, kein beruflicher Abschluss, mittel: berufliche Bildungsabschlüsse bzw. Hochschulreife, hoch: Hochschulabschluss oder berufliche Meisterqualifikation; $n = 280$)

Zufriedenheit mit Zusammenarbeit verschiedener Einrichtungen

Im Gegensatz zur Zufriedenheit rund um die Angebotsnutzung, bewerten Klientinnen die Zufriedenheit mit der Zusammenarbeit verschiedener Einrichtungen mit geringeren Werten, wie in Abbildung 8.11. In Bezug auf den Median sind keine Unterschiede durch eine Gruppierung der Subgruppe 1 über das Alter des letztgeborenen Kindes zu notieren. Es ergeben sich jedoch Differenzen, wie in Abbildung 8.12 veranschaulicht, in Bezug auf die Spannweite. Größere Unterschiede sind erkennbar, wenn die Zufriedenheit mit der Zusammenarbeit verschiedener Einrichtungen in Abhängigkeit vom ISCED-Bildungsgrad der Klientin, siehe Abbildung 8.13, betrachtet wird. Die Einschätzungen von Klientinnen mit mittlerem ISCED-Bildungsgrad ($M = 5.37$, $SD = 1.40$, $Min = 1.00$, $Max = 7.00$, $n = 107$) unterscheiden sich hierbei von jenen mit niedrigem ISCED-Bildungsgrad ($M = 4.82$, $SD = 1.53$, $Min = 2.00$, $Max = 7.00$, $n = 22$) und hohem ISCED-Bildungsgrad ($M = 5.14$, $SD = 1.36$, $Min = 2.00$, $Max = 7.00$, $n = 151$). Eine tabellarische Übersicht relevanter Lagemaße, differenziert nach ISCED-Bildungsgrad der Klientin, ist im Anhang K-2 im elektronischen Zusatzmaterial hinterlegt.

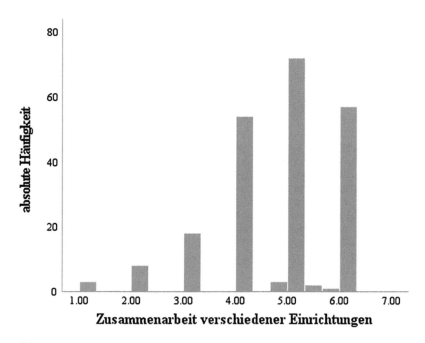

Abb. 8.11 Zufriedenheit mit der Zusammenarbeit verschiedener Einrichtungen während Schwangerschaft: Subgruppe 1. (*Anmerkungen:* Berechnungen basieren auf der 5. Imputation. Wertebereich der Variablen jeweils 1 („überhaupt nicht zufrieden") bis 7 („absolut zufrieden"); $M = 5.20$, $SD = 1.39$, $Min = 1.00$, $Max = 7.00$; $n = 280$)

8.2 Stichprobe 2: Klientinnen

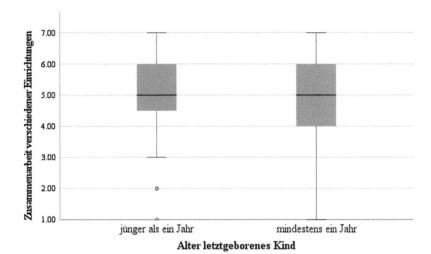

Abb. 8.12 Zufriedenheit mit der Zusammenarbeit verschiedener Einrichtungen während Schwangerschaft und Alter letztgeborenes Kind: Subgruppe 1. (*Anmerkungen:* Berechnungen basieren auf der 5. Imputation. Wertebereich der Variablen „Zufriedenheit mit Zusammenarbeit verschiedener Einrichtungen während Schwangerschaft" jeweils 1 („überhaupt nicht zufrieden") bis 7 („absolut zufrieden"); $M = 6.08$, $SD = 0.95$, $Min = 2.00$, $Max = 7.00$; $n = 280$)

Angebotsnutzung bei älteren Geschwisterkindern

Neben der Nutzung von Angeboten wurde ebenso erhoben, ob diese auch bei älteren Geschwisterkindern in Anspruch genommen wurde. Erkennbar ist – sowohl für Angebote während der Schwangerschaft als auch für Angebote nach der Geburt bis zum dritten Geburtstag – dass diese in den meisten Fällen, wie in Tabelle 8.18 detailliert dargestellt, erneut genutzt wurden.

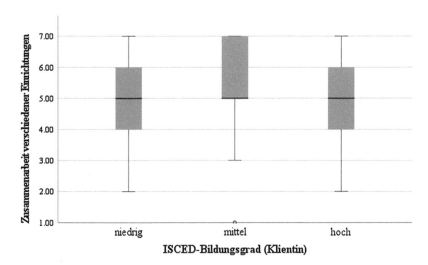

Abb. 8.13 Zufriedenheit mit der Zusammenarbeit verschiedener Einrichtungen während Schwangerschaft und ISCED-Bildungsgrad (Klientin): Subgruppe 1. (*Anmerkungen:* Berechnungen basieren auf der 5. Imputation. Wertebereich der Variablen „Zufriedenheit mit Zusammenarbeit verschiedener Einrichtungen während der Schwangerschaft" jeweils 1 („überhaupt nicht zufrieden") bis 7 („absolut zufrieden"). ISCED-Bildungsgrad ermittelt über die Kombination von schulischer sowie beruflicher Bildung gemäß den ISCED-2011-Leveln: niedrig: maximal Mittlere Reife, kein beruflicher Abschluss, mittel: berufliche Bildungsabschlüsse bzw. Hochschulreife, hoch: Hochschulabschluss oder berufliche Meisterqualifikation; $n = 280$)

8.2.3 Deskriptive Auswertung: Netzwerkdaten nach Geburt bis zum dritten Geburtstag

Angebotsnutzung
Die am häufigsten genutzten Angebote können der Kinder- und Jugendhilfe (Sektor I) sowie dem Gesundheitswesen (Sektor II) zugeordnet werden. Nicht dazu gehört die gesetzlich verankerte Inanspruchnahme von kinderärztlichen Vorsorgeuntersuchungen. Vorrangig in Anspruch genommene Angebote sind die originäre Hebammenhilfe ($n = 208$, 82 %), Eltern-Kind-Gruppen, Elterngesprächsrunden, Krabbelgruppen, Elterntreffs ($n = 162$, 64 %) und Trainings für Eltern und/oder Kinder ($n = 100$, 40 %). Eine geringe Anzahl teilnehmender Klientinnen wurde durch eine Familienhebamme ($n = 13$ %) begleitet, wobei die originäre Hebammenhilfe ebenso bereits, wie in Tabelle 8.19 detailliert aufgeführt, seit der

Tab. 8.18 Angebote auch bei älteren Geschwisterkindern genutzt

Netzwerkakteur	Teilgruppe 1 (n = 36)		gemeinsame Teilgruppe (n = 244)		Teilgruppe 2 (n = 9)		Gesamt (n = 289)	
	n	%[a]	n	%[a]	n	%[a]	n	%[a]
während Schwangerschaft								
nein	1	2.8	2	0.8	–	–	3	1.0
teilweise, und zwar	1	2.8	2	0.8	–	–	3	1.0
ja	16	44.4	108	44.3	4	44.4	128	44.3
trifft nicht zu[b]	18	50.0	132	54.1	5	55.6	155	53.6
nach Geburt bis zum dritten Geburtstag								
nein	–	–	9	3.7	–	–	9	3.1
teilweise, und zwar	–	–	4	1.6	–	–	4	1.4
ja	–	–	97	39.8	4	44.4	101	34.9
trifft nicht zu[b,c]	36	100.0	134	51.9	5	55.6	175	60.6

Anmerkungen: n: Anzahl. [a]Angaben beruhen auf eigenen Berechnungen. [b]Diese Antwortmöglichkeiten konnten Klientinnen mit nur einem Kind wählen. [c]Aufgrund der Filterführung wurde diese Option auch dann gewählt, wenn aktuell aufgrund des Alters des Kindes noch keine Angebote dieser Art in Anspruch genommen wurden; N = 289.

Schwangerschaft in Anspruch genommen wurde. Mit Abstand am seltensten in Anspruch genommen ist die Ehe- und Partnerberatung ($n = 6$, 2 %).

Tab. 8.19 Angebotsnutzung Geburt bis zum dritten Geburtstag: Subgruppe 2

Sektor	Netzwerkakteur	gemeinsame Teilgruppe ($n = 244$)		Teilgruppe 2 ($n = 9$)		Gesamt ($n = 253$)	
		n	%	n	%	n	%[a]
I	Erziehungsberatung[b]	29	11.9	3	33.3	32	12.6
	Ehe- und Partnerberatung[c]	6	2.5	–	–	6	2.4
	Elternbriefe	66	27.0	–	–	66	26.1
	Trainings für Eltern und/oder Kinder[d]	99	40.6	1	11.1	100	39.5
	Eltern-Kind-Gruppen, Krabbelgruppen, Elterngesprächsrunden, Elterntreffs	159	65.2	3	33.3	162	64.0
	Angebote der Eltern- und Familienbildung	43	17.6	1	11.1	44	17.4
II	Hebamme	205	84.0	3	33.3	208	82.2
	Familienhebamme	12	4.9	–	–	12	4.7
III	Beratung bei physischen oder psychischen Problemlagen	10	4.1	–	–	10	4.0
IV	Allgemeine Soziale Beratung	20	8.2	3	33.3	23	9.1
	Vereine[e]	76	31.1	4	44.4	80	31.6

Anmerkungen: I: Kinder- und Jugendhilfe, II: Gesundheitsbereich, III: psychosoziale Beratungsstellen/Dienste, IV: weitere Akteure. [a]Angaben beruhen auf eigenen Berechnungen. [b]Zum Beispiel: Fragen zur Entwicklung des Kindes, Ess- und Schlafstörungen, Eltern-Kind-Konflikte. [c]Zum Beispiel: bei Problemen in der Partnerschaft. [d]Zum Beispiel PEKiP, Step, Triple P, FunBaby. [e]Zum Beispiel Sportvereine, Tanzvereine, Elterninitiativen; $n = 253$.

8.2 Stichprobe 2: Klientinnen

Netzwerkheterogenität
Das Netzwerk von Klientinnen, wie in Abbildung 8.14 veranschaulicht, lässt sich nach der Geburt bis zum dritten Geburtstag im Mittel als schwach homogen beschreiben ($M = .40$, $SD = .23$, $Min: .00$, $Max: .75$).

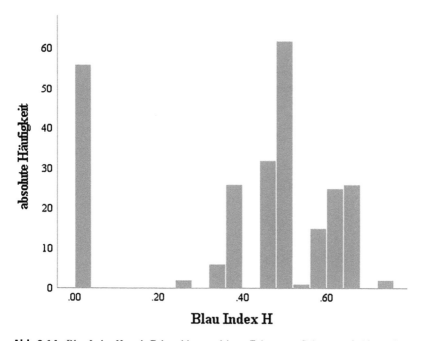

Abb. 8.14 Blau Index H nach Geburt bis zum dritten Geburtstag: Subgruppe 2. (*Anmerkungen:* Wertebereich der Variablen „*Blau Index H*" jeweils .00 („homogen") bis .75 („heterogen"); $n = 253$)

Das Netzwerk ist nach der Geburt bis zum dritten Geburtstag bei Klientinnen mit Kindern, die mindestens ein Jahr alt sind, heterogen ($M = .41$, $SD = .22$, $Min: .00$, $Max: .67$, $n = 176$). Wie in Abbildung 8.15 dargestellt, sind Netzwerke bei Klientinnen mit Kindern, jünger als ein Jahr, teilweise sehr homogen ($M = .38$, $SD = .25$, $Min: .00$, $Max: .75$, $n = 77$). Gleichzeitig kann in dieser Gruppe im Vergleich zu Klientinnen mit älteren Letztgeborenen eine größere Spannweite beschrieben werden. Wird der ISCED-Bildungsgrad der Klientin als Gruppierungsvariable genutzt, unterscheidet sich die Gruppe der Klientinnen mit niedrigem Bildungsgrad von jenen mit mittlerem bzw. hohem Bildungsgrad hinsichtlich der Spannweite der Werte vom *Blau Index H*. In Abbildung 8.16 ist erkennbar, dass Klientinnen mit niedrigem Bildungsgrad auch während dieser Phase noch stark homogene Netzwerke beschreiben. Gleichzeitig haben Klientinnen mit niedrigem ISCED-Bildungsgrad tendenziell niedrigere *Blau Index H* Werte als die mit mittlerem und hohem ISCED-Bildungsgrad. Zu beachten, dass die in den hier beschriebenen Netzwerken nicht die in M-V gesetzlich verankerten Arztbesuche, d. h. kinderärztlichen Vorsorgeuntersuchungen mit beachtet werden.

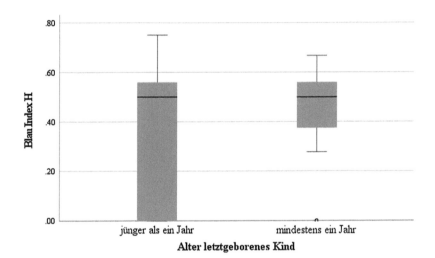

Abb. 8.15 Blau Index H nach Geburt bis zum dritten Geburtstag und Alter letztgeborenes Kind: Subgruppe 2. (*Anmerkungen:* Wertebereich der Variablen „*Blau Index H*" jeweils .00 („homogen") bis .75 („heterogen"); $n = 253$)

8.2 Stichprobe 2: Klientinnen

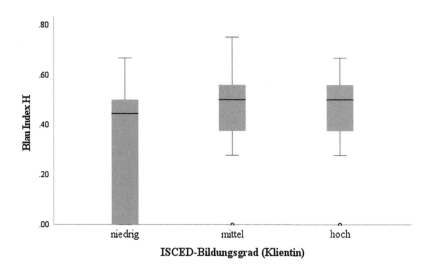

Abb. 8.16 Blau Index H nach Geburt bis zum dritten Geburtstag und ISCED-Bildungsgrad (Klientin): Subgruppe 2. (*Anmerkungen:* Wertebereich der Variablen „*Blau Index H*" jeweils .00 („homogen") bis .75 („heterogen"). ISCED-Bildungsgrad ermittelt über die Kombination von schulischer sowie beruflicher Bildung gemäß den ISCED-2011-Leveln: niedrig: maximal Mittlere Reife, kein beruflicher Abschluss, mittel: berufliche Bildungsabschlüsse bzw. Hochschulreife, hoch: Hochschulabschluss oder berufliche Meisterqualifikation; $n = 253$)

Angebotsnutzung und personenbezogene Merkmale
Nach der Geburt wird die originäre Hebammenhilfe von Klientinnen, wie in Tabelle 8.20 aufgeführt, im Gegensatz zu anderen Angeboten am häufigsten in Anspruch genommen. Grafisch dargestellt wird die beschriebene Tendenz in Abbildung 8.17. Mit steigendem ISCED-Bildungsgrad nimmt auch die Häufigkeit zu. Im Gegensatz dazu zeigt sich bei der Inanspruchnahme der Begleitung durch eine Familienhebamme ein gegenläufiger Trend. Am häufigsten wird dieses Angebot Früher Hilfen von Klientinnen ($n = 2$, 10 %) mit niedrigem Bildungsgrad genutzt. Aufgrund der Zusammensetzung der Stichprobe (Subgruppe 2) wird der beschriebene Trend, wie in Abbildung 8.18 verdeutlicht, lediglich bei Bezugnahmen auf prozentuale Werte sichtbar. Ein ähnlicher Trend ist auch bei der

Inanspruchnahme der Erziehungsberatung (Sektor I), Beratung bei physischen oder psychischen Problemlagen (Sektor III) sowie der Allgemeinen Sozialen Beratung (Sektor IV) zu beobachten.

Tab. 8.20 Angebotsnutzung Geburt bis zum dritten Geburtstag und ISCED-Bildungsgrad (Klientin): Subgruppe 2

Sektor	Netzwerkakteur	niedrig (n = 21)		mittel (n = 89)		hoch (n = 143)	
		n	%[a]	n	%[a]	n	%[a]
I	Erziehungsberatung[b]	4	19.0	12	13.5	16	11.2
	Ehe- und Partnerberatung[c]	–	–	2	2.2	4	2.8
	Elternbriefe	5	23.8	25	28.1	36	25.2
	Trainings für Eltern und/oder Kinder[d]	5	23.8	34	38.2	61	42.7
	Eltern-Kind-Gruppen, Krabbelgruppen, Elterngesprächsrunden, Elterntreffs	11	52.4	56	62.9	95	66.4
	Angebote der Eltern- und Familienbildung	5	23.8	10	11.2	29	20.3
II	Hebamme	15	71.4	72	80.9	121	84.6
	Familienhebamme	2	9.5	3	3.4	7	4.9
III	Beratung bei physischen oder psychischen Problemlagen	2	9.5	4	4.5	4	2.8
IV	Allgemeine Soziale Beratung	5	23.8	10	11.2	8	5.6
	Vereine[e]	3	14.3	28	31.5	49	34.3

Anmerkungen: I: Kinder- und Jugendhilfe, II: Gesundheitsbereich, III: psychosoziale Beratungsstellen/Dienste, IV: weitere Akteure. *n*: Anzahl. [a] Angaben beruhen auf eigenen Berechnungen. [b] Zum Beispiel: Fragen zur Entwicklung des Kindes, Ess- und Schlafstörungen, Eltern-Kind-Konflikte. [c] Zum Beispiel: bei Problemen in der Partnerschaft. [d] Zum Beispiel PEKiP, Step, Triple P, FunBaby. [e] Zum Beispiel Sportvereine, Tanzvereine, Elterninitiativen; *n* = 253.

8.2 Stichprobe 2: Klientinnen

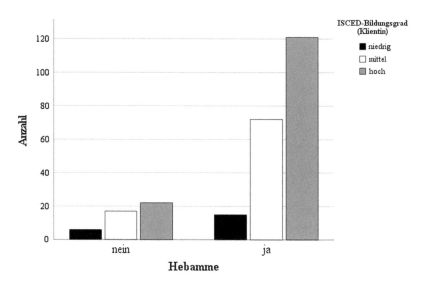

Abb. 8.17 Inanspruchnahme originärer Hebammenhilfe nach Geburt bis zum dritten Geburtstag und ISCED-Bildungsgrad (Klientin): Subgruppe 2. (*Anmerkungen:* ISCED-Bildungsgrad ermittelt über die Kombination von schulischer sowie beruflicher Bildung gemäß den ISCED-2011-Leveln: niedrig: maximal Mittlere Reife, kein beruflicher Abschluss, mittel: berufliche Bildungsabschlüsse bzw. Hochschulreife, hoch: Hochschulabschluss oder berufliche Meisterqualifikation; niedrig: $n = 15$, mittel: $n = 72$, hoch: $n = 121$)

Wird die Inanspruchnahme der originären Hebammenhilfen nach der Geburt bis zum dritten Geburtstag theoriegeleitet mit der Anzahl der Kinder – Erstelternschaft als ökologischer Übergang – und dem monatlichen Haushaltseinkommen – Armut neben Bildungsstand als externer Risikofaktor – analysiert, lassen sich ähnliche Trends beobachten (Bronfenbrenner & Morris, 2006; Eickhorst et al., 2016). Wie in Abbildung 8.19 dargestellt, wird die Hebammenhilfe bei Erstelternschaft ($n = 113$, 45 %) etwas häufiger in Anspruch genommen als dies bei weiteren Kindern ($n = 95$, 38 %) der Fall ist. Diese Tendenz gibt es auch bei Inanspruchnahme der Familienhebamme, wie in Abbildung 8.20 dargestellt: Klientinnen, die zum ersten Mal Mutter ($n = 7$, 3 %) geworden

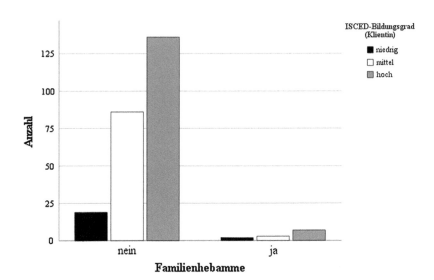

Abb. 8.18 Inanspruchnahme Familienhebamme nach Geburt bis zum dritten Geburtstag und ISCED-Bildungsgrad (Klientin): Subgruppe 2. (*Anmerkungen:* ISCED-Bildungsgrad ermittelt über die Kombination von schulischer sowie beruflicher Bildung gemäß den ISCED-2011-Leveln: niedrig: maximal Mittlere Reife, kein beruflicher Abschluss, mittel: berufliche Bildungsabschlüsse bzw. Hochschulreife, hoch: Hochschulabschluss oder berufliche Meisterqualifikation; (niedrig: $n = 2$, mittel: $n = 3$, hoch: $n = 7$))

sind, nehmen häufiger die Hebamme in Anspruch als dies bei jenen mit mindestens zwei Kindern ($n = 5$, 45 %) der Fall ist. Bezug nehmend auf das monatliche Einkommen lässt sich, wie in Abbildung 8.21 und Abbildung 8.22, bei Inanspruchnahme der originären Hebammenhilfe und Inanspruchnahme der Familienhebamme eine vergleichbare Tendenz beobachten: Mehr Klientinnen mit einem monatlichen Haushaltseinkommen von über 2 000 Euro nehmen beide Leistungen etwas häufiger wahr.

8.2 Stichprobe 2: Klientinnen

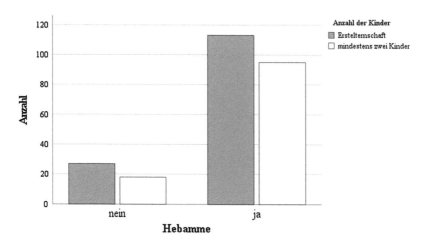

Abb. 8.19 Inanspruchnahme originärer Hebammenhilfe nach Geburt und Anzahl der Kinder: Subgruppe 2 (ja: n = 208, nein: n = 45)

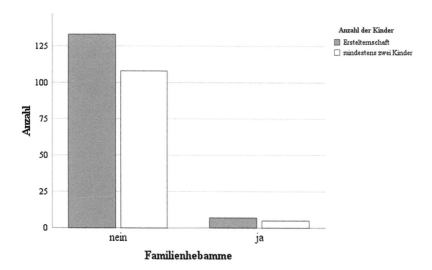

Abb. 8.20 Inanspruchnahme Familienhebamme nach Geburt bis zum dritten Geburtstag und Anzahl der Kinder: Subgruppe 2 (ja: n = 12, nein: n = 241)

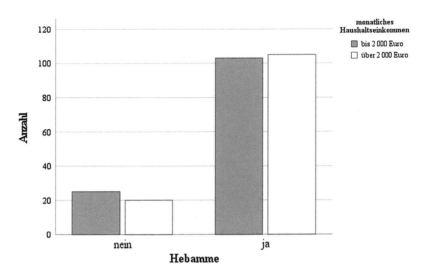

Abb. 8.21 Inanspruchnahme originärer Hebammenhilfe nach Geburt bis zum dritten Geburtstag und monatliches Einkommen: Subgruppe 2 (ja: n = 208, nein: n = 45)

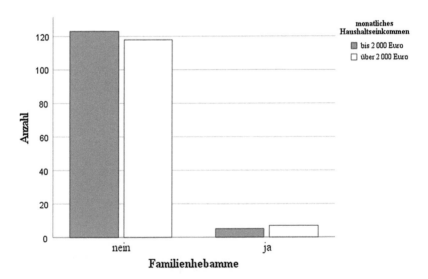

Abb. 8.22 Inanspruchnahme Familienhebamme nach Geburt bis zum dritten Geburtstag und monatliches Einkommen: Subgruppe 2 (ja: n = 12, nein: n = 241)

8.2.4 therapeutische Allianz: netzwerkbezogene Daten

Bei Angaben zur therapeutische Allianz ist entsprechend den Vorannahmen, wie in Abbildung 8.23 dargestellt, eine Tendenz zu hören Bewertungen festzustellen (Wilmers et al., 2008; Wilmers & Munder, 2016). Relevante Lagemaße zur therapeutischen Allianz sind im Anhang K-3 im elektronischen Zusatzmaterial hinterlegt. Wird die therapeutische Allianz im Zusammenhang mit dem Alter des letztgeborenen Kindes – jünger als ein Jahr oder mindestens ein Jahr alt – betrachtet, fällt auf, dass die Mittelwerte vergleichbar sind, jedoch Extremwerte im negativen Bereich vor allem von Klientinnen mit Kindern, älter als ein Jahr, wie in Abbildung 8.24 dargestellt, beschrieben werden. Größere Abweichungen sowie Extremwerte sind ebenso zu beobachten, wenn die therapeutische Allianz, wie in Abbildung 8.25 abgebildet, systematisiert nach ISCED-Bildungsgrad der Klientin betrachtet wird.

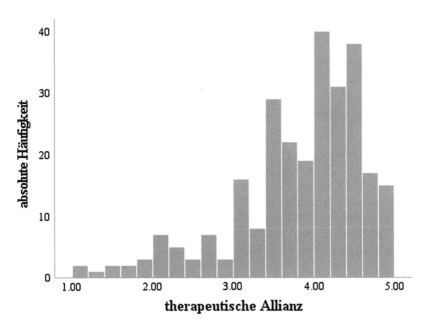

Abb. 8.23 therapeutische Allianz: Subgruppe 2. (*Anmerkungen:* Berechnungen basieren auf der 5. Imputation. Wertebereich der Variablen jeweils 1 („selten"), 2 („manchmal"), 3 („öfter"), 4 („sehr oft"), 5 („immer"); $M = 3.86$, $SD = 0.82$, $Min = 1.00$, $Max = 5.00$, $n = 280$)

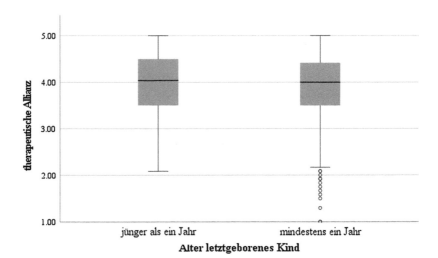

Abb. 8.24 therapeutische Allianz und Alter letztgeborenes Kind: Subgruppe 1. (*Anmerkungen:* Berechnungen basieren auf der 5. Imputation. Wertebereich der Variablen jeweils 1 („selten"), 2 („manchmal"), 3 („öfter"), 4 („sehr oft"), 5 („immer"); $M = 3.86$, $SD = 0.82$, $Min = 1.00$, $Max = 5.00$, jünger als ein Jahr: $n = 88$, mindestens ein Jahr: $n = 192$)

8.2.5 Hypothese 4

Schritt 1–3: Subgruppe 1 ($n = 280$)
Wie in Tabelle 8.21 zusammengefasst, wurde die Variable „ISCED-Bildungsgrad" des Partners nicht mit ins Regressionsmodell aufgenommen, da sich die Teilstichprobe ($n = 257$) verringert hätte. Die hoch signifikante Korrelation – Kendall's Tau (τ) – zwischen ISCED-Bildungsgrad (Partner) und ISCED-Bildungsgrad (Klientin) (τ = .41, $p < .001$, $n = 259$) sprach ebenso für diese methodische Entscheidung (Eid et al., 2017, S. 543 ff.).

8.2 Stichprobe 2: Klientinnen

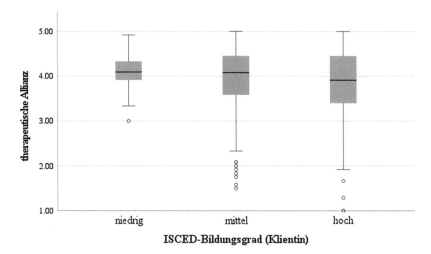

Abb. 8.25 therapeutische Allianz und ISCED-Bildungsgrad (Klientin): Subgruppe 1. (*Anmerkungen:* Berechnungen basieren auf der 5. Imputation. Wertebereich der Variablen „therapeutische Allianz" jeweils 1 („selten"), 2 („manchmal"), 3 („öfter"), 4 („sehr oft"), 5 („immer"); $M = 3.86$, $SD = 0.82$, $Min = 1.00$, $Max = 5.00$; ISCED-Bildungsgrad ermittelt über die Kombination von schulischer sowie beruflicher Bildung gemäß den ISCED-2011-Leveln: niedrig: maximal Mittlere Reife, kein beruflicher Abschluss, mittel: berufliche Bildungsabschlüsse bzw. Hochschulreife, hoch: Hochschulabschluss oder berufliche Meisterqualifikation; niedrig: $n = 22$, mittel: $n = 107$, hoch: $n = 151$)

Schritt 4: Subgruppe 1 ($n = 280$)
Um eine mögliche Verbesserung der theoriegeleiteten statistischen Modellspezifikation (vgl. Abschnitt 7.3.4) durch die oben beschriebenen Schritte 1 bis 3 zu notieren, wurde, wie in Tabelle 8.22 dokumentiert, für Modell 1 (Regressand und ein Regressor) F_{kalk} berechnet. Dieser Referenzwert ($F_{kalk}(2,276) = 1.40$) kann genutzt werden, um eine eventuelle Verbesserung (Modell 2) nach Anwendung der Rückwärtselimination (Schritt 1 bis 2) sowie anschließender Kombination von personen- sowie netzwerkbezogenen Kontrollvariablen (Schritt 3) anhand der Daten anzuzeigen. Lediglich für Modell 3 wurde ein Spezifikationsfehler angezeigt. Dem Vorschlag von Backhaus et al. (2018, S. 94) folgend, wird ausgehend von F_{kalk} deutlich, dass entweder Modell 0 oder Modell 4 aufgrund des größten Abstandes zu F_{krit} zu bevorzugen ist. Mit zusätzlichem Blick auf den adjustierten Determinationskoeffizienten (*korr. R^2* $= .35$), wird Modell 4 als finales

Tab. 8.21 aufgenommene Variablen: Regressionsmodell Hypothese 4

Variable	Hypothese 4
Personenbezogene Variablen	
Einkommen (monatlich)	x
Alter (Klientin)	
• *bis 25 Jahre*	x
• *26–30 Jahre*	x
• *31–35 Jahre*	x
Familienstand	
Wohnort	
ISCED-Bildungsgrad (Klientin: niedrig)	x
ISCED-Bildungsgrad (Partner)	
Erstelternschaft	
Alter letztgeborenes Kind	
Netzwerkbezogene Variablen	
Schwangerschaft	
therapeutische Allianz	x[a]
Zufriedenheit rund um die Angebotsnutzung	x[b]
Zufriedenheit mit der Zusammenarbeit verschiedener Einrichtungen	
originäre Hebammenhilfe in Anspruch genommen[c]	
Blau Index H	
Informationen zu Angeboten über Hebamme bekommen	x
Informationen zu Angeboten über andere Netzwerkpartner	
Informationen zu Angeboten über Printmedien (z. B.: Flyer, Zeitung, …)	x
Informationen zu Angeboten über Internet	x
Informationen zu Angeboten über Freunde, Bekannte, …	
Informationen zu Angeboten über eigenmotivierte Suche	
Angebotsnutzung auch bei älteren Geschwisterkindern	
Geburt bis zum dritten Geburtstag	
originäre Hebammenhilfe in Anspruch genommen	

(Fortsetzung)

Tab. 8.21 (Fortsetzung)

Variable	Hypothese 4
Blau Index H	
Angebotsnutzung auch bei älteren Geschwisterkindern	

Anmerkungen: x: Als Kontrollvariable im Modell aufgenommen. x^a: Als Regressand im Modell aufgenommen. x^b: Als Regressor im Modell aufgenommen. ^{c}: Variable gilt als Voraussetzung zur Aufnahme in Subgruppe 1 für die Überprüfung von Hypothese 4, womit eine erneute Aufnahme ins Regressionsmodell entfiel.

Modell – aufgenommene Variablen vgl. Tabelle 8.21 – zur Hypothesenprüfung genutzt.

Voraussetzungsprüfung

Für Prüfung der Prämissen von Modell 4 (siehe Tabelle 8.22) wurden Berechnungen nach Field (2018, S. 404 ff.), in Ergänzung durch Backhaus et al. (2018, S. 89 ff.) vorgenommen. Das Regressionsmodell ist signifikant ($F(9,270) = 17.32$, $p < .001$) (Anhang L-1 im elektronischen Zusatzmaterial). Die Residuen sind unkorreliert ($d_{DW} = 1.84$) (Anhang L-2 im elektronischen Zusatzmaterial). Der Wert der Durbin/Watson Statistik (d_{DW}) sollte zwischen 1 und 3 liegen (Backhaus et al., 2018, S. 97; Field, 2018, S. 387). Multikollinearität kann – ausgehend vom Varianzinflationsfaktor (VIF) – ausgeschlossen werden, da $1.03 \leq VIF \leq 2.11$ und damit unterhalb den oft zitierten Grenzen von $VIF < 10.00$ bzw. $VIF < 5.00$ liegt (Backhaus et al., 2018, S. 100; Eid et al., 2017, S. 713; Field, 2018, S. 418). Im Rahmen der fallweisen Diagnose (Anhang L-3 im elektronischen Zusatzmaterial) liegen 6 % ermittelter Werte für standardisierte Residuen ($n = 17$) zwischen 2 und 3 bzw. zwischen -3 und -2. Ausgehend von der Größe der Subgruppe ($n = 280$), entspricht dies annähernd der Erwartung, dass maximal 5 % der Fälle ($n = 14$) außerhalb dieser Grenzen liegen. Zudem sollten maximal 1 % der Residuen ($n = 2.8$) außerhalb der Grenze von ± 2.5 liegen. Dies trifft zu ($n = 2$). Die Residuen sind normalverteilt und es liegt Homoskedastizität vor (Backhaus et al., 2018, S. 109 ff.; Field, 2018, S. 420 ff.) (Anhang L-4 im elektronischen Zusatzmaterial).

Tab. 8.22 RESET-Test: Hypothese 4

Modell	korr. R^2	R^2	R^2_{restr}	N_{restr}	N_{koeff}	$n - N_{koeff}$	F_{kalk}	F_{krit}	Entscheidung
Regressor und erhobene personenbezogenen sowie netzwerkbezogenen Kontrollvariablen									
0	.32	.37	.38	2	23	257	0.82	3.02	H_0 annehmen
Regressor									
1	.30	.302	.31	2	4	276	1.40	3.03	H_0 annehmen
Regressor und Auswahl an personenbezogenen Kontrollvariablen									
2	.33	.34	.35	2	8	272	1.25	3.03	H_0 annehmen
Regressor und Auswahl an netzwerkbezogenen Kontrollvariablen									
3	.32	.33	.38	2	5	275	10.12	3.03	H_0 ablehnen
Regressor und Auswahl an personen- sowie netzwerkbezogenen Kontrollvariablen									
4	.35	.37	.37	2	12	268	0.85	3.03	H_0 annehmen

Anmerkungen: Berechnungen basieren auf den Daten der 5. Imputation und der abhängigen Variablen „therapeutische Allianz". Kritische F-Werte über Online-Tool ermittelt (Social Science Statistics, 2018). *korr. R^2*: korrigierter Determinationskoeffizient, R^2: Determinationskoeffizient des Originalmodells, R^2_{restr}: Determinationskoeffizient des restriktiven Modells, N_{restr}: Anzahl der Restriktionen, N_{koeff}: Gesamtzahl der Koeffizienten im restriktiven Modell, $n - N_{koeff}$: Anzahl der Freiheitsgrade im restriktiven Modell, F_{kalk}: berechneter F-Wert, F_{krit}: kritischer F-Wert, H_0: Nullhypothese zum RESET-Test; $\alpha = .05$, $n = 280$.

Hypothesenprüfung

Bei den in Tabelle 8.23 im Detail dargestellten Ergebnissen ist zu beachten, dass der Regressand (Stärke der therapeutischen Allianz) durch die Subtraktion der einzelnen Werte vom größtmöglichen Wert umgekehrt transformiert wurde (umgekehrte Wertetransformation). Die Wahl dieser Transformation wird durch die negative Schiefe der Daten begründet (Anhang K-3 im elektronischen Zusatzmaterial) (Field, 2018, S. 269). Dementsprechend erhöhen negative, nicht standardisierte Regressionskoeffizienten (b) bzw. standardisierte Regressionskoeffizienten (β) die therapeutische Allianz. Positive Koeffizienten verringern diese. Deshalb werden negative statistische Ergebnisse als positive Effekte beschrieben. Vorliegenden Ergebnissen ist zu entnehmen, dass die Alternativhypothese eines hoch signifikanten, geringen positiven Effektes der Zufriedenheit rund um die Angebotsnutzung auf die Intensität der therapeutischen Allianz ($b = -0.24$, $\beta = -0.56$, $p < .001$, $f^2 = 0.47$) anzunehmen ist. Das bedeutet, dass die therapeutische Allianz bei abnehmender Zufriedenheit schwächer wird. Hierbei sind weitere signifikante Effekte anderer personenbezogener sowie netzwerkbezogener Kontrollvariablen zu verzeichnen. Unter Bezugnahme auf das Effektstärkemaß Cohens (1988) f^2 ist davon auszugehen, dass die therapeutische Allianz im Gegensatz zu anderen Kontrollvariablen den größten Effekt hat. Das Alter der Klientinnen hat bis auf die Altersspanne von 26 bis 30 Jahre einen signifikanten, negativen Effekt ($p < .05$) auf die Stärke der therapeutischen Allianz. Einen positiven Effekt ($b = -0.16$, $\beta = -0.11$, $p = .04$, $f^2 = 0.02$) hat demgegenüber der niedrige ISCED-Bildungsgrad der Klientinnen. Bei netzwerkbezogenen Kontrollvariablen ist lediglich bei der Informationsweitergabe durch die Hebamme ein sehr signifikanter, positiver Effekt zu beschreiben ($b = -0.10$, $\beta = -0.13$, $p = .01$, $f^2 = 0.02$). Im Vergleich zu signifikanten Effekten personenbezogener Kontrollvariablen, Alter bis 25 Jahre bzw. 31 bis 35 Jahre, ist dieser Effekt jedoch geringer. Ergebnisse zu kombinierten Daten im Anhang L-5 im elektronischen Zusatzmaterial hinterlegt.

Tab. 8.23 Ergebnis Regressionsmodell Hypothese 4: Subgruppe 1

Modell[a]	nicht standardisierte Koeffizienten		standardisierte Koeffizienten	t	p	
	b	SE	β			Cohens[b] f^2
(Konstante)[c]	2.40	0.15	–	16.55	<.001	–
Zufriedenheit rund um die Angebotsnutzung	−0.24	0.02	−0.56	−11.23	<.001	0.47
Einkommen	0.05	0.04	0.07	1.27	.21	0.01
bis 25 Jahre	0.21	0.08	0.16	2.52	.01	0.02
26–30 Jahre	0.07	0.06	0.08	1.11	.27	0.005
31–35 Jahre	0.15	0.06	0.18	2.66	.01	0.03
ISCED-Bildungsgrad (Klientin: niedrig)	−0.16	0.08	−0.11	−2.08	.04	0.02
Information über Hebamme	−0.10	0.04	−0.13	−2.58	.01	0.02
Information über Internet	−0.06	0.04	−0.08	−1.50	.14	0.01
Information über Printmedien	−0.05	0.05	−0.06	−1.17	.24	0.01
korr. R^2	.35				<.001	

Anmerkungen: b: nicht standardisierter Regressionskoeffizient, SE: Standardfehler, β: standardisierter Regressionskoeffizient, t: T-Wert, p: p-Wert, *korr. R^2:* korrigierter Determinationskoeffizient. [a]Berechnungen basieren auf der 5. Imputation. [b]Nach Cohen (1988) ist 0.02–0.15 als kleiner Effekt, 0.15–0.35 als mittlerer Effekt und >0.35 als großer Effekt zu bewerten. [c]Genutzt wurde die umgekehrt transformierte Variable „therapeutisches Allianz", weshalb negative Werte der Regressionskoeffizienten als positive Effekte zu interpretieren sind, n = 280.

8.2.6 Hypothese 5

Schritt 1–3: Subgruppe 2 ($n = 253$)
Wie in Tabelle 8.24 dokumentiert, wurde auch für die fünfte Hypothesenprüfung die Variable „ISCED-Bildungsgrad" des Partners nicht mit ins Modell aufgenommen. Grund hierfür ist, dass sich die Teilstichprobe ($n = 241$) verringert hätte. Das hoch signifikante Ergebnis der Korrelationsanalyse zwischen ISCED-Bildungsgrad des Partners und ISCED-Bildungsgrad der Klientin ($\tau = .40, p < .001, n = 241$) sprach ebenso für diese methodische Entscheidung.

Tab. 8.24 aufgenommene Variablen: Regressionsmodell Hypothese 5

Variable	Hypothese 5
personenbezogene Variablen	
Einkommen (monatlich)	
Alter (Klientin)	
• *bis 25 Jahre*	x
• *26–30 Jahre*	x
• *31–35 Jahre*	
Familienstand	
Wohnort	x
ISCED-Bildungsgrad (Klientin: niedrig)[a]	
ISCED-Bildungsgrad (Partner)	
Erstelternschaft	
Alter letztgeborenes Kind	x
netzwerkbezogene Variablen	
Schwangerschaft	
therapeutische Allianz	
Zufriedenheit rund um die Angebotsnutzung	x
Zufriedenheit mit der Zusammenarbeit verschiedener Einrichtungen	
originäre Hebammenhilfe in Anspruch genommen	
Blau Index H	x
Informationen zu Angeboten über Hebamme bekommen	
Informationen zu Angeboten über andere Netzwerkpartner	
Informationen zu Angeboten über Printmedien (z. B.: Flyer, Zeitung, …)	
Informationen zu Angeboten über Internet	
Informationen zu Angeboten über Freunde, Bekannte, …	
Informationen zu Angeboten über eigenmotivierte Suche	
Angebotsnutzung auch bei älteren Geschwisterkindern	

(Fortsetzung)

Tab. 8.24 (Fortsetzung)

Variable	Hypothese 5
Geburt bis zum dritten Geburtstag	
originäre Hebammenhilfe in Anspruch genommen	x^b
Blau Index H	x^c
Angebotsnutzung auch bei älteren Geschwisterkindern	x

Anmerkungen: [a]ISCED-Bildungsgrad ermittelt über die Kombination von schulischer sowie beruflicher Bildung gemäß den ISCED-2011-Leveln: niedrig: maximal Mittlere Reife, *x:* Als Kontrollvariable im Modell aufgenommen. x^b: Als Regressor im Modell aufgenommen. x^c: Als Regressand im Modell aufgenommen.

Schritt 4: Subgruppe 2 ($n = 253$)
Um eine mögliche Verbesserung der Modellspezifikation durch oben beschriebene Schritte 1 bis 3 (siehe auch Abschnitt 7.3.4) zu notieren, wurde jeweils F_{kalk} für ausgewähltes Modell berechnet. Nach Anwendung der Rückwärtselimination (Schritt 1 bis 2) sowie anschließender Kombination von personen- sowie netzwerkbezogenen Kontrollvariablen (Schritt 3) wurde, wie in Tabelle 8.25 zusammenfassend dargestellt, der RESET-Test genutzt. Für Modell 1 wurde ein Spezifikationsfehler angezeigt. Die anderen Modelle weisen gute F-Werte (F_{kalk}) auf den adjustierten Determinationskoeffizienten (*korr. R^2* = .245), wird Modell 4 als finales Modell – aufgenommene Variablen vgl. Tabelle 8.24 – zur Hypothesenprüfung genutzt.

Voraussetzungsprüfung
Die Prüfung der Prämissen von Modell 4 (siehe Tabelle 8.25) basiert auf denselben Richtwerten und Literaturstellen wie die der Hypothese 4 (vgl. Abschnitt 8.2.5). Das Regressionsmodell ist signifikant ($F(8,244) = 11.24$, $p < .001$) (Anhang L-1 im elektronischen Zusatzmaterial). Die Residuen sind unkorreliert ($d_{DW} = 1.995$) (Anhang L-2 im elektronischen Zusatzmaterial). Multikollinearität kann ausgeschlossen werden ($1.03 \leq VIF \leq 1.27$). Im Rahmen der fallweisen Diagnose (Anhang L-6 im elektronischen Zusatzmaterial) liegen 6 % ermittelter Werte für standardisierte Residuen ($n = 18$) zwischen 2 und 3 bzw. zwischen -3 und -2, wobei ein Fall mit 3.05 aufgrund der geringen Differenz ebenso dazugezählt wird. Ausgehend von der Größe der Subgruppe ($n = 253$), entspricht dies der Erwartung, dass maximal 5 % der Fälle ($n = 12.65$) außerhalb dieser Grenzen liegen. Zudem sollten maximal 1 % dieser Residuen ($n = 2.53$) außerhalb der Grenze von ± 2.5 liegen. Dies trifft zu ($n = 2$). Die Residuen sind

8.2 Stichprobe 2: Klientinnen

Tab. 8.25 RESET-Test: Hypothese 5

Modell	korr. R^2	R^2	R^2_{restr}	N_{restr}	N_{koeff}	$n-N_{koeff}$	F_{kalk}	F_{krit}	Entscheidung
0	.235	.288	.297	1	19	246−19 = 227	2.91	3.88	H_0 annehmen
Regressor und erhobene personenbezogene sowie netzwerkbezogene Kontrollvariablen									
Regressor									
1	.191	.194	.194	1	3	261	−	−	H_0 ablehnen
Regressor und Auswahl an personenbezogenen Kontrollvariablen									
2	.204	.217	.218	1	7	261−7 = 254	0.32	3.88	H_0 annehmen
Regressor und Auswahl an netzwerkbezogenen Kontrollvariablen									
3	.206	.219	.220	1	7	246−7 = 239	0.31	3.88	H_0 annehmen
Regressor und Auswahl an personen- sowie netzwerkbezogenen Kontrollvariablen									
4	.245	.269	.277	1	11	253−11 = 242	2.68	3.88	H_0 annehmen

Anmerkungen: Berechnungen basieren auf den Daten der 5. Imputation und der abhängigen Variablen „Blau Index H" (Geburt bis zum dritten Geburtstag). Kritische F-Werte über Online-Tool ermittelt (Social Science Statistics, 2018). *korr.* R^2: korrigierter Determinationskoeffizient, R^2: Determinationskoeffizient des Originalmodells, R^2_{restr}: Determinationskoeffizient des restriktiven Modells, N_{restr}: Anzahl der Restriktionen, N_{koeff}: Gesamtzahl der Koeffizienten im restriktiven Modell, $n - N_{koeff}$: Anzahl der Freiheitsgrade im restriktiven Modell, F_{kalk}: berechneter F-Wert, F_{krit}: kritischer F-Wert, H_0: Nullhypothese zum RESET-Test; $\alpha = .05$, $n = 253$.

normalverteilt und es liegt Homoskedastizität vor. Trotz eines leichten Trends, wie der Grafik in Anhang L-7 im elektronischen Zusatzmaterial zu entnehmen, wird Linearität angenommen.

Hypothesenprüfung
Bei den in Tabelle 8.26 im Detail dargestellten Ergebnissen ist zu beachten, dass der Regressand *(Blau Index H)* rückwärts durch die Subtraktion der einzelnen Werte vom größtmöglichen umgekehrt transformiert wurde (umgekehrte Wertetransformation). Dementsprechend erhöhen negative, nicht standardisierte Regressionskoeffizienten (*b*) bzw. standardisierte Regressionskoeffizienten (β) die Heterogenität des professionellen Netzwerkes der Klientinnen. Positive Koeffizienten verringern diese. Ausgehend von den Ergebnissen kann die Alternativhypothese angenommen werden. Es liegt ein hoch signifikanter, geringer negativer Effekt der Nutzung originärer Hebammenhilfen (nach der Geburt) auf *Blau Index H* (*b* = −0.21, β = −0.43, $p < .001$, Cohens $f^2 = 0.21$) vor. Nach Cohen (1988) ist hierbei von einem mittleren Effekt auszugehen. Dementsprechend ist von einem Kausalzusammenhang auszugehen: das professionelle Netzwerk der Klientin wird heterogener, wenn Hebammenhilfe in Anspruch genommen wird. Hierbei sind weitere signifikante Effekte anderer personenbezogener sowie netzwerkbezogener Kontrollvariablen zu verzeichnen. Das Alter der Klientinnen hat, Bezug nehmend auf die Altersspanne „bis 25 Jahre" bzw. „26−30 Jahre" einen geringen signifikanten, positiven Effekt ($p < .05$) auf *Blau Index H*. Tendenziell signifikante, jedoch geringere Effekte auf die Zusammensetzung des professionellen Netzwerks hat das Alter des letztgeborenen Kindes sowie der Wohnort der Klientin. Mit zunehmendem Alter wird das Netzwerk etwas heterogener (*b* = − 0.05, β = −0.02, $p = .06$, Cohens $f^2 = 0.02$). Durch die Kodierung der Variablen „Wohnort" (1 = Hansestadt Rostock, 2 = Landkreis Rostock) und den anzunehmenden positiven Effekt, ist von homogeneren Netzwerken im Landkreis auszugehen. Netzwerkbezogene Kontrollvariablen spielen hinsichtlich der Netzwerkheterogenität ebenso eine Rolle. Während von der Zufriedenheit rund um die Angebotsnutzung lediglich sehr geringe, jedoch signifikante positive Effekte ausgehen, zeigen sich auch im Vergleich zu allen personenbezogenen Variablen die größten, hoch signifikanten Effekte durch *Blau Index H* während der Schwangerschaft (*b* = −0.13, β = −0.20, $p < .001$, Cohens $f^2 = 0.05$) auf die Netzwerkzusammensetzung nach der Geburt. Ergebnisse zu kombinierten Daten sind im Anhang L-8 im elektronischen Zusatzmaterial hinterlegt.

8.2 Stichprobe 2: Klientinnen

Tab. 8.26 Ergebnis Regressionsmodell Hypothese 5:Subgruppe 2

Modell[a]	nicht standardisierte Koeffizienten		standardisierte Koeffizienten	t	p	
	b	SE	β			Cohens[b] f^2
(Konstante)[c]	0.55	0.09	–	6.21	<.001	–
Hebamme (Geburt bis zum dritten Geburtstag)	−0.21	0.03	−0.43	−7.16	<.001	0.21
Alter letztgeborenes Kind	−0.05	0.02	−0.11	−1.90	.06	0.01
bis 25 Jahre	0.09	0.04	0.15	2.49	.01	0.03
26–30 Jahre	0.05	0.02	0.13	2.08	.04	0.02
Wohnort	0.04	0.03	0.09	1.61	.11	0.01
Blau Index H (Schwangerschaft)	−0.13	0.04	−0.20	−3.62	<.001	0.05
Angebote (nach Geburt bis zum dritten Geburtstag) bei älteren Geschwisterkindern genutzt	0.00	0.00	0.08	1.34	.182	0.01
Zufriedenheit rund um die Angebotsnutzung	0.03	0.01	0.13	2.27	.02	0.02
korr. R^2	.25				<.001	

Anmerkungen: b: nicht standardisierter Regressionskoeffizient, SE: Standardfehler, β: standardisierter Regressionskoeffizient, t: T-Wert, p: p-Wert, korr. R^2: korrigierter Determinationskoeffizient, [a]: Berechnungen basieren auf der 5. Imputation. [b]Nach Cohen (1988) ist 0.02–0.15 als kleiner Effekt, 0.15–0.35 als mittlerer Effekt und >0.35 als großer Effekt zu bewerten. [c]Genutzt wurde die umgekehrt transformierte Variable „*Blau Index H*" (Geburt bis zum dritten Geburtstag), weshalb negative Regressionskoeffizienten als positive Effekte zu interpretieren sind, n = 253.

Diskussion, Interpretation und kritische Würdigung 9

Zentrale Ergebnisse des vorliegenden Promotionsprojektes, siehe Tabelle 9.1, werden diskutiert und in den aktuellen Forschungsstand sowie in theoriegeleitete Annahmen eingeordnet.

9.1 Zugänge zur Klientel durch optimierte Vernetzung

Aufgrund der Stichprobenmerkmale erlauben vorliegende Ergebnisse keine Aussage darüber, inwiefern Familien in belastenden Lebenslagen tatsächlich durch Hebammen erreicht werden können. Genau dieser Aspekt ist jedoch relevant, da bekannt ist, dass genau diese Zielgruppe auch in Regionen mit guter Hebammenversorgung nicht immer erreicht wird (Erdin et al., 2017; Neumann & Renner, 2016). Auch für die Hansestadt Rostock ist eine gute Versorgung mit originäre Hebammenhilfe anzunehmen (Jungmann & Thomas, 2010, S. 50). Um Aussagen zur Erreichbarkeit vulnerabler Familien machen zu können, wurde die Perspektive von Hebammen mit untersucht. Schließlich kann durch eine systematische intersektorale Vernetzung der Zugang zu Familien in belastenden Lebenslagen verbessert werden (Albuquerque et al., 2020). Dementsprechend ist die Frage nach interdisziplinären sowie intersektoralen Netzwerken von freiberuflichen Hebammen erkenntnisleitend. Die Ergebnisse der vorliegenden Arbeit erlauben die Verifizierung des sozialökologischen Systemgedankens, dass die Vernetzungsaktivität abhängig ist von netzwerkbezogenen Merkmalen (Mesosystem), wie bspw. die Netzwerkzusammensetzung. Über die systematische Zuordnung individueller Gründe für den Austausch mit anderen Fachkräften zu sozialökologischen Systemen konnten teilweise auch signifikante Zusammenhänge festgestellt werden. Auch zeigte sich ein tendenziell signifikanter Zusammenhang zu vermuteten Gründen für ausbleibende Kontaktaufnahmen, wobei dies

Tab. 9.1 Ergebnisse: systematische Darstellung entlang der drei Qualitätsanforderungen

Zentrale Ergebnisse	Qualitätsanforderung		
	Vernetzung	Zugang	Beziehungs-gestaltung
(1) Effekte eingehender auf ausgehende intersektorale Kontakthäufigkeiten[a,b]			
• Es gibt einen positiven Effekt eingehender intersektoraler Kontakthäufigkeiten auf von Hebammen initiierte intersektorale Kontakthäufigkeiten.	x		
• Mit abnehmender sozialer Homogenität des Netzwerkes von Hebammen erhöhen sich intersektorale Kontakthäufigkeiten.	x		
• „Vermutete Gründe ausbleibender Kontaktaufnahme", die im Mikrosystem zu verorten sind – z. B. Rollenbilder und Vorurteile – erhöhen ausgehende Kontakthäufigkeiten.	x		
(2) Effekte der Zusatzqualifikation zur Familienhebamme auf die Beziehungsstärke[a,c]			
• Es gibt keinen signifikanten Effekt der Zusatzqualifikation auf die Beziehungsstärke.	x		
• Es wurde ein tendenziell signifikanter Einfluss ausgewählter Ausprägungen des sozialökologischen Kategoriensystems beschrieben.	x		
(3) Effekte der Beziehungsstärke auf die Einschätzung der Zusammenarbeit[a,d]			
• Einschätzung zur Zufriedenheit mit der Zusammenarbeit verbessert sich mit abnehmender Beziehungsstärke zu den jeweiligen Institutionen bzw. Berufsgruppen.	x		

(Fortsetzung)

9.1 Zugänge zur Klientel durch optimierte Vernetzung

Tab. 9.1 (Fortsetzung)

Zentrale Ergebnisse	Qualitätsanforderung		
	Vernetzung	Zugang	Beziehungs-gestaltung
(4) Effekte der Begleitung durch die Hebamme auf die Netzwerkheterogenität[e,f]			
• Heterogenität des professionellen Netzwerkes der Klientin erhöht sich, wenn originäre Hebammenhilfe nach der Geburt in Anspruch genommen wird. Positive Effekte haben hierbei personen- und netzwerkbezogene Merkmale der Klientin.	x		
(5) Effekte vom therapeutischen Arbeitsbündnis auf die Zufriedenheit rund um die Angebotsnutzung[e,g]			
• Zufriedenheit von Klientinnen rund um die Angebotsnutzung hat signifikante positive Effekte auf die therapeutische Allianz zur Hebamme.	x		x
• Hinzu kommt ein signifikanter positiver Effekt durch die Kontrollvariable „niedriger ISCED-Bildungsgrad" der Klientin sowie der Information zu weiterführenden Angeboten durch die Hebamme.	x		x

Anmerkungen: [a]Perspektive der freiberuflichen Hebammen, [b]Hypothese 1, [c]Hypothese 2, [d]Hypothese 3, [e]Perspektive der Klientinnen, [f]Hypothese 4, [g]Hypothese 5.

lediglich unter Vorbehalt zu betrachten ist. Demgegenüber zeigt sich hinsichtlich der intersektoralen Zusammensetzung des Netzwerkes kein signifikanter Unterschied zwischen Hebammen mit bzw. ohne Zusatzqualifikation zur Familienhebamme (vgl. Abschnitt 8.1.1). Zwar wurden auch stark homophile bzw. leicht heterophile Netzwerke und damit verschiedene Ausprägungen der Netzwerkzusammensetzung wahrgenommen, doch wurde hier keine, wie im Kontext von Netzwerken Früher Hilfen angestrebt, Heterogenität hinsichtlich der Netzwerkstrukturen entdeckt (Borgatti & Lopez-Kidwell, 2011). Vernetzung – als Proxy-Variable – und damit verbundene Aktivitäten ist kein statisches Gebilde. Es handelt sich hierbei um sich immer wieder verändernde Prozesse. Diese sind abhängig von den sie umgebenden Systemen. Folglich entspricht das Ergebnis der ausbleibenden Netzwerkheterogenität den Erwartungen aufgrund erster deskriptiver Analysen zur Vernetzungssituation in M-V sowie der Hansestadt und dem Landkreis Rostock (S. Albrecht, 2009, S. 104; Jungmann & Thomas, 2010, S. 85; Kluth et al., 2010a; Liel, 2010, 2017; NZFH, 2014a, S. 124 f., 2016b, S. 59; Veith, 2016, S. 26). An dieser Stelle wird zudem das erweiterte Erkenntnisinteresse der vorliegenden Promotionsschrift markiert. So wurde dem sozialökologischen Gedanken folgend, das einzelne Systeme sich gegenseitig beeinflussen, der Mehrebenenansatz zur Analyse interindividuelle Unterschiede der Vernetzungsaktivität freiberuflicher Hebammen genutzt.

9.1.1 Hypothese 1: Vernetzungsaktivität durch aktives Netzwerk erhöhen

Den Ergebnissen der hier dokumentierten Mehrebenenanalyse (Hypothese 1, vgl. Abschnitt 8.1.3) zur Folge ist davon auszugehen, dass die von Hebammen ausgehenden intersektoralen Kontakthäufigkeiten abhängig sind von der Häufigkeit eingehender Kontakte durch Netzwerkpartner unterschiedlicher Leistungssysteme. Aufgrund des hoch signifikanten, positiven Effekts wurde bestätigt, dass die intersektorale Vernetzungsaktivität von Hebammen geringfügig erhöht werden kann, indem Fachkräfte anderer Leistungssystem diese kontaktieren. Mit anderen Worten kann eine solche systematische Kontaktaufnahme zu Hebammen zur angestrebten, verbesserten regionalen Vernetzung führen. Interessant ist in diesem Zusammenhang, dass durch die vorliegende egozentrierte Netzwerkanalyse keine signifikanten Einflüsse von bis dato im Kontext von Netzwerken Früher Hilfen angenommener und teilweise bereits empirisch belegter Faktoren nachgewiesen werden konnten. Beispielsweise scheint der positive Effekt auf verstärkte Kontaktaufnahmen durch die Hebammen unabhängig davon, zu welchem sozialökologischen System diese Faktoren gehören, zu existieren. Keine Abhängigkeit lässt sich diesbezüglich bspw. hinsichtlich der Zusatzqualifikation zur Familienhebamme (Mikrosystem), dem Anstellungsverhältnis oder Wohnort der Klientin, als Verortung in regionalen Netzwerkkonzepten (Exosystem) oder bzgl. bestehender vertraglich geregelter Kooperationen als Verbindungselement einzelner Mikrosysteme auf Ebene des Mesosystems feststellen (Mattern et al., 2012, S. 7; NZFH, 2014c, S. 33; Sann, 2010; Ziegenhain et al., 2011, S. 21).

9.1 Zugänge zur Klientel durch optimierte Vernetzung 213

Netzwerkzusammensetzung
Ebenso im Mesosystem zu verorten, erwies sich die Zusammensetzung des Netzwerks als bedeutsam, und zwar neben dem Effekt eingehender intersektoraler Kontakthäufigkeiten. Das heißt, mit abnehmender Homophilie steigt auch die Häufigkeit von Kontaktaufnahmen zu potenziellen Netzwerkpartnern anderer Leistungssysteme durch die Hebamme. Dieses Ergebnis kann als netzwerktheoretisch und sozialökologisch begründeter empirischer Beleg für bekannte Erfahrungen aus deutschen Modellprojekten Früher Hilfen interpretiert werden. So geht es bei Vernetzungsbestrebungen im Kontext Früher Hilfen nicht darum, sehr häufige und intensive Kontakte zu pflegen, sondern vor allem im Einzelfall auf ein bestehendes sowie strukturell ermöglichtes regionales Netzwerk zurückgreifen zu können (Künster, Knorr et al., 2010a; Fuhse, 2016, S. 65 f.; Jansen, 2006, S. 107; NZFH, 2014b, S. 6; Sann, 2020; Schöllhorn et al., 2010). Mit Blick auf die originäre Hebammenhilfe, die in Verbindung steht mit homophilen Netzwerkkontakten, nämlich vorrangig zu Frauenärztinnen und Frauenärzte sowie Kinderärztinnen und Kinderärzten, ist zu betonen, dass gerade bei Hebammen davon auszugehen ist, dass ihre Netzwerke nie stark heterophil sein können, jedoch zumindest Werte aufweisen sollten, die sich vom stark homophilen Bereich entfernen. Schließlich ist es nur so möglich, dass sich die oft gegebene soziale Homogenität verändert und eine Annäherung an Ziele von Netzwerken Früher Hilfen möglich wird (Borgatti et al., 2018, S. 152; Fuhse, 2016, S. 34; Perry et al., 2018, S. 166 f.; Rogers, 1983, S. 19; Sann, 2020; Ziegenhain et al., 2011, S. 30).

Sozialökologisches Kategoriensystem
Aufgrund der geringen Stichprobengröße konnte in Kombination mit dem Merkmal Netzwerkhomogenität lediglich ein weiterer Einflussfaktor gleichzeitig in das statistische Modell aufgenommen werden. Dies erschien jedoch aufgrund bekannter Praxiserfahrungen erkenntnisleitend. Gemeint sind mögliche asymmetrische Rollenbilder gegenüber Fachkräften anderer Sektoren, die sich aus eigenen Vorstellungen (Mikrosystem) heraus entwickeln und bspw. in der Praxis in ausbleibenden Vernetzungsaktivität der Hebammen (Mesosystem) manifestieren können (Künster, Knorr et al., 2010b; Munro et al., 2013; NZFH, 2012, S. 11 f.; Psaila et al., 2015; Schlüter-Cruse et al., 2016). Hierzu erfasst wurden in der vorliegenden Untersuchung Vorstellungen von Hebammen über mögliche Gründe, warum sie von potenziellen Netzwerkpartnern nicht kontaktiert werden. Es ist von einem signifikanten, negativen Effekt auszugehen. Das bedeutet, vermuten Hebammen Gründe für ausbleibende Kontaktaufnahmen, die dem Mesosystem

zuzuordnen sind, so ist von einer geringeren Kontaktaufnahme auszugehen. Werden keine Gründe geäußert, so tritt auch ein signifikanter Effekt auf. Der mit der Ausprägung „Mesosystem" in Verbindung stehende negative Effekte kann als Spiegel als ungünstig erlebter Zusammenarbeit gesehen werden, die sich dementsprechend negativ auf die von Hebammen initiierten, intersektoralen Kontaktaufnahmen auswirken können. Hier zu verorten sind bspw. Herausforderungen in Bezug auf die Kommunikation zwischen Akteuren verschiedener Leistungssysteme und ist vergleichbar mir Erfahrungen aus deutschen Modellprojekten sowie empirischen Befunden (Albuquerque et al., 2020; Mattern et al., 2012, S. 12; Sann, 2020; Ziegenhain et al., 2011, S. 59). Hinsichtlich der nicht angeführten Gründe für mögliche ausbleibende Kontaktaufnahmen durch Netzwerkakteure liegt die Vermutung nahe, dass dies aufgrund von fehlender Vernetzungsaktivität zustande kam.

Darüber hinaus zeigt sich in der Analyse dieses Modells (vgl. Abschnitt 8.1.3, Tabelle 8.11, Modell 6) inklusive Einflussfaktoren von Netzwerkzusammensetzung und möglichen Gründen gegen eine Kontaktaufnahme eine Tendenz zu ausbleibenden interindividuellen Unterschieden ($p < .10$), die sich im Vergleich zu vorherigen Modellen ebenso beobachten ließ. Dies widerlegt die der vorliegenden Promotionsschrift zugrundeliegende sozialökologische Annahme, dass Aktivitäten in Mesosystemen, wie bspw. die Vernetzungsaktivität von Hebammen, durch andere Systeme, wie bspw. das Mikrosystem (Zusatzqualifikation zur Familienhebamme) oder Exosystem (regionale Voraussetzungen) beeinflusst werden und sich dementsprechend unterschiedliche Ausprägungen der Effekte zwischen den Hebammen ergeben. Andererseits bestärkt dieser empirische Befund die Annahme in Netzwerken Früher Hilfen, dass berufsgruppenspezifische Vernetzungsbestrebungen notwendig sind, um potenzielle Akteure in regionale Netzwerke mit einzubeziehen. Diese Auflösung der Mehrebenenstruktur kann jedoch auch auf die geringe Stichprobengröße zurückzuführen sein. Grund für diese Annahme ist, dass durch das Hinzufügen von zufälligen Regressionsgewichten, das bedeutet intraindividuellen Unterschieden, tendenziell signifikante Varianzen zwischen den einzelnen Hebammen, und zwar bspw. bezüglich der Stärke eingehender intersektoraler Kontakthäufigkeiten, nachgewiesen werden konnten. Dementsprechend liegt hier erstmalig ein empirischer Befund zur Bestätigung der sozialökologisch begründeten Interdependenzen der einzelnen Systeme im Kontext Früher Hilfen vor. Gleichzeitig bietet dieser Grund für die Annahme, dass das im Kontext Früher Hilfen praktizierte berufsgruppenspezifische Vorgehen ausgehend von Analysen der Gesamtnetzwerke nicht genügt, sondern vielmehr individuelle Merkmale egozentrierter Netzwerke in den Vordergrund rücken sollten.

Darüber hinaus ist ein weiterer Aspekt anzuführen. Dieser bezieht sich auf die in der vorliegenden Untersuchung identifizierten abnehmenden Kontakthäufigkeiten. So wären zwar, ausgehend von den Grundideen einzelfallbezogener Vernetzung sowie einem möglichst intersektoralen Netzwerk, nicht zu intensive Kontakte wünschenswert. Dennoch sind im hier beleuchteten Zusammenhang Grenzbereiche zu beobachten. Das bedeutet, dass die intersektoralen Kontakthäufigkeiten, gerade zu potenziellen Akteuren der Kinder- und Jugendhilfe in der vorliegenden Untersuchung durchschnittlich bereits extrem selten auftreten ($4.11 < M < 4.83$, $5 =$ „nie") würde eine Reduzierung der Kontakthäufigkeiten zu gänzlich ausbleibenden Kontakten führen (vgl. Abschnitt 8.2.1).

9.1.2 Hypothese 2: Beziehungsstärke im Kontext von Vernetzung

Die Ergebnisse der vorliegenden Untersuchung (Hypothese 2, vgl. Abschnitt 8.1.4) geben Hinweise darauf, dass die Zusatzqualifikation zur Familienhebamme einen negativen Effekt auf die Einschätzung der Beziehungsstärke zu verschiedenen Akteursgruppen aus Perspektive der Hebamme hat. Aufgrund ausbleibender Signifikanz ist keine Verallgemeinerung auf die Grundgesamtheit möglich. Läge ein signifikantes Ergebnis vor, so wäre der Befund insofern in bestehende Erfahrungen sowie Forschungsergebnisse einzuordnen, als dass Herausforderungen bei intersektoralen Vernetzungsaktivitäten bekannt sind. Vor allem organisatorische Hürden führen zu Schwierigkeiten, die z. B. die Einschätzung der Beziehungsstärke ungünstig beeinflussen können. Gleichwohl stünde dieses Ergebnis dann jedoch im Widerspruch zu Erfahrungen aus verschiedenen Modellprojekten Früher Hilfen. So zeigte sich, dass Herausforderungen, die in Verbindung mit interprofessioneller bzw. intersektoraler Vernetzung stehen, mittels verbindlich geregelter Kooperationen vorgebeugt werden kann (Mattern et al., 2012, S. 7; Ziegenhain et al., 2011, S. 59). In M-V und damit auch in der Hansestadt bzw. dem Landkreis Rostock müssen Familienhebammen solche Verbindlichkeiten mit zuständigen Gesundheitsämtern vertraglich regeln (Klausch et al., 2013, S. 77). Deshalb ist davon auszugehen, dass weitere Wirkfaktoren die Beziehungsintensität ungünstig beeinflussen, es könnte sich hierbei um Vorbehalte gegenüber Akteuren der Kinder- und Jugendhilfe oder auch um aus Modellprojekten Früher Hilfen bekannte strukturell verankerte Hierarchien bzw. unbegründetes Konkurrenzdenken handeln (NZFH, 2014a, S. 124 f., 2020, S. 24; Veith, 2016, S. 68; Ziegenhain et al., 2011, S. 122). Ausgehend von den Ergebnissen der ersten Hypothesenprüfung in Bezug auf mögliche Effekte von eingehenden auf ausgehende Kontakthäufigkeiten kann das Ergebnis der zweiten Hypothese auch dahin gehend interpretiert werden, dass freiberufliche Hebammen im Mittel generell weniger eingehende, intersektorale Kontakthäufigkeiten, z. B. durch das Amt für Jugend, Soziales und Asyl beschreiben, als dies für ausgehende Kontakthäufigkeiten der Fall ist. In Bezug auf die mittleren Kontakthäufigkeiten gilt dies auch für Kontakte mit dem Gesundheitsamt. Unabhängig davon wird die für M-V bereits bekannte mangelhafte intersektorale Vernetzung durch das vorliegende Ergebnis auch aus Perspektive der Hebammen sowie für Bereiche, die durch verbindliche Kooperationen geregelt werden, bestätigt. Damit ist die Perspektive der Hebammen vergleichbar mit der von Koordinierungs- und Steuerungsebene (NZFH, 2016b, S. 59).

Netzwerkmechanismen
Ergebnisse der vorliegenden Untersuchung erweitern den aktuellen Stand der Forschung jedoch insofern, als dass auch bezüglich der Beziehungsstärke Netzwerkmechanismen einen signifikanten Einfluss haben. Mit zunehmender Heterogenität professioneller Netzwerke nimmt die Beziehungsstärke zwischen freiberuflichen Hebammen und verschiedenen Akteursgruppen auch leicht zu. Weitere netzwerkbezogene Aspekte wiesen in der Analyse ebenso signifikante Effekte auf. Es handelte sich hierbei um die von Hebammen geäußerten Gründe für bzw. gegen einen Austausch mit anderen Fachkräften sowie Annahmen über Gründe gegen die Kontaktaufnahme durch potenzielle Netzwerkakteure. Auffällig waren diese Ergebnisse insofern, als dass die interindividuellen Unterschiede, statistisch überprüft mittels Intra-Klassenkorrelation, durch Hinzufügen der drei Variablen des sozialökologischen Kategoriensystems zu möglichen Gründen nicht mehr messbar waren. Dies kann auf mindestens zwei Faktoren zurückzuführen sein: 1.) war entweder die Stichprobe der Hebammen (N = 18) zu klein oder 2.) existiert kein Unterschied innerhalb der Berufsgruppe der Hebammen in Bezug auf Ausprägungen der sozialökologisch gegründeten Kategorien. Letzteres könnte damit als evidenzbasierte Begründung für die Herausforderungen, die aus Erfahrungen von Modellprojekten und empirischen Analysen im Kontext der Bundesinitiative Netzwerke Frühe Hilfen und Familienhebammen (2012–2015) publiziert wurden, gelten (NZFH, 2014a, 2014c, 2016b). Wenn es keine Unterschiede zwischen Individuen einer potenziellen Akteursgruppe für Netzwerke Frühe Hilfen hinsichtlich der Gründe für intersektorale Vernetzung gibt, so können gelingende Netzwerkstrukturen durch Kenntnis dieser Vernetzungsstrukturen gezielter, d. h. auf spezielle Akteursgruppen ausgerichtet, ausgebaut werden. Denkbar wären

9.1 Zugänge zur Klientel durch optimierte Vernetzung 217

hierbei bspw. Qualifizierungsmodule, wie sie bereits in ersten Varianten vom NZFH angeboten werden (NZFH, 2021c; Schott & Niestroj, 2017).

Sozialökologisches Kategoriensystem
Die vorliegenden, ersten Hinweise auf sozialökologisch begründete Hindernisse für bzw. Vorteile von Vernetzung gehen dabei jedoch über die angedeuteten Qualifizierungskonzepte vom NZFH hinaus. Schließlich wird es mittels sozialökologischem Kategoriensystem möglich, z. B. individuelle Hemmnisse für lokale Akteursgruppen für Vernetzungsaktivitäten zu erfassen. Abgeleitet werden könnten daraus im nächsten Schritt konkrete Qualifizierungs- bzw. Weiterbildungsbedarfe. Ebenso wäre es denkbar, dem sozialökologischen Grundgedanken der Abhängigkeit einzelner Systeme folgend, dass aufgrund der angedeuteten fehlenden interindividuellen Unterschiede nicht berufsgruppenspezifische, sondern vielmehr auf einzelne Regionen zugeschnittene Qualifizierungs- bzw. Weiterbildungsbedarfe abgeleitet werden könnten. Auf diesem Weg konzipierte intersektoral angelegte Bildungsangebote würde nicht nur aktuelle von Netzwerkbeteiligten Früher Hilfen geäußerte Bedarfe adäquat beantworten, sondern würden auch – ähnlich dem Grundgedanken lokaler Netzwerktreffen Früher Hilfen – erste Weichen für die einzelfallbezogene Kooperation in der Praxis stellen (NZFH, 2020, S. 26; Psaila et al., 2014; Ziegenhain et al., 2011, S. 107). Zudem könnten ausgehend von der theoriegeleiteten, standardisierten Analyse regionaler Netzwerke bedarfsgerechte Implikationen für ausgewiesene Bereiche der Planung, Steuerung und Koordinierung in den einzelnen Kommunen abgeleitet werden. Dementsprechend lassen sich Impulse der vorliegenden Ergebnisse neben dem Bereich der intersektoralen Vernetzungsaktivitäten – am Beispiel der Hebammen – auch auf einen weiteren Aufgabenbereich Früher Hilfen auf den genannten Ebenen kommunaler Entscheidungsträger mit einordnen (Jungmann & Brand, 2012; Sann, 2020). Letzteres wäre vor allem deshalb erkenntnisleitend, als dass aus Erfahrungen in Modellprojekten Früher Hilfen aufgrund regionaler Besonderheiten Herausforderungen bei der Planung von Fortbildungsangeboten bekannt sind (Ziegenhain et al., 2011, S. 172). Durch den hier vorgestellten evidenzbasierten Entscheidungsprozess könnte bspw. verhindert werden, dass eine für die jeweilige Region sehr wichtige Berufsgruppe von netzwerkbezogenen Aktivitäten ausgeschlossen wird. Die eben angeführten Annahmen können mit vorliegenden empirischen Daten noch nicht belegt werden. Dennoch können nicht nur die signifikanten Ergebnisse der Mehrebenenanalyse (Hypothesenprüfung 2), sondern auch die im Rahmen der Voraussetzungsprüfung

gemachten Analysen, wie bspw. die Ergebnisse des RESET-Tests oder die Tendenz zu signifikanten Effekten – als erste Anzeichen für mögliche Tendenzen in diese Richtung eingeordnet werden.

9.1.3 Hypothese 3: Intersektorale Zusammenarbeit in Abhängigkeit von der Beziehungsstärke

Ergebnisse aus der Hypothesenprüfung 3 (vgl. Abschnitt 8.1.5) legen nahe, dass es einen negativen Effekt der Beziehungsstärke auf die Einschätzung der Zusammenarbeit gibt. Dementsprechend ist davon auszugehen, dass durch häufigere Vernetzungsaktivitäten auch die Einschätzung bezüglich der Zusammenarbeit negativer wird. Dies widerspricht Erfahrungen aus Netzwerken Früher Hilfen, dass Möglichkeiten der gegenseitigen Kontaktaufnahme und die damit verbundene Entwicklung einer gemeinsamen Kommunikationsbasis positive Effekte auf die Zufriedenheit haben (Mattern et al., 2012, S. 32; Sann, 2020; Ziegenhain et al., 2011, S. 59). Es ist jedoch auch davon auszugehen, dass dieser Befund mit der fehlenden intersektoralen Vernetzung in M-V sowie Vorbehalten gegenüber Mitarbeitenden der Jugendhilfe in Verbindung stehen könnte (NZFH, 2014a, S. 124 f., 2016b, S. 59). Nicht zuletzt auch deshalb, weil sich bspw. aus sozialökologischer Perspektive die Rahmenbedingungen vor Ort (Exosystem) die Vernetzungsaktivitäten (Mesosystem) gegenseitig beeinflussen. Interessant ist an dieser Stelle der weitere Befund, dass die Einschätzung der Zusammenarbeit durch einen signifikanten, positiven Effekt aufgrund der Kenntnis zur Bundesinitiative Netzwerke Frühe Hilfen und Familienhebammen leicht verstärkt wird (vgl. auch Abschnitt 8.1.5, Tabelle 8.13, Modell 9). Aufgrund einer vergleichsweise hohen Standardabweichung kann auch dieser Effekt lediglich bedingt eingeordnet werden. Aus sozialökologischer sowie netzwerktheoretischer Perspektive könnte eventuell eine Einordnung dahin gehend erfolgen, als dass Informationen zu neuen gesetzlich geregelten Rahmenbedingungen (Makroebene) durch die Hebamme (Mikroebene) und die eventuell damit verbundene Kenntnis zum regionalen Netzwerkaufbau (Exosystem) die Orientierung innerhalb des Netzwerks vereinfacht und damit auch die Zusammenarbeit mit potenziellen Netzwerkakteuren (Mesosystem) erleichtert wird. Eine weitere Erklärung besteht darin, dass sich die Bereitschaft zur Zusammenarbeit seitens potenzieller Netzwerkakteure Früher Hilfen aufgrund veränderter regionaler Voraussetzungen (Exosystem) positiv veränderte, was sich wieder günstig auf die Beschreibung der Interaktion (Mesosystem) seitens der Hebamme auswirkt. Ähnliche Zusammenhänge wurden in nationalen sowie internationalen Kontexten beschrieben (Olds,

2002; Ziegenhain et al., 2011, S. 86). Anhand der ausgewählten Beispiele des vorliegenden Befunds kann aufgezeigt werden, welcher Teilbereich bestehender Forschungslücken ergänzt wird. So war zum Zeitpunkt der Erhebung noch nicht bekannt, wie genau die Zusammenarbeit mit potenziellen Netzwerkakteuren aus Perspektive freiberuflicher Hebammen beschrieben werden kann (NZFH, 2014c, S. 8). Zudem erweitern vorliegende neue Ergebnisse den Stand der Forschung für das Bundesland M-V, weil nun genauere Informationen zum Mesosystem als Kern intersektoraler Vernetzung aus Perspektive von potenzielle Netzwerkakteure, den freiberuflichen Hebammen, gewonnen wurden.

9.2 Hypothese 4: Therapeutische Beziehungen während der Schwangerschaft

Die Intensität der von Hebammen beschriebenen therapeutischen Allianz zu Klientinnen kann ausgehend von Ergebnissen der vorliegenden Untersuchung als nicht relevant für die Zusammenarbeit mit anderen Fachkräften beschrieben werden. Da kein Unterschied zwischen der therapeutischen Allianz bei Hebammen mit bzw. ohne Zusatzqualifikation zur Familienhebamme festgestellt wurde, ist ferner davon auszugehen, dass diese grundlegende Voraussetzung unabhängig von personen- sowie netzwerkbezogenen Merkmalen der Hebamme als gegeben einzuschätzen ist. Ein anderes Bild zeichnet sich ab, wenn die therapeutische Allianz aus der Perspektive von Klientinnen in den Blick genommen wird. Es ist davon auszugehen, dass die Intensität desselbigen abhängig ist von der subjektiv empfundenen Zufriedenheit rund um die Angebotsnutzung während der Zeit der Schwangerschaft. Bekannt ist dieser Zusammenhang bspw. aus professionstheoretischen Kontexten (Lenzmann et al., 2010; Schrödter & Ziegler, 2007, S. 25). Vorliegende Ergebnisse lassen sich hierbei insofern mit einordnen, als dass belegt wurde, dass diese Annahmen aus Perspektive der Klientin ebenso für Netzwerke Frühe Hilfen zutreffen (vgl. Hypothese 4, Abschnitt 8.2.5). Gleichwohl sind bei vorliegenden neuen Befunden insofern Konkretisierungen vorzunehmen, als dass weitere personen- und netzwerkbezogene Variablen den Zusammenhang zwischen Zufriedenheit und therapeutischer Allianz gering beeinflussen. So wurden bspw. das Alter und Bildungsstand der Klientin als zwei unterschiedlich wirkende Faktoren identifiziert. Während bei Klientinnen im Alter von „bis 25 Jahren" bzw. „31–35 Jahre" ein signifikanter, negativer Einfluss beobachtet wurde, ist ein positiver Effekt des niedrigen Bildungsstandes auf die therapeutische Allianz zu verzeichnen. Insgesamt ist dieser zwar schwächer als der Effekt der Zufriedenheit rund um die Angebotsnutzung bzw. ausgewählte Altersgruppen, scheint jedoch im

Gegensatz zum Einkommen eine bedeutende Rolle zu spielen. Im Kontext von Netzwerken Früher Hilfen ist dies insofern relevant, als dass ein niedriger Bildungsstand als externer Risikofaktor wirksam werden kann. Übertragen auf die Berufsgruppe der Hebammen bedeutet dies, dass die therapeutische Allianz zwar grundsätzlich abhängig ist von der Zufriedenheit rund um die Angebotsnutzung, jedoch bei Klientinnen mit niedrigem Bildungsstand stärker und bei Frauen, die 25 Jahre oder jünger sind, schwächer ausgeprägt ist. Gleichwohl zeichnet sich ab, dass für die Informationsweitergabe zu relevanten weiterführenden Angeboten, die Hebamme eine wichtige Rolle spielt und einen positiven Effekt auf die therapeutische Allianz hat. Begründet werden kann dies mit dem Wunsch nach einzelfallbezogenen Informationen in einem teilweise nicht überschaubaren Netz an Beratungs- und Unterstützungsangeboten. Letzteres lässt sich ableiten aus Ergebnissen der quantitativen Textanalyse (siehe hierzu Abschnitt 7.3.5) zu den von Klientinnen angegebenen „Generellen Verbesserungsvorschlägen während der Schwangerschaft" (EgoID 19, 20, 63, 78, 139, 183, 298, 312, 351, 352). Entgegengesetzt theoretisch begründeter Unterschiede im Land-Stadt-Vergleich, spielte der Wohnort der Klientin – Hansestadt oder Landkreis Rostock – keine Rolle. Ausbleibende Effekte wurden auch hinsichtlich des sozialökologischen Übergangs von der Partnerschaft zur Elternschaft notiert, obwohl über die Hälfte der Klientinnen ($n = 155$) aus Subgruppe 1 ($n = 280$) zum ersten Mal Eltern wurden. Bis dato war weitestgehend ungeklärt, was genau innerhalb dieses Mesosystems aus beiden Perspektiven geschieht (Küster et al., 2017a; NZFH, 2010, 2014a, S. 86, 2016b, S. 32). Die Ergebnisse vorliegender Untersuchung bieten erstmalig einen empirischen Beleg für die Bedeutung sozialer Kontexte aus Perspektive einer für Frühe Hilfen hochrelevanten Berufsgruppe sowie gleichzeitig auch ihrer Adressatinnen. Hervorzuheben sind die Erkenntnisse aus Perspektive der Klientinnen insofern, als dass deutlich wurde, welchen Einfluss ausgewählte netzwerkbezogene Aspekte haben. Im Kontext von Netzwerken Frühe Hilfen sind diese von großer Bedeutung, da es sich hierbei um grundsätzlich veränderbare Merkmale handelt. Das bedeutet, netzwerkbezogene Prozesse sollten bspw. im Kontext der sich dem strukturellen Aufbau von Netzwerken Früher Hilfen anschließenden Weiterentwicklung mit in den Blick genommen werden.

9.3 Hypothese 5: Netzwerkheterogenität nach der Geburt bis zum dritten Geburtstag

Die Inanspruchnahmen originärer Hebammenhilfe ab der Geburt ist mit Effekten auf die Heterogenität des Netzwerkes von Klientinnen verbunden (Hypothese 5, vgl. Abschnitt 8.2.6). Dies kann aufgrund des folgenden Zusammenhangs als empirischer Beleg für die erfolgreich realisierte Vermittlerrolle der Hebamme eingeordnet werden. Aufgrund rechtlicher Rahmenbedingungen in M-V (Makrosystem) sind Netzwerke von Klientinnen mit Kleinkindern nach der Geburt meist zuerst homogen, da lediglich die kinderärztlichen Vorsorgeuntersuchungen verpflichtend sind (Landesamt für Gesundheit und Soziales Mecklenburg-Vorpommern, 2010). Aufgrund des hoch signifikanten Effekts der Inanspruchnahmen von Hebammen ist davon auszugehen, dass diese Gesundheitsfachkraft wichtige Impulse, d. h. bspw. über Informationen zu weiteren Angeboten, für Veränderungen des professionellen Netzwerks von Klientinnen gibt. Genau dies entspricht den Erwartungen der Netzwerke Früher Hilfen: Netzwerkstrukturen lassen sich bspw. über die gezielte Vermittlung zu weiterführenden Beratungs- und Unterstützungsangeboten verändern, da Ansprechpartner verschiedener Sektoren mit ins Spiel kommen. Gleichwohl ist der beobachtete Effekt als Beleg für die bis dato angenommene Vermittlerrolle der Hebamme einzuordnen (NZFH, 2014c, S. 13; Schöllhorn et al., 2010). Darüber hinaus wirkt sich auch die Heterogenität des professionellen Netzwerkes von Klientinnen während der Schwangerschaft positiv auf die Heterogenität desselbigen nach der Geburt aus. Dieser Befund belegt die sozialökologische Annahme, dass gerade während Übergangs rund um die Phase der Geburt (Chronosystem) ein möglichst frühzeitiger Zugang, dass heißt ab der Schwangerschaft, zur Klientel gegeben sein sollte. Bekannt ist dieser Zusammenhang auch aus Erfahrungen in Modellprojekten Früher Hilfen (Brand & Jungmann, 2013a; Cierpka, 2015; Sann, 2020). Aus dem ebenso signifikanten, jedoch in entgegengesetzte Richtung wirkenden Effekt der Zufriedenheit rund um die Angebotsnutzung (während der Schwangerschaft) ist Bezug nehmend auf eben aufgeführten Aspekt abzuleiten, dass neben netzwerkbezogenen Merkmalen auch personenbezogene von Klientinnen mit in den Blick zu nehmen sind. Es ist davon auszugehen, dass Zufriedenheit mit Angeboten auch dazu führen kann, dass diese bspw. nach der Geburt weiterhin genutzt werden. Hierbei kann es auch sein, dass weitere andere Angebote nicht in Anspruch genommen werden. Angesprochene netzwerkbezogene Aspekte könnten ferner deshalb relevant sein, als Ergebnisse der KiD 0–3 belegen, dass eine Zuordnung von Angeboten Früher Hilfen zu Familien aufgrund bekannter Belastungsfaktoren nicht korrekt wäre (Eickhorst et al., 2016). Aufgrund der geringen

Anzahl ausgewerteter offener Antwortformate von Klientinnen zu Themen wie bspw. der ausbleibenden Inanspruchnahme von Angeboten oder Unzufriedenheit mit den selbigen rund um die Phase der Geburt konnten die entwickelten Kategorien nicht in die statistischen Analysen aufgenommen werden. Dennoch zeichnet sich ab, dass bspw. Gründe für die Unzufriedenheit aus Perspektive der Klientinnen als potenzielle Zielgruppe Früher Hilfen in verschiedenen sozialökologischen Systemen verortet werden können (vgl. Abschnitt 7.3.5). Aus den Ergebnissen der quantitativen Textanalyse des vorliegenden Promotionsprojektes könnte bspw. abgeleitet werden, dass Klientinnen während der Schwangerschaft „Gründe für die Unzufriedenheit" beschreiben, die im Mikrosystem, Mesosystem oder Exosystem zu verorten sind. Dementsprechend wäre abzuleiten, dass die Zufriedenheit von Nutzerinnen in der Hansestadt und im Landkreis Rostock erhöht werden könnte, indem die Interaktion der Klientin mit Fachkräften (Mesosystem) relevanter Angebote oder auch die lokale Angebotsstruktur (Exosystem) in den Blick genommen wird. In Verbindung steht dies direkt mit der Qualitätsanforderung „Beziehungsgestaltung" (NZFH, 2014c, S. 12 f.). Ferner sind aus Ergebnissen der quantitativen Textanalyse erste empirische Hinweise dahin gehend zu entnehmen, dass bei „generellen Verbesserungsvorschlägen" die Gestaltung von Übergängen (Chronosystem) – wie bspw. durch Vernetzungsaktivitäten einzelner Fachkräfte – genau dann von Teilnehmerinnen aus der Hansestadt und dem Landkreis Rostock genannt wird, wenn es um Angebote nach der Geburt bis zum dritten Geburtstag geht. Hier wäre Entwicklungspotenzial für die Qualitätsanforderung „Vernetzung" abzuleiten (NZFH, 2014c, S. 12 f.).

9.4 Kritische Würdigung und Implikationen für Kontexte Früher Hilfen

Mit der hier dokumentierten empirischen Untersuchung wurde insofern Neuland betreten, als dass ausgenommen der ersten quantitativen Netzwerkanalyse des Modellprojektes „Guter Start ins Kinderleben" im deutschen Sprachraum im Gegensatz zu den USA keine standardisierten Methoden zur Erhebung von Netzwerken existieren (Künster, Knorr et al., 2010b). Anders als in dieser ersten Erhebung des Gesamtnetzwerkes wird in der vorliegenden Untersuchung die egozentrierte Netzwerkanalyse als standardisiertes Verfahren genutzt. Für die 2015/2016 online erhobenen Daten kam für jede Stichproben, Hebammen und Klientinnen, ein gesonderter Fragebogen zum Einsatz. Mit Ausnahmen des WAI-SR, als Teil jedes Fragebogens, lagen keine vorherigen Validierungsergebnisse vor. In der hier dokumentierten Untersuchung wurde Bezug genommen auf die

Reliabilität des WAI-SR sowie die Reliabilität der Fragen zur Zufriedenheit der Klientinnen rund um die Angebotsnutzung. Hierbei wurde ein Item bezüglich der Zusammenarbeit verschiedener Netzwerkakteure, nach einfaktorieller Faktorenanalyse als separate Variable in die Analyse mit einbezogen. Mit Angaben zu diesen Gütekriterien (vgl. Abschnitt 7.3.7) wird in Bezug auf die elterliche Zufriedenheit ein erster Impuls für die Nutzung validierter Items, in Ergänzung zu weiteren Merkmalen elterlicher Netzwerke im Kontext Früher Hilfen, gegeben (Kindler & Suess, 2010; NZFH, 2016a, S. 11). Die identifizierten, teilweise sehr geringen Effekte wurden ausgehend von ersten bekannten Untersuchungen (Renner & Scharmanski, 2016; Schöllhorn et al., 2010; Taubner et al., 2013b) bzw. eigenen Berechnungen (vgl. Abschnitt 7.2.1) bereits im Vorfeld vermutet. In der Gesamtschau zeigt sich jedoch, dass durch die vorliegende Untersuchung einige Erkenntnisse dem aktuellen Stand der Forschung im Kontext Früher Hilfen beigesteuert werden konnten (vgl. Kapitel 9, Tabelle 9.1). Dies betrifft insbesondere die Qualitätsanforderung Beziehungsgestaltung zwischen Hebamme und Klientin, erstmalig thematisiert durch Doherty (2009, 2010), als eine Voraussetzung für erfolgreiche Vernetzungsaktivitäten durch die Gesundheitsfachkraft. Auch in Bezug auf die zweite Voraussetzung für Vernetzung geben vorliegende Ergebnisse ergänzend zu Erfahrungen aus Modellprojekten Früher Hilfen Hinweise darauf, dass Hebammen tatsächlich einen sehr guten Zugang zur Klientel haben. Allerdings ist die Aussagekraft vorliegender Ergebnisse diesbezüglich eingeschränkt, da vor allem Klientinnen mit mittlerem bzw. hohem ISCED-Bildungsgrad teilnahmen (vgl. Abschnitt 8.2.1). Dementsprechend kann die lang bekannte Frage nach einem systematischen Zugang zur Risikoklientel, idealerweise über freiberufliche Hebammen, mit der vorliegenden Arbeit nicht beantwortet werden (Küster et al., 2017a; Lang et al., 2015; Lengning & Zimmermann, 2009; NZFH, 2014c, S. 21; Renner, 2010; Scharmanski & Renner, 2018; Schlüter-Cruse et al., 2016). Mit Blick auf Ergebnisse der repräsentativen Prävalenzstudie KiD 0–3 ist jedoch anzunehmen, dass die originäre Hebammenhilfe im Gegensatz zur Begleitung durch eine Familienhebamme bei Familien mit niedrigem Bildungsstand seltener genutzt wird (Eickhorst et al., 2016). Bezüglich der zwei genannten ISCED-Bildungsgrade – mittlerer und hoher – ist von einer insgesamt guten Hebammenversorgung in der Hansestadt sowie im Landkreis Rostock auszugehen. Dies kann jedoch nicht als Indikator dafür angesehen werden, dass alle Familien erreicht werden (Sann, 2020). Grund hierfür ist, dass Vulnerabilität in der frühe Kindheit oft durch Kumulation von Risikofaktoren – hierzu gehört neben Armut auch ein niedriger Bildungsstand der Familie – auftritt und damit einher geht auch die ausbleibende Inanspruchnahme von Angeboten (Erdin et al., 2017; A. Lohmann, 2015, S. 19; Neuman & Renner, 2016; Schone, 2014; Schücking,

2011). Neben der Kumulation von Risikofaktoren ist zudem für M-V bekannt, dass vor allem Angebote aus dem Gesundheitsbereich aufgrund infrastruktureller Gegebenheiten oft nicht in Anspruch genommen werden (Kluth et al., 2010a; Kluth et al., 2010b).

Die geschilderte komplexe Problematik scheint jedoch nicht nur aufgrund des in der vorliegenden Arbeit genutzten Forschungsdesign aufzutreten, sondern vielmehr abhängig zu sein von weiteren Faktoren. Allem voran geht es dabei um fehlende, bundesweite und länderspezifische Statistiken. Dementsprechend können lediglich Schätzwerte zur Hebammenversorgung ausgehend von den Geburtenzahlen und Mitgliedschaften in Hebammenverbänden angegeben werden (Lange, 2013). Gleichwohl ist aus Ergebnissen der bundesweiten Prävalenzstudie KiD 0–3 bekannt, dass ein flächendeckender Zugang zur Familien in belastenden Lebenslagen am besten über Kinderärztinnen und Kinderärzte ermöglicht werden kann (Eickhorst et al., 2016). Die in der KiD 0–3 nicht thematisierte Beziehungsgestaltung zwischen Arzt und Klientel als Voraussetzung für weitere Vernetzungsaktivitäten begrenzt die Aussagekraft bzgl. des Vorteils dieses Zugangsweges allerdings. Gleichwohl ist aufgrund der vorliegenden Untersuchung anzunehmen, dass Hebammen Kinderärztinnen und Kinderärzte im Mittel etwas häufiger kontaktieren, als dass sie von diesen Ärzten kontaktiert werden (vgl. Abschnitt 8.2.2). In Bezugnahme auf das in der vorliegenden Arbeit genutzte Forschungsdesign bedeutet dies, dass in einem künftigen Forschungsprojekt dieser Art bspw. die Perspektive von Hebammen mit der von Kinderärztinnen und Kinderärzten gemeinsam zu betrachten wäre. Hierbei müssten die Forschungsschwerpunkte noch stärker auf mögliche Gründe für bzw. gegen einen interprofessionellen Austausch ausgerichtet werden. Über ein solches Design könnte z. B. untersucht werden, warum ärztliches Fachpersonal Hebammen seltener kontaktiert. Damit könnten Vernetzungsaktivitäten dieser Art verbessert werden. Durch kinderärztliche Vorsorgeuntersuchungen sind vulnerable Familien gut erreichbar (Eickhorst et al., 2016; Eickhorst & Liel, 2020). Wenn demnach Kinderärztinnen und Kinderärzte mit freiberuflichen Hebammen miteinander vernetzt sind, könnten folglich Zugänge der Hebamme zu Familien in belastenden Lebenslagen optimiert werden. Genutzt werden sollte in einem solchen Design die Kombination von standardisierten Elementen sowie offenen Antwortformaten, wobei letztere im Gegensatz zur vorliegenden Untersuchung einen größeren Anteil an der Befragung haben sollten. Auf diese Weise könnte bspw. auch das in der vorliegenden Promotionsschrift vorgeschlagene sozialökologische Kategoriensystem aus verschiedenen Perspektiven von für Netzwerke Frühe Hilfe relevanter Akteure weiterentwickelt werden. Mithilfe dieses Kategoriensystems sowie netzwerkbezogener Indices stände eine kurzfristige aber auch nachhaltige Lösung zur Verfügung, die Möglichkeiten der Vergleichbarkeit von Vernetzungsaktivitäten aufzeigt. Diese ist einerseits notwendig, um Netzwerke Frühe Hilfen weiterzuentwickeln. Andererseits ist eine Vergleichbarkeit verschiedener Netzwerke bei ausschließlichem Bezug auf beziehungsbezogene Aspekte ohne ein solches theoriegeleitetes System aus forschungsmethodischen Gründen nicht möglich. Dies gilt vor allem auch deshalb, weil Netzwerke Früher Hilfen sehr stark abhängig sind von regionalen Gegebenheiten (Eickhorst et al., 2016; Sann, 2020).

9.5 Methodenkritik

Insbesondere aufgrund der geringen Stichprobengröße der Hebammen ist kritisch zu hinterfragen, inwiefern eine Mehrebenanalyse als quantitative Methode tatsächlich angezeigt ist. Die Entscheidung hierfür kann ausgehend von Besonderheiten egozentrierter Netzwerkdaten beschrieben werden. Daten egozentrierter Netzwerke sind mit einem Mehrebenenansatz zu untersuchen, wenn folgende Merkmale zwischen dem jeweiligen Ego und seinen Alteri auftreten:

1. Ähnlichkeiten,
2. Zusammenhänge
3. Abhängigkeiten

Durch die hierarchische bzw. geschachtelte Anordnung von Daten ist davon auszugehen, dass sich 1. Alteri eines einzigen Egos, wie zum Beispiel der Hebamme, ähnlicher sind, als dies bei einem gruppenweisen Vergleich zwischen den Egos der Fall ist. Folglich liegt eine Abhängigkeit der Alteri von der übergeordneten Ebene vor. Für die vorliegende Untersuchung bedeutet dies, dass Beziehungen zu den Alteri einer Hebamme ähnlicher sind als dies bei einem Vergleich von Beziehungen zu Alteris verschiedener Hebammen der Fall ist. Dementsprechend ist anzunehmen, dass die intraindividuellen Unterschiede bzgl. ausgewählter Netzwerkmerkmale, wie bspw. Kontakthäufigkeiten zwischen Hebammen und potenziellen Netzwerkakteuren, geringer sind als die interindividuellen Unterschiede (Eid et al., 2017, S. 728 ff.; Perry et al., 2018, S. 206; S. Voß, 2015). Ein Ignorieren dieser hierarchischen Datenstruktur bestünde 2. die Gefahr, dass „man einen Zusammenhang bzw. einen Effekt, der auf der Ebene von Gruppen (Level-2-Einheiten) gefunden wurde, fälschlicherweise auf der Ebene von Individuen (Level-1-Einheiten) interpretiert." (Eid et al.,2017, S. 730). In der Anwendung steht mit diesem sogenannten ökologischen Fehlschluss das

Simpson-Paradox in enger Verbindung. Werden bspw. Merkmale von Alteri (Level-2-Einheiten) auf die Ebene von Ego aggregiert (Level-1-Einheiten), können sich mögliche Zusammenhänge anders darstellen als dies bei Betrachtung der hierarchischen Struktur der Fall ist. Ein Grund hierfür könnte bspw. die Auslassung möglicher Drittvariablen sein (Eid et al., 2017, S. 729). Ein weiteres Kennzeichen geschachtelter Datenstrukturen sind 3. Abhängigkeiten, die bspw. „für die inferenzstatische Absicherung von Regressionseffekten" (Eid et al., 2017, S. 730) ungünstig sind und gegen Voraussetzungen für lineare Regressionsanalysen verstoßen. Dementsprechend wäre für künftige Forschungsvorhaben dieser Art abzuleiten, bei der Erhebung von regionalen Netzwerkstrukturen bei kleiner Regionen unterschiedliche regionale Netzwerke Frühe Hilfen mit einzubeziehen.

9.6 Implikationen für die Forschungspraxis

9.6.1 Datenerhebung

Unabhängig von den verschiedenen Wegen der Kontaktaufnahme zu potenziellen Studienteilnehmenden, allem voran bspw. über Familienhebammen oder Ehrenamtliche der Tafel Deutschland e. V. unterschiedlicher Regionen der Hansestadt und dem Landkreis Rostock, nahmen Familien in vulnerablen Lebenssituationen kaum teil. Deshalb sind vorliegende Ergebnisse hinsichtlich der Nutzung von Angeboten Früher Hilfen auch nur bedingt auf diese Teilgruppe übertragbar. So bot zwar das genutzte Online-Tool (EvaSys der Universität Rostock) die Möglichkeit, von verschiedenen Endgeräten zugreifen zu können, da bekannt war, dass Internetnutzende vor allem Tablet-PC und Smartphones bevorzugen (Initiative D21, 2016, S. 8 ff.). Dennoch ist Bezug nehmend auf die zweite Stichprobe (Klientinnen) der vorliegenden Arbeit kritisch anzumerken, dass eine abnehmende Nutzung des Mediums Internet bei Personen mit geringem Einkommen beobachtet wird (Initiative D21, 2016, S. 59; Wagner & Hering, 2014). Zwar geben 42 % der befragten Personen mit einem Haushaltsnettoeinkommen von unter 1 000 Euro monatlich an, dass das Internet ihren Alltag maßgeblich beeinflusst (Initiative D21, 2016, S. 22). Dennoch ist im bundesweiten Vergleich in Mecklenburg-Vorpommern die geringste Internetnutzung zu verzeichnen (Initiative D21, 2016, S. 56). Damit könnte der Zugang zur Online-Umfrage trotz umfassender Rekrutierungsmaßnahmen als Herausforderung für Familien in Risikolagen eingestuft werden. Das bedeutet für weitere Untersuchungen, dass eine Kombination einer Online-Version sowie einer Papierversion erfolgsversprechender sein könnte. Letztere wurde bspw. im Rahmen der KiD 0–3

9.6 Implikationen für die Forschungspraxis

genutzt (Eickhorst et al., 2016). Neben einer Steigerung der Teilnehmerrate könnte durch die Kombination verschiedener Erhebungsmethoden eventuell auch die Anzahl der nicht vollständig ausgefüllten und damit Großteils nicht verwendbaren Fragebögen – wie es in der vorliegenden Untersuchung bei Fragebögen der Klientinnen ($n > 100$) der Fall war – reduziert werden. Grundsätzlich sind Ergebnisse einer Online-Befragung mit jenen einer persönlichen oder telefonischen Erhebung vergleichbar. Das trifft insbesondere dann zu, wenn es wie im vorliegenden Projekt um einen Befragungsgegenstand geht, der nicht direkt mit der Internetnutzung selbst in Verbindung steht (Gräf, 2010, S. 34). Diese Eignung der Online-Befragung gilt auch für die genutzte egozentrierte Netzwerkanalyse (Perry et al., 2018, S. 49 f.). Für die Erfassung professioneller Perspektiven wie bspw. die von freiberuflichen Hebammen und anderen potenziell relevanten Berufsgruppen in Netzwerken Früher Hilfen scheint die in der vorliegenden Arbeit genutzt Online-Befragung geeignet zu sein. Diese Einschätzung ist zu begründen durch die rege Nutzung – teilweise im vergangenen Jahr auch bedingt durch die Pandemie – von webbasierten Forschungsdesigns (Krahl, Pehlke-Milde et al., 2018; NZFH, 2020, S. 11; Renner et al., 2021). Aufgrund des gewählten offenen Zugangs zur Online-Befragung kann trotz systematischer Datenbereinigung eine vereinzelter Mehrfachteilnahme, hier teilweise auch bedingt durch den Einsatz des Gutscheins als Dankeschön nach Teilnahme, nicht komplett ausgeschlossen werden (Gräf, 2010, S. 63). Eventuelle Einschränkungen sind auch bezüglich des Instruments zur Messung der therapeutischen Allianz zu beachten. So ist trotz oben skizzierten Vorteilen beim Einsatz des validierten WAI-SR z. B. mit Effekten sozialer Erwünschtheit zu rechnen (Wilmers et al., 2008). Diese können im Kontext der Netzwerkanalyse hinsichtlich der therapeutischen Allianz zudem dadurch verstärkt worden sein, dass bspw. während der Datenerhebung die Situation der freiberuflichen Hebammen, neben der ohnehin anhaltenden berufspolitischen Spannungen, auf gesundheitspolitischer Ebene aufgrund ansteigender Haftpflichtprämien stark diskutiert wurde (DHV, 2014; Ziegenhain et al., 2011, S. 86). Um diesen Effekt von vornherein etwas entgegenwirken zu können, wurde der WAI-SR im Rahmen der anonymen Befragung in Kombination mit offenen Zugängen zur Online-Befragung genutzt (Kuckartz et al., 2009, S. 13; Wagner & Hering, 2014; Wilmers et al., 2008). Darüber hinaus wurde – ausgehend von Praxiserfahrungen – durch die regionale Verortung der Untersuchung die Wahrscheinlichkeit einer höheren Datenqualität dadurch gesichert, dass während der Datenaufbereitung ein systematischer Abgleich der Angabe „Hebammen" bzw. „Familienhebamme" zur Angebotsnutzung während der Schwangerschaft (Stichprobe 2: Klientinnen) erfolgte. Auf diese Weise sollte eine mögliche falsche

Angabe ausgeschlossen werden, da in M-V (Familienhebamme im Geburtshaus Am Vögenteich GmbH 5/2015 nach mündlicher Mitteilung) lediglich die Inanspruchnahme originärer Hebammenhilfe möglich ist (Eickhorst et al., 2016).

9.6.2 Egozentrierte Netzwerkanalyse

Für die Untersuchung größerer Stichproben eignet sich die egozentrierte Netzwerkanalyse und sollte Analysen des Gesamtnetzwerkes vorgezogen werden (Marsden, 2005; Wolf, 2010). Hier ist auch die vorliegende Untersuchung einzuordnen, wobei gleichzeitig bekannte Vorteile von Survey-Methoden genutzt werden konnten (Kindler & Suess, 2010). Gleichzeitig ist jedoch anzumerken, dass die aus der vorliegenden Untersuchung abgeleiteten Ergebnisse zwar innerhalb der zwei Stichproben selbst, nicht aber zwischen verschiedenen Untersuchungen vergleichbar sind (Perry et al., 2018, S. 160). Die Vergleichbarkeit empirischer Analysen wird im Kontext von Netzwerken Früher Hilfen immer eine Herausforderung darstellen. Als Gründe hierfür können bspw. starke regionale Abhängigkeiten intersektoraler Vernetzungsaktivitäten, verschiedene gesetzliche Grundlagen potenzieller Netzwerkakteure sowie eine teilweise sehr unterschiedliche berufliche Sozialisation angeführt werden (Ayerle et al., 2014; Eickhorst et al., 2016; Fischer, 2014; Sann, 2020; Schlüter-Cruse & Sayn-Wittgenstein, 2017; Schlüter-Cruse, 2018). Darüber hinaus ist aus sozialökologischer und netzwerktheoretischer Perspektive davon auszugehen, dass Aktivitäten potenzieller Netzwerkakteure sowie Zielgruppen Früher Hilfen stets auch abhängig sind vom jeweiligen sozialen Umfeld. Aus demselben Grund scheint jedoch die Nutzung von standardisierten quantitativen Methoden zur Erhebung netzwerkbezogener Merkmale, wie bspw. Netzwerkzusammensetzung, unabdingbar. Zudem wäre es bei künftigen Forschungsprojekten empfehlenswert, anstatt der für die Analyse von Daten der Klientinnen multiplen linearen Regression ein hierarchisches Modell zu nutzen. Hierzu müsste dem statistischen Modell zur Untersuchung von Netzwerken der Familien eine weitere Ebene ergänzt werden. So könnte bspw. bei Klientinnen davon ausgegangen werden, dass ihre Angebotsnutzung im Kontext Früher Hilfen vom Wohnort abhängig ist. In diesem Fall wäre Ebene 3 der Wohnort und diesem zugeordnet die jeweiligen Egos (Perry et al., 2018, S. 226; S. Voß, 2015). Eine dritte Ebene könnte in egozentrierten Netzwerken von Hebammen auch hinsichtlich der Zugehörigkeit zu verschiedenen Sektoren hinzugefügt werden. Die Hebamme (Ego) wäre in diesem Fall auf Ebene 3 angesiedelt, die jeweiligen Sektoren auf Ebene 2 sowie Egos Alteri auf Ebene 1. Aufgrund geringer Stichprobengröße (Hebammen, $N = 18$) wurde von einem 3-Ebenen-Modell

9.6 Implikationen für die Forschungspraxis

abgesehen. Zudem wäre es trotz anonymem Charakter der Online-Befragung ausgewählter Akteure Früher Hilfen, wie bspw. Hebammen zu ihrer Vernetzungsaktivität von Vorteil, zumindest den Träger der einzelnen Netzwerkakteure mit zu erfassen, um mögliche Überschneidungen von Beziehungen zu Alteri verschiedener Egos ausschließen zu können (Crossley et al., 2015, S. 130; Perry et al., 2018, S. 205 ff.). Da aus vorherigen Evaluationen regionaler Netzwerkaktivitäten von einer sehr geringen intersektoralen Vernetzung der Hebammen auszugehen war, wurde in der vorliegenden Arbeit auf ein solches Vorgehen verzichtet (S. Albrecht, 2009, S. 104; NZFH, 2014a, S. 124 f.; Veith, 2016, S. 26). Zur Optimierung von Vernetzungsprozessen in Regionen mit geringer intersektoraler Vernetzungsaktivität könnte es ferner zielführend sein, anstatt einem quantitativen Forschungsdesign eine qualitative egozentrierte Netzwerkanalyse zu nutzen, um bspw. mittels Namens-Generatoren die Namen von Netzwerkakteuren mit zu erfassen (Crossley et al., 2015, S. 45 ff.; Fuhse, 2016, S. 118 ff.; Perry et al., 2018, S. 68 ff.). Dies könnte insofern dem erweiterten Erkenntnisinteresse dienen, als dass bekannt ist, dass Vernetzungsaktivitäten im Kontext Früher Hilfen stark von persönlichen Beziehungen zu einzelnen Netzwerkakteuren abhängig sind. Über einen qualitativen Ansatz könnte ermittelt werden, ob sich bspw. Hebammen immer nur oft mit Schwangerschafts(konflikt-)-beratungsstellen austauschen, wenn es sich um einen bestimmten Träger bspw. Mitarbeitende handelt. Erkenntnisse diesbezüglich könnten gezielten Vernetzungsaktivitäten in Kooperation mit nicht genannten, regional verorteten Trägern sein. Am Beispiel freiberuflicher Hebammen wird deutlich, dass hier aufgrund des teilweise sehr weiten Aktionsradius eine bedeutend größer Anzahl potenzieller Kooperationspartner in Frage kommt, wodurch ein quantitativer Ansatz zu bevorzugen ist. Ebenso denkbar wäre jedoch auch eine Dokumentenanalyse, wodurch tatsächlich Kontakte mit konkretem Bezug zu regionalen Trägern nachgezeichnet werden könnten. Exemplarisch angeführt sei an dieser Stelle die Sekundäranalyse von Dokumentationen freiberuflicher Hebammen mit Blick auf die Wochenbettbetreuung von Frauen in belastenden Lebenslagen in der Schweiz (Erdin et al., 2017). Kombiniert werden könnte diese Dokumentenanalyse mit einer quantitativen Netzwerkanalyse, in der allerdings eine geringere Anzahl potenzieller Netzwerkakteure von freiberuflichen Hebammen im Fragebogen aufgenommen würde. Auf diesem Weg könnte detailliertere Informationen zu den jeweiligen Alteri erfasst werden. Unabhängig vom gewählten Forschungsdesign ist bei quantitativen Ergebnissen dieser Art mit zu beachten, dass die Einbettung analysierter egozentrierter Netzwerke in die sie umgebenden Netzwerkstrukturen nicht mit beachtet wird. Um zuletzt genannten Aspekt mit zu untersuchen, empfiehlt sich die Analyse von Gesamtnetzwerken (Perry et al., 2018, 29 f.).

9.7 Implikationen für die Vernetzungspraxis

Ausgehend von den vorliegenden Untersuchungsergebnissen kann keine Aussage in Bezug auf den tatsächlichen Zugang zur Risikoklientel über freiberufliche Hebammen gemacht werden. Mit Blick auf die drei thematisierten Qualitätsanforderungen an Netzwerke Frühe Hilfe sowie auf Erkenntnisse der Netzwerkforschung ist jedoch davon auszugehen, dass Zugänge grundsätzlich über regionale intersektorale Vernetzungsstrukturen verbessert werden können (Albuquerque et al., 2020). Dementsprechend ist der regionalen, intersektoralen Vernetzung als Qualitätsanforderung eine zentrale Rolle für die Praxis Früher Hilfen zuzuschreiben. Aus Perspektive potenziell relevanter Berufsgruppen kann es möglich werden, mithilfe des sozialökologischen Kategoriensystem zentrale Gründe für bzw. gegen das Gelingen regionaler Vernetzungsaktivitäten zu identifizieren. Über diesen Weg ermittelte Gründe können schließlich für einen Austausch auf Koordinierungs- und Steuerungsebene genutzt werden, um z. B. neue aktive Netzwerkpartnerinnen und Netzwerkpartner zu gewinnen. Gleichzeitig dienen aufgeführte Gründe gegen einen Austausch mit potenziellen Netzwerkakteuren Früher Hilfen der gezielten Optimierung regionaler Netzwerkstrukturen. Dies gilt sowohl für Regionen, in denen dieser Netzwerkaufbau im Rahmen der Bundesinitiative Netzwerke Frühe Hilfen und Familienhebammen gelang, aber auch für jene bspw. M-V, in denen Verbesserungspotenzial zu konstatieren ist (NZFH, 2016b). Darüber hinaus liegt es nahe, nicht zuletzt auch aufgrund des Fachkräftemangels im Gesundheitsweisen (Horschitz et al., 2015, S. 91; Makowsky & Wallmeyer-Andres, 2015, S. 7; NZFH, 2014a, S. 130) sowie aufgrund des durch Konzepte Früher Hilfen nicht umfassend mitbedachten finanziellen Ausgleichs für freiberufliche Netzwerkakteure (Küster et al., 2017a, S. 2; NZFH, 2014a, S. 6, 2016b, S. 69), wie bspw. Hebammen nahe, eine Online-Portal Früher Hilfen zu entwickeln, das einen regionalen bzw. sogar einen überregionalen Austausch potenzieller Netzwerkakteure Früher Hilfen ermöglicht. Auch für potenzielle Akteure und Akteurinnen Früher Hilfen aus anderen Sektoren, könnte ein solches System gewinnbringend sein.

<u>Weiterentwicklung regionaler Vernetzungsaktivitäten</u>
Erste Überlegungen liegen für den Bereich der Gesundheitsförderung in Deutschland bereits vor (Salaschek & Nöcker, 2018). Am Beispiel des bereits bestehenden Online-Portals „inforo" (BZgA, 2021) – einem Projekt der Bundesstiftung Frühe Hilfen – kann ausgehend von theoriegeleiteten empirischen Befunden ein solches passgenaues Angebot inklusive agiler Bildungsmöglichkeiten entwickelt werden. Neben den im Online-Portal „inforo" bestehenden und noch

nicht im flächendeckendem Umfang genutzten Materialien sei weiterführend auf innovative Konzepte wie bspw. Massive Open Online Courses (MOOCs) oder Kurz- bzw. Kürzest-Lerneinheiten (Micro-Learning, Learning Nuggets) verwiesen (Rohs, 2014; Schall, 2020; Sexauer & Weichsel, 2017). Darüber hinaus könnten auch Möglichkeiten der Einbindung von Online-Inhalten in Weiterbildungsangebote vor Ort – als sogenanntes Blended Learning – mit in den Blick genommen werden (Weber, Tilch & Schuster, 2021). Durch die Weiterentwicklung der Online-Plattform „inforo" als Bildungsplattform könnten folglich zudem intersektorale Kooperations- und Vernetzungsbestrebungen gezielt weiterentwickelt werden. Besonders attraktiv scheint ein solches integratives und nachhaltiges Online-Konzept vor allem auch deshalb zu sein, weil Netzwerkbeteiligte Früher Hilfen – Akteure und Akteurinnen aus M-V waren bei dieser Befragung nicht vertreten – nach wie vor von mangelnden Zeitressourcen sowie bis dato teilweise nicht präsenten, potenziell relevanten Beteiligten bei regionalen Netzwerktreffen berichten (NZFH, 2020, S. 19 ff., 2021a). In einem nächsten Schritt wären über ein solches interaktives Online-Portal erste virtuelle Wege für die gesetzlich verankerte einzelfallbezogene Kooperation (§ 3 KKG) (Sann, 2020) geebnet. Darüber hinaus würde auf diese Weise der durch potenzielle Akteure und Akteurinnen geäußerte Bedarf an fachlicher Weiterentwicklung Früher Hilfen nachhaltig gewährleistet werden. Genau dies ist die zentrale Aufgabe der Bundesstiftung Früher Hilfen dar (NZFH, 2020, S. 6 ff.).

Evidenzbasierte Weiterentwicklung Früher Hilfen
Ergebnisse der vorliegenden Untersuchung geben Hinweise darauf, dass standardisierte egozentrierte Netzwerkanalysen im Kontext Früher Hilfen dem Erkenntnisgewinn dienen können (siehe auch Abbildung 9.1). Hervorzuheben ist dabei vor allem das Potenzial möglicher Vergleiche auf regionaler Ebene aus Perspektive potenzieller Netzwerkakteure im Rahmen einer Analyse (Perry et al., 2018, S. 160). Mittels Langzeituntersuchung, d. h. bspw. wiederholte Online-Befragungen einer ausgewählten Gruppe verschiedener Akteure Früher Hilfen unterschiedlicher Berufsgruppen sowie Sektoren, könnten zudem Entwicklungsverläufe von Vernetzungsaktivitäten näher untersucht werden. Zur systematischen Analyse dieser schlägt die Autorin der vorliegenden Promotionsschrift ein sozialökologisches Kategoriensystem vor. Ausgehend von dieser theoriegeleiteten Systematik ist es möglich, evidenzbasierte Anhaltspunkte für Optimierungspotenziale zu identifizieren. Neben standardisierten Angaben zu egozentrierten Netzwerken wären hierfür vor allem auch offene Antwortformate zielführend, welche nicht nur relevante Gründe für bzw. gegen Vernetzungsaktivitäten aus Perspektive von Ego auf Ego-Level erfassen, sondern vielmehr verstärkt auch noch

einen Schritt weitergehen. So scheinen vor allem in Bezug auf mögliche Faktoren, die eine interprofessionelle bzw. intersektorale Zusammenarbeit verhindern, Annahmen Egos über die Einstellungen der Alteri (Alter-Level), d. h. potenzielle Netzwerkakteure, besonders erkenntnisleitend zu sein. Nachdem erfasste Gründe einer sozialökologischen Kategorie zugeordnet worden sind, wären Überlegungen bezüglich der Beteiligten, wie bspw. die Hebamme dieser notwendig. Hierbei gibt es lediglich drei Optionen:

1. Gründe, die dem Mikrosystem bzw. Mesosystem zuzuordnen sind, beziehen sich auf die Netzwerkakteure selbst. Eine Optimierung kann erfolgen über passgenaue Weiterbildungsangebote bzw. durch Ergänzung von Ausbildungscurricula bzw. Studienordnungen um die intersektorale Vernetzung betreffende Inhalte. Grundsätzlich bestehen hier Anknüpfungspunkte zu anderen potenziell relevanten Berufsgruppen für Frühe Hilfen, denn die fachliche Weiterentwicklung dieses Handlungsfelds scheint aus Perspektive verschiedener Akteure und Akteurinnen erwünscht zu sein (NZFH, 2020, S. 6).

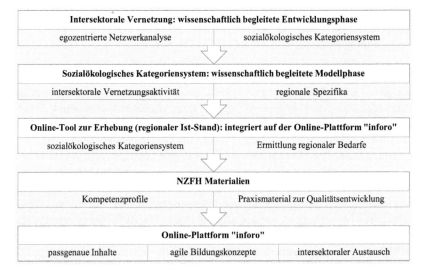

Abb. 9.1 Implikationen für die Forschungs- und Vernetzungspraxis am Beispiel der Online-Plattform „inforo" (BZgA, 2021)

2. Gründe, die dem Exosystem zuzuordnen sind, beziehen sich auf regionale Spezifika, wie bspw. Verfügbarkeit von Angeboten oder Koordination dieser durch Netzwerkkoordination bzw.
3. Gründe, die im Makrosystem zu verorten sind, sollten idealerweise zu Optimierungsimpulsen auf landesrechtlicher bzw. bundesweiter Ebene über Initiativen, Vorschriften, und Gesetze, führen.

9.8 Fazit

Um die Rolle von freiberuflichen Hebammen in Netzwerken Früher Hilfen zu untersuchen, wurde ein quantitatives Forschungsdesign unter Bezugnahme auf zwei verschiedene Perspektiven – von Hebammen und Klientinnen – genutzt. Theoriegeleitet betrachtet wurde die Rolle dieser Gesundheitsfachkraft unter Bezugnahme auf drei Qualitätsanforderungen an Netzwerke Frühe Hilfen: Zugang, Beziehungsgestaltung und Vernetzung. Alle Vernetzungsaktivitäten sind aus sozialökologischer Perspektive abhängig von Systemen, von denen Individuen – wie bspw. Netzwerkpartnerinnen und Netzwerkpartner von Hebammen – umgeben sind. Für Netzwerke Frühe Hilfen ist die Proxy-Variable *Vernetzung* insofern von Bedeutung, als dass sie gezielt durch entsprechende Ausgestaltung sozialökologischer Systeme verändert werden kann (Bronfenbrenner, 1993; Kindler & Suess, 2010; Liel, 2010, 2017). Am Beispiel eingehender intersektoraler Kontakthäufigkeiten, konnten diesbezüglich geringe Effekte auf eine sich verändernde Vernetzungsaktivität der Hebamme nachgewiesen werden. Ebenso gezeigt wurde, dass die Beziehungsstärke die Zufriedenheit von Hebammen auf die Zusammenarbeit mit anderen Fachkräften beeinflusst. Ausgehend von theoriegeleiteten Annahmen wurde ebenso der Einfluss der Zufriedenheit mit Angeboten Früher Hilfen auf das Arbeitsbündnis zur Hebamme aus Perspektive von Klientinnen mit ersten empirischen Ergebnissen untermauert (Lenzmann et al., 2010). Gleichwohl konnten erstmalig empirische Hinweise dahin gehend beschrieben werden, dass die originäre Hebammenbetreuung einen Einfluss auf die Zusammensetzung professioneller Netzwerke von Klientinnen hat. Ausgehend von Ergebnissen des hier beschriebenen Promotionsprojektes kann hinsichtlich der Qualitätsanforderung des Zugangs der freiberuflichen Hebamme zu vulnerablen Familien keine Aussage getroffen werden. Es bestätigte sich jedoch die Annahme, dass freiberufliche Hebammen eine Beziehung zu Klientinnen pflegen, die einem therapeutischen Arbeitsbündnis ähnlich ist (Brand & Jungmann,

2013b; Doherty, 2009, 2010; Lenzmann et al., 2010). Insgesamt liefern vorliegende Ergebnisse damit empirische Belege dafür, dass die Proxy-Variable *Vernetzung* sowohl auf der Ebene der Hebammen als auch auf der Ebene der Klientinnen beeinflusst und dementsprechend auch verändert werden kann. Anzumerken ist, dass die im Kontext Früher Hilfen oft gemachten Annahmen, wie z. B. die Zusatzqualifikation zur Familienhebamme oder ausgewählte Risikofaktoren, mit Ergebnissen der vorliegenden Untersuchung nicht empirisch gestützt werden können. Gleichwohl wurde aber die theoriegeleitete Annahme – basierend auf sozialökologischen und netzwerktheoretischen Zusammenhängen – bestätigt, dass die Merkmale sowie der Mechanismus des jeweiligen Netzwerkes von Hebammen bzw. Klientinnen einen wesentlichen Einfluss auf die Proxy-Variabel *Vernetzung* haben (Borgatti & Lopez-Kidwell, 2011; Bronfenbrenner, 1993; Perry et al., 2018, S. 168). Für Netzwerke Frühe Hilfen wird damit die Annahme über mögliche Veränderungen dieser Proxy-Variablen um weitere empirische Belege gestützt. Ausgehend von diesem Gedanken wird dementsprechend auch die Hoffnung einer höheren Wahrscheinlichkeit für die möglichst frühzeitige Prävention von Kindeswohlgefährdung gestärkt (Kindler & Suess, 2010; Liel, 2010, 2017). Vernetzte lokale Hilfs- und Beratungsangebote sowie die individuelle Vermittlung sind hierbei bereits ab der Schwangerschaft bis in die frühe Kindheit unabdingbar (Albuquerque et al., 2020; Bronfenbrenner & Morris, 2006; Hahn et al., 2013; Sann, 2020). Da in einigen Bundesländern wie z. B. M-V Hebammen zu der einzigen Berufsgruppe gehören, die Klientinnen in der kritischen Entwicklungsphase Schwangerschaft bereits individuell und unbürokratisch durch ihre aufsuchende Arbeit begleiten können, scheinen intensivierte Vernetzungsbestrebungen mit Blick auf Anpassung von Rahmenbedingungen – politischer, rechtlicher, finanzieller, struktureller, pädagogischer sowie organisatorischer Natur – und individueller Bedürfnisse dieser gesellschaftlich hoch relevanten Berufsgruppe gerechtfertigt und notwendig (Anding et al., 2013; DHV, 2014; Horschitz et al., 2015, S. 124; A. Lohmann, 2015; Mattern & Lange, 2012a; NZFH, 2020; Rettig et al., 2017, S. 132; Schlüter-Cruse & Sayn-Wittgenstein, 2017). Allen voran gilt dies auch deshalb, weil die Bedeutung von Netzwerken Früher Hilfen bspw. in Anbetracht der steigenden Geburtenrate zunehmen wird (NZFH, 2021a) und Kinderschutz zu einem impliziten Aufgabenbereich freiberuflicher Hebammen im Rahmen ihrer originären Tätigkeit gehört (DHV, 2014).

Literaturverzeichnis

Adamaszek, K., Brand, T., Kurtz, V. & Jungmann, T. (2013). Stärkung psychischer Ressourcen im Rahmen Früher Hilfen: Erfahrungen und Empfehlungen des Modellprojekts Pro Kind. In K. Makowsky & B. Schücking (Hrsg.), *Was sagen die Mütter? Qualitative und quantitative Forschung rund um Schwangerschaft, Geburt und Wochenbett* (Gesundheitsforschung, S. 204–224). Weinheim: Beltz Juventa.

Adamaszek, K., Schneider, R., Refle, M., Helm, G. & Brand, T. (2013). Zugangswege zu sozial benachteiligten Familien. In T. Brand & T. Jungmann (Hrsg.), *Kinder schützen, Familien stärken. Erfahrungen und Empfehlungen für die Ausgestaltung früher Hilfen aus der „Pro Kind"-Praxis und -Forschung* (Edition Sozial, S. 50–60). Weinheim: Beltz Juventa.

Albrecht, M., Loos, S., Sander, M., Schliwen, A. & Wolfschütz, A. (IGES Institut GmbH, Hrsg.). (2012). *Versorgungs- und Vergütungssituation in der außerklinischen Hebammenhilfe. Ergebnisbericht für das Bundesministerium für Gesundheit*. Zugriff am 05.09.2017. Verfügbar unter: www.hebammengesetz.de/igesgutachten.pdf

Albrecht, S. (2009). *Chancen und Perspektiven für das Kindeswohl durch den Einsatz von Familienhebammen unter Berücksichtigung gesundheitsförderlicher und präventiver Strategien. Evaluation eines ganzheitlichen Versorgungsansatzes am Beispiel Mecklenburg-Vorpommern*. Neubrandenburg: unveröffentlicht. Zugriff am 07.01.2015. Verfügbar unter: digibib.hs-nb.de/file/dbhsnb_derivate_0000000608/Masterarbeit-Albrecht-2009.pdf

Albuquerque, J., Aguiar, C. & Magalhães, E. (2020). The collaboration between early childhood intervention and child protection systems: The perspectives of professionals. *Children and Youth Services Review, 111*, 104873. Verfügbar unter: https://www.sciencedirect.com/science/article/pii/S0190740919310709

Anding, J., Schilling, R., Christiansen, H., Grieshop, M., Schücking, B. & Röhrle, B. (2013). Die Hebammenpräventionsstudie: Hintergründe und Ergebnisse zur zeitlichen Ausweitung der Wochenbettbetreuung. In B. Röhrle & H. Christiansen (Hrsg.), *Hilfen für Kinder und Jugendliche in schwierigen Situationen* (Fortschritte der Gemeindepsychologie und Gesundheitsförderung (FGG), Band 23, S. 67–110). Tübingen: dgvt Verlag Deutsche Gesellschaft für Verhaltenstherapie.

Auer, B. & Rottmann, H. (2020). *Statistik und Ökonometrie für Wirtschaftswissenschaftler. Eine anwendungsorientierte Einführung* (4. Aufl.). Wiesbaden: Gabler.

Autorengruppe Bildungsberichterstattung. (2020). *Bildung in Deutschland 2020. Ein indikatorengestützter Bericht mit einer Analyse zu Bildung in einer digitalisierten Welt.* Bielefeld: wbv Media.

Ayerle, G. M. (2012). *Frühstart: Familienhebammen im Netzwerk Frühe Hilfen.* Köln: NZFH.

Ayerle, G. M., Makowsky, K. & Schücking, B. A. (2012). Key role in the prevention of child neglect and abuse in Germany: continuous care by qualified family midwives. *Midwifery, 28*(4), E469–77.

Ayerle, G. M. & Mattern, E. (2014). Welche Kenntnisse und Einstellungen haben freiberuflich tätige Hebammen in Sachsen-Anhalt zum Netzwerk Frühe Hilfen? *Zeitschrift für Hebammenwissenschaft, 2*(2).

Ayerle, G. M. & Mattern, E. (2017). Prioritäre Themen für die Forschung durch Hebammen. Eine Analyse von Fokusgruppen mit schwangeren Frauen, Müttern und Hebammen.

Ayerle, G. M., Mattern, E. & Behrens, J. (2014). Herausforderungen für Familienhebammen in Netzwerken Frühe Hilfen. *Sozialmagazin, 26*(7–8), 52–61.

Ayerle, G. M. & Sadowski, K. (2007). Gesundheitsförderung durch Familienhebammen im Land Sachsen-Anhalt. In Bund Deutscher Hebammen (Hrsg.), *XI. Hebammenkongress „Hebammen fördern Gesundheit – von Anfang an".* Kongressband (S. 92–105). Karlsruhe: Bund Deutscher Hebammen.

Bachelor, A. & Horvath, A. (2000). The Therapeutic Relationship. In M. A. Hubble, B. L. Duncan & S. D. Miller (Hrsg.), *The heart and soul of change. What works in therapy* (4., S. 133–178). Washington. D. C.: American Psychological Association.

Backhaus, K., Erichson, B., Plinke, W. & Weiber, R. (2018). *Multivariate Analysemethoden. Eine anwendungsorientierte Einführung* (15., vollst. überarb. Aufl.). Berlin, Heidelberg: Springer Gabler.

Bandura, A. (1977). Self-efficacy: Toward a unifying theory of behavioral change. *Psychological Review, 2*, S. 191–215.

Bathke, S. A. (2014). Entwicklung, Praxen und Perspektiven Früher Hilfen. *Sozialmagazin, 26*(7–8), 6–13.

Beller, S. (2016). *Kuno Bellers Entwicklungstabelle 0–9* (10. komplett überarb. und erw.). Berlin: Forschung und Fortbildung in der Kleinkindpädagogik.

Benz, M. & Sidor, A. (2013). Early intervention in Germany and in the USA: A comparison of supporting health services. An overview article. *Mental Health & Prevention, 1*(1), 44–50.

Bilukha, O., Hahn, R. A., Crosby, A., Fullilove, M. T., Liberman, A., Moscicki, E. et al. (2005). The effectiveness of early childhood home visitation in preventing violence: a systematic review. *American Journal of Preventive Medicine, 28*(2 Suppl 1), 11–39.

Blumenthal, Y., Hartke, B. & Koch, K. (2009). Zur Lernausgangslage von Kindern mit besonderem Förderbedarf in Diagnoseförderklassen und ersten Grundschulklassen – erste Ergebnisse der Mecklenburger Längsschnittstudie. *Zeitschrift für Heilpädagogik, 60*(8), 282–291.

BMFSFJ. (2006). *Frühe Hilfen für Eltern und Kinder und soziale Frühwarnsysteme: Aktionsprogramm des Bundesministeriums für Familie, Senioren, Frauen und Jugend zum Schutz von Kleinkindern, zur Früherkennung von Risiken und Gefährdungen und zur Implementierung effektiver Hilfesysteme,* BMFSFJ. Zugriff am 22.08.2018. Verfügbar unter: https://www.fruehehilfen.de/fileadmin/user_upload/fruehehilfen.de/pdf/60816KonzeptFrueheHilfen.pdf

BMFSFJ. (2011). *Verwaltungsvereinbarung – Bundesinitiative Netzwerke Frühe Hilfen und Familienhebammen. (gem. § 3 Absatz 4 des Gesetzes zur Kooperation und Information im Kinderschutz)*, BMFSFJ. Zugriff am 13.06.2018. Verfügbar unter: https://www.fruehehil fen.de/Verwaltungsvereinbarung/

BMFSFJ. (2015). *Verwaltungsvereinbarung – Fonds Frühe Hilfen. (gem. § 3 Absatz 4 des Gesetzes zur Kooperation und Information im Kinderschutz)*, BMFSFJ. Zugriff am 23.08.2018. Verfügbar unter: https://www.fruehehilfen.de/bundesstiftung-fruehe-hilfen/

BMFSFJ. (2021). *Gesetz zur Stärkung von Kindern und Jugendlichen: Kinder- und Jugendstärkungsgesetz (KJSG)*, BMFSFJ. Zugriff am 10.10.2021. Verfügbar unter: https://www.bmfsfj.de/bmfsfj/service/gesetze/neues-kinder-und-jugendstaerkungsgesetz-162860

Bohler, K. F. & Franzheld, T. (2018). Analyse von Netzwerkstrukturen in Kinderschutzfällen. In J. Fischer & T. Kosellek (Hrsg.), *Netzwerke und soziale Arbeit: Theorien, Methoden, Anwendungen* (2., durchg. und erw. Aufl., S. 443–460). Weinheim: Beltz Juventa.

Borchardt, S., Benz, M., Eickhorst, A., Scholtes, K., Demant, H., Götzinger, K. et al. (2010). Vermittlungswege in aufsuchenden Maßnahmen der Frühen Hilfen. In I. Renner & A. Sann (Hrsg.), *Forschung und Praxisentwicklung Früher Hilfen. Modellprojekte, begleitet vom Nationalen Zentrum Frühe Hilfe* (S. 260–279). Köln: NZFH.

Bordin, E. S. (1979). The generalizability of the psychoanalytic concept of the working alliance. *Psychotherapy: Theory, Research & Practice, 16*(3), 252–260.

Borgatti, S. P., Everett, M. G. & Johnson, J. C. (2018). *Analyzing social networks* (2. Aufl.). Los Angeles, London, New Delhi, Singapore, Washington DC, Melbourne: SAGE.

Borgatti, S. P. & Lopez-Kidwell, V. (2011). Network Theory. In J. Scott & P. J. Carrington (Eds.), *The SAGE handbook of social network analysis* (S. 40–54). Los Angeles: SAGE.

Bortz, J. & Schuster, C. (2010). *Statistik für Human- und Sozialwissenschaftler* (7., vollst. überarb. und erw. Aufl.). Berlin, Heidelberg: Springer.

Böttcher, W. (2009). *Soziale Frühwarnsysteme und Frühe Hilfen. Modelle, theoretische Grundlagen und Möglichkeiten der Evaluation präventiver Handlungsansätze und Netzwerke der Kinder-, Jugend- und Gesundheitshilfe.* Expertise zum 9. Kinder- und Jugendbericht der Landesregierung Nordrhein-Westfalen.

Bowlby, J. (1973). *Attachment and loss* (vol. 95). London: Hogarth Press.

Brand, T., Böttcher, S. & Jahn, I. (2015). Wie erreichen Präventionsprojekte ihre Zielgruppen? Auswertung einer Befragung der im Rahmen des BMBF-Förderschwerpunkts Präventionsforschung geförderten Projekte. *Gesundheitswesen (Bundesverband der Ärzte des Öffentlichen Gesundheitsdienstes), 77*(12), 960–965.

Brand, T. & Jungmann, T. (2010). Zugang zu sozial benachteiligten Familien. Ergebnisse einer Multiplikatorenbefragung im Rahmen des Modellprojekts „Pro Kind". *Prävention und Gesundheitsförderung*, S. 109–114.

Brand, T. & Jungmann, T. (2012). Wie gelingt eine erfolgreiche Umsetzung Früher Hilfen in die Praxis? *Sozialmagazin, 37*(12), 40–46.

Brand, T. & Jungmann, T. (2013a). Einleitung. In T. Brand & T. Jungmann (Hrsg.), *Kinder schützen, Familien stärken. Erfahrungen und Empfehlungen für die Ausgestaltung früher Hilfen aus der „Pro Kind"-Praxis und -Forschung* (S. 15–20). Weinheim: Beltz Juventa.

Brand, T. & Jungmann, T. (2013b). Pro Kind – Ein Modellversuch Früher Hilfen. In T. Brand & T. Jungmann (Hrsg.), *Kinder schützen, Familien stärken. Erfahrungen und Empfehlungen für die Ausgestaltung früher Hilfen aus der „Pro Kind"-Praxis und -Forschung* (S. 22–35). Weinheim: Beltz Juventa.

Brand, T. & Jungmann, T. (2014). Participant characteristics and process variables predict attrition from a home-based early intervention program. *Early Childhood Research Quarterly, 29*(2), 155–167.

Brisch, K. H. (2008). Bindung und Umgang. In Deutscher Familiengerichtstag (Hrsg.), Siebzehnter Deutscher Familiengerichtstag vom 12. bis 15. September 2007 in Brühl. Ansprachen und Referate; Berichte und Ergebnisse der Arbeitskreise (Brühler Schriften zum Familienrecht, Bd. 15, S. 89–135). Bielefeld: Gieseking.

Brisch, K. H. (2020). Bindung, Trauma und Bindungsstörungen. In K. H. Brisch, W. Sperl & K. Kruppa (Hrsg.), Early Life Care. Frühe Hilfen von der Schwangerschaft bis zum 1. Lebensjahr: das Grundlagenbuch (S. 107–133). Stuttgart: Klett-Cotta.

Brisch, K. H., Sperl, W. & Kruppa, K. (Hrsg.). (2020). Early Life Care. Frühe Hilfen von der Schwangerschaft bis zum 1. Lebensjahr: das Grundlagenbuch. Stuttgart: Klett-Cotta.

Bronfenbrenner, U. (1976). The Experimental Ecology of Education. *Educational Researcher, 5*(9), 5–15.

Bronfenbrenner, U. (1977). Toward an experimental ecology of human development. *American Psychologist, 32*(7), 513–531.

Bronfenbrenner, U. (1979). *The ecology of human development: Experiments by nature and design*. Cambridge, Mass: Harvard University Press.

Bronfenbrenner, U. (1993). *Die Ökologie der menschlichen Entwicklung. Natürliche und geplante Experimente*. Frankfurt am Main: Fischer-Taschenbuch-Verlag.

Bronfenbrenner, U. & Morris, P. (2006). The bioecological model of human development. In R. M. Lerner & W. Damon (Eds.), *Theoretical models of human development* (Handbook of child psychology, vol. 1, 6th ed., S. 793–828). Hoboken, NJ: Wiley.

Bundesärztekammer. (2021). *Stellungnahme der Bundesärztekammer zum Gesetzentwurf der Bundesregierung zur Stärkung von Kindern und Jugendlichen (Kinder- und Jugendstärkungsgesetz – KJSG)*. Zugriff am 15.04.2021. Verfügbar unter: https://www.bun desaerztekammer.de/fileadmin/user_upload/downloads/pdf-Ordner/Stellungnahmen/ KJSG_GE_SN_BAEK_19022021_final.pdf

Bundeskriminalamt. (2014). *Polizeiliche Kriminalstatistik: Bundesrepublik Deutschland Jahrbuch 2014*. Zugriff am 07.09.2020. Verfügbar unter: https://www.bka.de/DE/Akt uelleInformationen/StatistikenLagebilder/PolizeilicheKriminalstatistik/PKS2014/pks 2014_node.html;jsessionid=401C9B2B4AD8127B08E66EAF2FD65A23.live2291

Bundesministerium der Justiz und für Verbraucherschutz. (2019a). *Sozialgesetzbuch Achtes Buch (SGB V VIII) – Kinder- und Jugendhilfegesetz*. Zugriff am 03.12.2019. Verfügbar unter: https://www.gesetze-im-internet.de/sgb_8/

Bundesministerium der Justiz und für Verbraucherschutz. (2019b). *Sozialgesetzbuch Fünftes Buch (SGB V) – Gesetzliche Krankenversicherung – § 24d Ärztliche Betreuung und Hebammenhilfe*. Zugriff am 24.08.2018. Verfügbar unter: https://www.gesetze-im-internet.de/sgb_5/__24d.html

BZgA. (2021). *inforo: Ihr Portal für den Fachaustausch*. Zugriff am 10.10.2021. Verfügbar unter: https://www.inforo.online/

Cierpka, M. (2012a). Die Familienhebamme im wissenschaftlichen Diskurs. In D. Nakhla (Hrsg.), *Praxishandbuch für Familienhebammen. Arbeit mit belasteten Familien* (2., unveränderte Aufl., S. 17–22). Frankfurt am Main: Mabuse-Verlag.

Cierpka, M. (2012b). *Frühe Kindheit 0–3. Beratung und Psychotherapie für Eltern mit Säuglingen und Kleinkindern.* Berlin: Springer Medizin. Verfügbar unter: http://gbv.eblib.com/patron/FullRecord.aspx?p=884977

Cierpka, M. (2015). Psychosoziale Prävention. In NZFH (Hrsg.), *„Stellt die frühe Kindheit Weichen?" –Tagungsbegleiter: eine Veranstaltung des Instituts für Psychosomatische Kooperationsforschung und Familientherapie des Universitätsklinikums Heidelberg und des Nationalen Zentrums Frühe Hilfen; 25.–26. September 2015, Universität Heidelberg* (S. 8–33). Köln: NZFH.

Cierpka, M., Scholtes, K., Frey, B. & Köhler, H. (2011). Der Übergang zur Elternschaft. In H. Keller (Hrsg.), *Handbuch der Kleinkindforschung* (4., vollst. überarb. Aufl., S. 1090–1109). Bern: Verlag Hans Huber.

Cohen, J. (1988). *Statistical Power Analysis for the Behavioral Sciences* (.). Hoboken: Taylor and Francis.

Cohen, J. (1992). A power primer. *Psychological Bulletin, 112*(1), 155–159.

Cowley, S., Whittaker, K., Malone, M., Donetto, S., Grigulis, A. & Maben, J. (2015). Why health visiting? Examining the potential public health benefits from health visiting practice within a universal service: a narrative review of the literature. *International Journal of Nursing Studies, 52*(1), 465–480.

Crossley, N., Bellotti, E., Edwards, G., Everett, M. G. [M. G.], Koskinen, J. & Tranmer, M. (2015). *Social network analysis for ego-nets.* Los Angeles, London, New Delhi, Singapore, Wahington DC: SAGE.

Deutsches Jugendinstitut. (2006). *Kurzevaluation von Programmen zu Frühen Hilfen für Eltern und Kinder und sozialen Frühwarnsystemen in den Bundesländern: Abschlussbericht.* Zugriff am 21.08.2018. Verfügbar unter: https://www.bmfsfj.de/blob/jump/90514/evaluation-fruehe-hilfen-kurzbericht-data.pdf

DHV. (2014). *Stellungnahme – Hebammen im Kontext der Frühen Hilfen (Familienhebammen).* Zugriff am 14.12.2021. Verfügbar unter: https://www.hebammenverband.de/index.php?eID=tx_secureddownloads&p=5479&u=0&g=0&t=1639540189&hash=1d99d8938 7e6afcc12c77746ddf42da82c4668ce&file=fileadmin/user_upload/pdf/Stellungnahmen/2014_DHV_Stellungnahme_Familienhebammen.pdf

DHV. (2015). *Geringer Verdienst von Hebammen verursacht Hebammenmangel.* Zugriff am 28.04.2017. Verfügbar unter: https://www.hebammenverband.de/aktuell/presse/pressemitteilungen/pressemitteilung-detail/datum/2015/03/19/artikel/geringer-verdienst-von-hebammen-verursacht-hebammenmangel/

DHV. (2016a). *Die Arbeitsbedingungen von angestellten Klinikhebammen: Hebammenbefragung 2015.* Karlsruhe: Deutscher Hebammenverband. Zugriff am 19.10.2018. Verfügbar unter: http://www.landesrecht-mv.de/jportal/portal/page/bsmvprod.psml;jsessionid=A4A791D5805EF1575D7EEE6F26683DBA.jp12?showdoccase=1&st=lr&doc.id=jlr-HebBOMVpP1&doc.part=X&doc.origin=bs

DHV. (2016b). *„Das Dilemma des Mangels an Hebammenleistungen muss gelöst werden".* Zugriff am 28.04.2017. Verfügbar unter: https://www.hebammenverband.de/aktuell/nachricht-detail/datum/2016/11/09/artikel/das-dilemma-des-mangels-an-hebammenleistungen-muss-geloest-werden/

DHV. (2017). *Landkarte der Unterversorgung.* Zugriff am 02.01.2017.
Diaz-Bone, R. (1997). *Ego-zentrierte Netzwerkanalyse und familiale Beziehungssysteme.* Wiesbaden: Dt. Univ.-Verl.
Dillman, D. A., Smyth, J. D. & Christian, L. M. (2014). *Internet, phone, mail, and mixed-mode surveys. The tailored design method* (4th edition). Hoboken, NJ: Wiley.
Ditton, H. (1998). *Mehrebenenanalyse: Grundlagen und Anwendungen des hierarchisch linearen Modells* (Juventa-Paperback). Weinheim: Juventa-Verlag.
Doherty, M. E. (2009). Therapeutic Alliance: A Concept for the Childbearing Season. *The Journal of Perinatal Education, 18*(3), 39–47.
Doherty, M. E. (2010). Midwifery care: reflections of midwifery clients. *The Journal of Perinatal Education, 19*(4), 41–51.
Eickhorst, A. (2012). Erfahrungen einer Familienhebamme bei ihrer Arbeit (mit einem Interview mit Katja Hering). In D. Nakhla (Hrsg.), *Praxishandbuch für Familienhebammen. Arbeit mit belasteten Familien* (2., unveränderte Aufl., S. 179–182). Frankfurt am Main: Mabuse-Verl.
Eickhorst, A., Brand, C., Lang, K., Liel, C., Neumann, A., Schreier, A. et al. (2015). Die Prävalenzstudie „Kinder in Deutschland – KiD 0-3" zur Erfassung von psychosozialen Belastungen und Frühen Hilfen in Familien mit 0–3-jährigen Kindern: Studiendesign und Analysepotential. *Soziale Passagen, 7*(2), 381–387.
Eickhorst, A. & Liel, C. (2020). *Design und Methoden der Studienfolge „Kinder in Deutschland – KiD 0–3" Faktenblatt 1 zur Prävalenz- und Versorgungsforschung der Bundesinitiative Frühe Hilfen.* Köln: NZFH.
Eickhorst, A., Schreier, A., Brand, C., Lang, K., Liel, C., Renner, I. et al. (2016). Inanspruchnahme von Angeboten der Frühen Hilfen und darüber hinaus durch psychosozial belastete Eltern. *Bundesgesundheitsblatt, 59*(10), 1271–1280.
Eid, M., Gollwitzer, M. & Schmitt, M. (2017). *Statistik und Forschungsmethoden. Mit Online-Materialien* (5., korr. Aufl.). Weinheim, Basel: Beltz.
Engfer, A. (2016). Formen der Misshandlung von Kindern – Definitionen, Häufigkeiten, Erklärungsansätze. In *Sexueller Missbrauch, Misshandlung, Vernachlässigung. Erkennung, Therapie und Prävention der Folgen früher Stresserfahrungen* (4., überarb. und erw. Aufl., S. 3–23). Stuttgart: Schattauer.
Ensel, A. (2002). *Hebammen im Konfliktfeld der pränatalen Diagnostik. Zwischen Abgrenzung und Mitleiden* (HGH Schriftenreihe, Bd. 10). Karlsruhe: Hebammengemeinschaftshilfe e. V.
Erdin, R., Iljuschin, I. & Pehlke-Milde, J. (2017). Postpartum midwifery care and familial psychosocial risk factors in Switzerland: A secondary data analysis. *International Journal of Health Professions, 4*(1), 1–13.
Faul, F., Erdfelder, E., Buchner, A. & Lang, A.-G. (2009). Statistical power analyses using G*Power 3.1: tests for correlation and regression analyses. *Behavior Research Methods, 41*(4), 1149–1160.
Fegert, J. M. (2008). Vorschläge zur Entwicklung eines Diagnoseinventars. In U. Ziegenhain & J. M. Fegert (Hrsg.), *Kindeswohlgefährdung und Vernachlässigung* (Beiträge zur Frühförderung interdisziplinär, Bd. 15, 2., durchges. Aufl., S. 195–206). München: Reinhardt.

Feldman, M. A. (2004). Conclusion: The Future of Early Intervention Research and Practice. In M. A. Feldman (Ed.), *Early intervention. The essential readings* (Essential readings in developmental psychology, S. 341–346). Malden, MA: Blackwell Pub.
Field, A. (2018). *Discovering statistics using IBM SPSS statistics* (5th edition). Los Angeles, London, New Delhi, Singapore, Washington DC, Melbourne: SAGE.
Fingerle, M. (2008). Einführung in die Entwicklungspsychopathologie. In J. Borchert, B. Gasteiger-Klicpera & H. Goetze (Hrsg.), *Sonderpädagogik der sozialen und emotionalen Entwicklung* (Handbuch Sonderpädagogik / Hrsg. der Reihe: Johann Borchert und Herbert Goetze, Bd. 3, S. 67–80). Göttingen: Hogrefe.
Fischer, J. (2014). Frühe Hilfen als lokale Innovation Sozialer Arbeit. *Sozialmagazin, 26*(7–8), 30–43.
Frank, R. (2008). Vernachlässigung im Säuglings- und Kleinkindalter aus ärztlicher Sicht. In U. Ziegenhain & J. M. Fegert (Hrsg.), *Kindeswohlgefährdung und Vernachlässigung* (Beiträge zur Frühförderung interdisziplinär, Bd. 15, 2., durchges. Aufl., S. 84–93). München: Reinhardt.
Friedman, S. R., Reynolds, J., Quan, M. A., Call, S., Crusto, C. A. & Kaufman, J. S. (2007). Measuring changes in interagency collaboration: an examination of the Bridgeport Safe Start Initiative. *Evaluation and Program Planning, 30*(3), 294–306.
Fuhse, J. (2009). Lässt sich Netzwerkforschung besser mit der Feldtheorie oder der Systemtheorie verknüpfen? In R. Häußling (Hrsg.), *Grenzen von Netzwerken* (Netzwerkforschung 3, 1. Aufl., S. 55–80). Wiesbaden: VS, Verl. für Sozialwiss.
Fuhse, J. (2016). *Soziale Netzwerke. Konzepte und Forschungsmethoden* (UTB Sozialwissenschaften, Bd. 4563). Konstanz, München: UVK Verlagsgesellschaft mbH; UVK/Lucius.
Gamper, M. (2020). Netzwerkanalyse – eine methodische Annäherung. In A. Klärner, M. Gamper & S. Keim-Klärner (Hrsg.), *Soziale Netzwerke und gesundheitliche Ungleichheiten. Eine neue Perspektive für die Forschung* (S. 109–133).
Garbarino, J. & Sherman, D. (1980). High-Risk Neighborhoods and High-Risk Families: The Human Ecology of Child Maltreatment. *Child Development, 51*(1), 188–198.
Gasteiger-Klicpera, B. [B.], Julius, H. [H.] & Klicpera, C. (2008). Erklärungsmodelle zu Risikofaktoren bei der Entwicklung von Verhaltensstörungen: Einführung. In J. Borchert, B. Gasteiger-Klicpera & H. Goetze (Hrsg.), *Sonderpädagogik der sozialen und emotionalen Entwicklung* (Handbuch Sonderpädagogik / Hrsg. der Reihe: Johann Borchert und Herbert Goetze, Bd. 3, S. 65–66). Göttingen: Hogrefe.
Gilliam, W. S., Meisels, S. J. & Mayes, L. C. (2005). Screening and Surveillance in Early Intervention Systems. In M. J. Guralnick (Ed.), *The developmental systems approach to early intervention* (International issues in early intervention, S. 73–98). Baltimore, Md.: Brookes.
GKV-Spitzenverband (Hrsg.). (2015). *Stellungnahme des GKV-Spitzenverbandes vom 20.04.2015. zum Entwurf eines Gesetzes zur Stärkung des Gesundheitsförderung und der Prävention (Präventionsgesetz – PrävG) vom 11.03.2015 Drucksache 4282.* Zugriff am 12.07.2019. Verfügbar unter: https://www.bundestag.de/blob/370662/25a77e950b34 563ebbb84efffb04011e/gkv-spitzenverband-data.pdf
Gräf, L. (2010). *Online-Befragung. Eine praktische Einführung für Anfänger* (Bd. 3). Berlin: Literatur-Verlag.
Granovetter, M. (1973). The Strength of Weak Ties. *American Journal of Sociology, 78*(6), 1360–1380.

Granovetter, M. (1985). Economic Action and Social Structure: the Problem of Embeddedness. *American Journal of Sociology, 91*(3), 481–510.
Grieshop, M. (2013). Mütterliche Gesundheit nach der Geburt: Primärpräventive Versorgung im Wochenbett durch Hebammen. In K. Makowsky & B. Schücking (Hrsg.), *Was sagen die Mütter? Qualitative und quantitative Forschung rund um Schwangerschaft, Geburt und Wochenbett* (Gesundheitsforschung, S. 188–203). Weinheim: Beltz Juventa.
Gruber, H. & Rehrl, M. (2010). Netzwerkforschung. In R. Tippelt & B. Schmidt (Hrsg.), *Handbuch Bildungsforschung* (3., durchges. Aufl., S. 967–981). Wiesbaden: VS Verlag für Sozialwissenschaften.
Grylka-Bäschlin, S., Iglesias, C., Erdin, R. & Pehlke-Milde, J. (2020). Evaluation of a midwifery network to guarantee outpatient postpartum care: a mixed methods study. *BMC Health Services Research, 20*(565).
Grylka-Bäschlin, S., Joliat, A. & Zsindely, P. (2021). *Evaluation der Vermittlungshotline der Thurgauer Hebammen: Abschlussbericht*. Winterthur: Zürcher Hochschule für Angewandte Wissenschaften: Forschungsstelle Hebammenwissenschaft.
Guralnick, M. J. (2005). An Overview of the Developmental Systems Model for Early Interventions. In M. J. Guralnick (Ed.), *The developmental systems approach to early intervention* (International issues in early intervention, S. 3–28). Baltimore, Md.: Brookes.
Hackl, P. (2013). *Einführung in die Ökonometrie* (Wi-Wirtschaft, 2., aktual. Aufl.). München, Harlow, Amsterdam, LaVergne, Tenn.: Pearson; MyiLibrary.
Hahn, M., Sandner, A., Adamaszek, K. & Ayerle, G. M. [G. M.]. (2013). *Kompetenzprofil Familienhebammen* (2. Aufl.). Köln.
Handgraaf, M., Schlüter-Cruse, M., Reuschenbach, B., Rausch, M. & Hausen, A. (2019). Zusammenarbeit – was wird darunter verstanden? Eine deskriptive Analyse von verwandten Begriffen und ihrer Zuordnung zueinander. Abstract 17. Deutscher Kongress für Versorgungsforschung (DKVF). Berlin, 09.-11.10.2019. *German Medical Science GMS Publishing House*.
Hatcher, R. L. & Gillaspy, J. A. (2006). Development and validation of a revised short version of the working alliance inventory. *Psychotherapy Research, 16*(1), 12–25.
Heinrich-Heine-Universität Düsseldorf. [n. d.]. *G*Power [Computersoftware]*. Zugriff am 24.12.2020. Verfügbar unter: https://www.psychologie.hhu.de/arbeitsgruppen/allgemeine-psychologie-und-arbeitspsychologie/gpower.html
Helming, E., Sandmeier, G., Sann, A. & Walter, M. (2007). *Kurzevaluation von Programmen zu Frühen Hilfen für Eltern und Kinder und sozialen Frühwarnsystemen in den Bundesländern. Abschlussbericht*. Zugriff am 03.12.2019. Verfügbar unter: https://www.bmfsfj.de/blob/jump/90514/evaluation-fruehe-hilfen-kurzbericht-data.pdf
Hentschel, U. (2005). Die Therapeutische Allianz. *Psychotherapeut, 50*(5), 305–317.
Hentschke, A.-K., Bastian, P., Dellbrügge, V., Lohmann, A., Böttcher, W. & Ziegler, H. (2011). Parallelsystem Frühe Hilfen? – Zum Verhältnis von frühen präventiven Familienhilfen und ambulanten Erziehungshilfen. *Soziale Passagen, 3*(1), 49–59.
Homer, C. S. E., Henry, K., Schmied, V., Kemp, L., Leap, N. & Briggs, C. (2009). ‚It looks good on paper': transitions of care between midwives and child and family health nurses in New South Wales. *Women and Birth: Journal of the Australian College of Midwives, 22*(2), 64–72.

Horschitz, H., Meysen, T., Schaumberg, T., Schoenecker, L. & Seltmann, D. (2015). *Rechtsgutachten zu rechtlichen Fragestellungen im Zusammenhang mit dem Einsatz von Familienhebammen und Familien-Gesundheits- und Kinderkrankenpflegerinnen und -pflegern: Erstellt im Auftrag des Nationalen Zentrums Frühe Hilfen*. Köln: NZFH.
Horvath, A. O. (2000). The therapeutic relationship: From transference to alliance. *Journal of Clinical Psychology, 56*(2), 163–173.
Hox, J. J., Moerbeek, M. & van Schoot, R. d. (2018). *Multilevel analysis: Techniques and applications* (Quantitative methodology series, 3.). New York, London: Routledge Taylor & Francis Group.
IBM SPSS Statistics for Windows (Version Version 28.0) [Computer software]. (Released 2021). Armonk, NY: IBM Corp.
Initiative D21, Müller, L.-S.; Stecher, B.; Dietrich, S.; Wolf, M. & Boberach, M. (Mitarbeiter) (Initiative D21, Hrsg.). (2016). *D21-Digital-Index 2016. Jährliches Lagebild zur digitalen Gesellschaft*. D21-Digital-Index. Verfügbar unter: https://initiatived21.de/publikationen/d21-digital-index-2016/
Interventionsstelle gegen häusliche Gewalt und Stalking Rostock. (2015). *Tätigkeitsbericht 2014*. Zugriff am 29.11.2019. Verfügbar unter: https://www.fhf-rostock.de/sv/service/jahresberichte.html
Jansen, D. (2006). *Einführung in die Netzwerkanalyse. Grundlagen, Methoden, Anwendungen* (3., überarb. Aufl.). Wiesbaden: VS Verlag für Sozialwissenschaften.
Julius, H. (2009). Bindung und familiäre Gewalt-, Verlust- und Vernachlässigungserfahrungen. In H. Julius, B. Gasteiger-Klicpera & R. Kißgen (Hrsg.), *Bindung im Kindesalter. Diagnostik und Interventionen* (S. 13–26). Göttingen: Hogrefe.
Jungmann, T. (2018). Professionalisierung der Familienbildung und der Frühen Hilfen. In T. Schmidt & W. Smidt (Hrsg.), *Handbuch empirische Forschung in der Pädagogik der frühen Kindheit* (S. 445–461). Münster: Waxmann.
Jungmann, T. & Brand, T. (2012). Die besten Absichten zu haben ist notwendig, aber nicht hinreichend: Qualitätsdimensionen in den Frühen Hilfen. *Praxis der Kinderpsychologie und Kinderpsychiatrie, 61*(10), 723–737.
Jungmann, T., Brand, T. & Kurtz, V. (2011). Entwicklungsförderung im Rahmen Früher Hilfen – Vorläufige Befunde aus dem Modellprojekt „Pro Kind". *Verhaltenstherapie & psychosoziale Praxis, 43*(2), 291–302.
Jungmann, T., Koch, K. & Unterstab, S. *Modellprojekt „Frühe Förderung" in der Hansestadt Rostock: Praxis- und Evaluationskonzept*. unveröffentl. Konzept: Universität Rostock.
Jungmann, T. & Refle, M. (2011). Stärkung elterlicher Kompetenzen zur Prävention von Kindeswohlgefährdung. *Frühe Kindheit*, (3), 28–37.
Jungmann, T. & Reichenbach, C. (2016). *Bindungstheorie und pädagogisches Handeln. Ein Praxisleitfaden* (4., verbesserte und erweiterte Aufl.). Dortmund: Borgmann Media.
Jungmann, T. & Thomas, A. (2010). *Ist-Stand-Analyse des „Netzwerkes für Kinderschutz und Entwicklungsförderung in der Hansestadt Rostock"*. unveröffentl. Konzept: Universität Rostock.
Kindler, H. (2008). Prävention von Vernachlässigung und Kindeswohlgefährdung im Säuglings- und Kleinkindalter. In U. Ziegenhain & J. M. Fegert (Hrsg.), *Kindeswohlgefährdung und Vernachlässigung* (Beiträge zur Frühförderung interdisziplinär, Bd. 15, 2., durchges. Aufl., S. 94–108). München: Reinhardt.

Kindler, H. & Suess, G. (2010). Forschung zu Frühen Hilfen: Eine Einführung in Methoden. In I. Renner & A. Sann (Hrsg.), *Forschung und Praxisentwicklung Früher Hilfen. Modellprojekte, begleitet vom Nationalen Zentrum Frühe Hilfe* (S. 11–38). Köln: NZFH.

Kißgen, R. & Suess, G. J. (2005). Bindungstheoretisch fundierte Intervention in Hoch-Risiko-Familien: Das Steep-Programm. *Frühförderung Interdisziplinär, 24*(3), 124–133.

Kitzman, H. (1997). Effect of prenatal and infancy home visitation by nurses on pregnancy outcomes, childhood injuries, and repeated childbearing. A randomized controlled trial. *JAMA: The Journal of the American Medical Association, 278*(8), 644–652.

Klärner, A. & Lippe, H. von der (2020). Wirkmechanismen in sozialen Netzwerken. In A. Klärner, M. Gamper & S. Keim-Klärner (Hrsg.), *Soziale Netzwerke und gesundheitliche Ungleichheiten. Eine neue Perspektive für die Forschung* (S. 65–86).

Klausch, B., Sadenwasser, W. & Ehle, S. (2013). *Das Hebammenwesen und die ärztlichen Hebammenlehrer in Mecklenburg von den Anfängen bis zur Gegenwart: Eine medizinhistorische Betrachtung im Kontext mit der Entwicklung in Gesamtdeutschland*. Rostock: Redieck & Schade.

Kliem, S., Sandner, M., Lohmann, A., Sierau, S., Dähne, V., Klein, A. M. et al. (2018). Follow-up study regarding the medium-term effectiveness of the home-visiting program "Pro Kind" at age 7 years. Study protocol for a randomized controlled trial. *Trials, 19*(1), 323.

Kluth, S., Stern, K., Trebes, J. & Freyberger, H.-J. (2010a). Psychisch kranke Eltern und ihre 0 bis 3jährigen Kinder – Zur Situation in Mecklenburg-Vorpommern. In I. Renner & A. Sann (Hrsg.), *Forschung und Praxisentwicklung Früher Hilfen. Modellprojekte, begleitet vom Nationalen Zentrum Frühe Hilfe* (42–55). Köln: NZFH.

Kluth, S., Stern, K., Trebes, J. & Freyberger, H.-J. (2010b). Psychisch kranke jugendliche und erwachsene Mütter im Vergleich. Erste Ergebnisse aus dem Modellprojekt „Chancen für Kinder psychisch kranker und/oder suchtbelasteter Eltern". *Bundesgesundheitsblatt, Gesundheitsforschung, Gesundheitsschutz, 53*(11), 1119–1125.

Kogovšek, T. & Ferligoj, A. (2005). Effects on reliability and validity of egocentered network measurements. *Social Networks, 27*(3), 205–229.

Krahl, A., Pehlke-Milde, J., Erdin, R., Grylka-Bäschlin, S. & Radu, I. (2018). Einschätzungen und Erfahrungen zur Netzwerkarbeit im Bereich der Frühen Förderung: Online-Umfrage unter frei praktizierenden Hebammen in der Schweiz. 4. Internationale Fachtagung der Deutschen Gesellschaft für Hebammenwissenschaft (DGHWi). Mainz, 16.02.20218. *Zeitschrift für Hebammenwissenschaft, 6*, S33–S34.

Krahl, A., Radu, I., Erdin, R., Grylka-Bäschlin, S. & Pehlke-Milde, J. (2018). *Netzwerkarbeit der freipraktizierenden Hebammen in der Schweiz: Zugang der Familien mit Neugeborenen zu weiteren Angeboten der Frühen Förderung*. Winterthur: Zürcher Fachhochschule: Forschungsstelle Hebammenwissenschaft.

Kuckartz, U., Ebert, T., Rädiker, S. & Stefer, C. (2009). *Evaluation online. Internetgestützte Befragung in der Praxis*. Wiesbaden: VS Verlag für Sozialwissenschaften/GWV Fachverlage GmbH Wiesbaden.

Künster, A. K., Knorr, S., Fegert, J. M. & Ziegenhain, U. (2010a). Netzwerkanalyse als Chance der Praxisentwicklung und Evaluation im Bereich Frühe Hilfen und Kinderschutz. In I. Renner & A. Sann (Hrsg.), *Forschung und Praxisentwicklung Früher Hilfen. Modellprojekte, begleitet vom Nationalen Zentrum Frühe Hilfe* (S. 241–259). Köln: NZFH.

Künster, A. K., Knorr, C., Fegert, J. M. & Ziegenhain, U. (2010b). Soziale Netzwerkanalyse interdisziplinärer Kooperation und Vernetzung in den Frühen Hilfen. Eine Pilotuntersuchung. *Bundesgesundheitsblatt, Gesundheitsforschung, Gesundheitsschutz, 53*(11), 1134–1142.
Künster, A. K., Schöllhorn, A., Knorr, C., Fegert, J. M. & Ziegenhain, U. (2010). Kooperation und Vernetzung im Bereich Frühe Hilfen und Kinderschutz: Bedeutung evidenzbasierter Methoden. *Praxis der Kinderpsychologie und Kinderpsychiatrie, 59*(9), 731–743.
Küster, E.-U., Pabst, C. & Sann, A. (2017a). *Einsatz von Gesundheitsfachkräften in den Frühen Hilfen. Faktenblatt 7 zu den Kommunalbefragungen zum Auf- und Ausbau der Frühen Hilfen.* Köln: NZFH.
Küster, E.-U., Pabst, C. & Sann, A. (2017b). *Frühe Hilfen in der kommunalen Planung und Steuerung. Faktenblatt 2 zu den Kommunalbefragungen zum Auf- und Ausbau der Frühen Hilfen.* Köln: NZFH.
Landesamt für Gesundheit und Soziales Mecklenburg-Vorpommern. (2010). *Kindervorsorge.* Zugriff am 06.05.2021. Verfügbar unter: https://www.lagus.mv-regierung.de/Gesundheit/InfektionsschutzPraevention/Kindervorsorge/
Landeshebammengesetz. (2000). *Berufsordnung für Hebammen und Entbindungspflege. (vom 14. Dezember 1992).* Zugriff am 08.10.2015. Verfügbar unter: http://www.landesrecht-mv.de/jportal/portal/page/bsmvprod.psml;jsessionid=A4A791D5805EF1575D7EEE6F26683DBA.jp12?showdoccase=1&st=lr&doc.id=jlr-HebBOMVpP1&doc.part=X&doc.origin=bs
Landeshebammenverband Mecklenburg-Vorpommern e.V. (2021). *Hebammen in Mecklenburg-Vorpommern.* Zugriff am 22.11.2021. Verfügbar unter: https://www.hebammenverband-mv.de/hebammensuche
Landula, D., Arlt, M. & Sann, A. (2009). *Ergebnisbericht (1. Teiluntersuchung) zum Projekt „Bundesweite Bestandsaufnahme zu Kooperationsformen im Bereich Früher Hilfen".* Zugriff am 13.06.2020. Verfügbar unter: https://www.fruehehilfen.de/fileadmin/user_upload/fruehehilfen.de/pdf/Difu-Ergebnisbericht_FH_end_final.pdf
Lang, K., Brand, C., Renner, I., Neumann, A., Schreier, A., Eickhorst, A. et al. (2015). Wie werden Angebote der Frühen Hilfen genutzt? In NZFH (Hrsg.), *Datenreport Frühe Hilfen* (S. 6–21). Köln: NZFH.
Lange, U. (2013). Newcomer oder Coming back: Familienhebammen in der Kinder- und Jugendhilfe. In NZFH (Hrsg.), *Datenreport Frühe Hilfen* (S. 56–61). Köln: NZFH.
Laucht, M. (2015). Vulnerabilität und Resilienz in der Entwicklung von Kindern. Ergebnisse der Mannheimer Längsschnittstudie. In K. H. Brisch & T. Hellbrügge (Hrsg.), *Bindung und Trauma. Risiken und Schutzfaktoren für die Entwicklung von Kindern* (5. Aufl., S. 53–71). Stuttgart: Klett-Cotta.
Laucht, M., Schmidt, M. H. & Esser, G. (2002). Motorische, kognitive und sozial-emotionale Entwicklung von 11-Jährigen mit frühkindlichen Risikobelastungen: späte Folgen. *Zeitschrift für Kinder- und Jugendpsychiatrie und Psychotherapie, 30*(1), 5–19.
Lengning, A. & Zimmermann, P. (2009). *Interventions- und Präventionsmaßnahmen im Bereich Früher Hilfen. Internationaler Forschungsstand, Evaluationsstandards und Empfehlungen für die Umsetzung in Deutschland. Expertise.* Köln: NZFH.
Lenzmann, V., Bastian, P., Lohmann, A. [A.], Böttcher, W. & Ziegler, H. (2010). Hilfebeziehung als Wirkfaktor aus professionstheoretischer Perspektive. In I. Renner & A. Sann

(Hrsg.), *Forschung und Praxisentwicklung Früher Hilfen. Modellprojekte, begleitet vom Nationalen Zentrum Frühe Hilfe* (S. 128–146). Köln: NZFH.

Liel, C. (2010). Erfolgseinschätzung bei der Evaluation von Interventionen. *Standpunkt: Sozial*, (3), 16–24.

Liel, C. (2017). Diagnostik in der Sozialen Arbeit: Validierung eines Risikoscreenings für Partnergewalt zum Einsatz in Täterprogrammen. *Rechtspsychologie, 3*(1), 68–91.

Liel, C., Ulrich, S. M., Lorenz, S., Eickhorst, A., Fluke, J. & Walper, S. (2020). Risk factors for child abuse, neglect and exposure to intimate partner violence in early childhood: Findings in a representative cross-sectional sample in Germany. *Child Abuse & Neglect, 106*, 104487.

Lohmann, A. (2015). *Kooperationen in Frühen Hilfen: Ansätze zur zielorientierten Gestaltung*. Weinheim: Beltz Juventa.

Lohmann, A., Lenzmann, V., Bastian, P., Böttcher, W. & Ziegler, H. (2010). Zur Zusammenarbeit zwischen Kinder- und Jugendhilfe und Gesundheitswesen bei Frühen Hilfen – eine empirische Analyse der Akteurskonstellationen. In I. Renner & A. Sann (Hrsg.), *Forschung und Praxisentwicklung Früher Hilfen. Modellprojekte, begleitet vom Nationalen Zentrum Frühe Hilfe* (S. 182–201). Köln: NZFH.

Lohmann, S. (2007). Beziehungsgestaltung zwischen Hebamme und Frau. In V. J. Bloemeke (Hrsg.), *Psychologie und Psychopathologie für Hebammen. Die Betreuung von Frauen mit psychischen Problemen* (S. 90–99). Stuttgart: Hippokrates-Verl.

Lohmann, S., Mattern, E. & Ayerle, G. M. [G. M.]. (2018). Midwives' perceptions of women's preferences related to midwifery care in Germany: A focus group study. *Midwifery, 61*, 53–62.

Lois, D. (2013). Zur Erklärung von sozialer Ansteckung beim Übergang zur Elternschaft. *KZfSS Kölner Zeitschrift für Soziologie und Sozialpsychologie, 65*(3), 397–422.

Ludwig-Körner, C., Schöberl, G. & Derksen, B. (2010). Die helfende Beziehung in der STEEP TM-Arbeit. In I. Renner & A. Sann (Hrsg.), *Forschung und Praxisentwicklung Früher Hilfen. Modellprojekte, begleitet vom Nationalen Zentrum Frühe Hilfe* (S. 163–178). Köln: NZFH.

MacMillan, H. L. (2000). Preventive health care, 2000 update: prevention of child maltreatment. *CMAJ: Canadian Medical Association Journal, 163*(11), 1451–1458.

Makowsky, K. & Schücking, B. (2010). Familienhebammen im Landkreis Osnabrück: Perspektive von Nichtnutzerinnen und Zugänge. In I. Renner & A. Sann (Hrsg.), *Forschung und Praxisentwicklung Früher Hilfen. Modellprojekte, begleitet vom Nationalen Zentrum Frühe Hilfe* (S. 280–295). Köln: NZFH.

Makowsky, K. & Schücking, B. (2013). Erleben der Betreuung durch Familienhebammen aus der Perspektive (werdender) Mütter in psychosozial belastenden Lebenslagen. In K. Makowsky & B. Schücking (Hrsg.), *Was sagen die Mütter? Qualitative und quantitative Forschung rund um Schwangerschaft, Geburt und Wochenbett* (Gesundheitsforschung, S. 168–185). Weinheim: Beltz Juventa.

Makowsky, K. & Wallmeyer-Andres, P. (2015). *Abschlussbericht des Forschungsprojekts: „Qualitätskonzepte von Familienhebammen". Berichte aus Forschung und Lehre (Nr. 39)*. Zugriff am 06.03.2017. Verfügbar unter: https://www.fh-bielefeld.de/forschung/qfamheb

Mändle, C. (2003a). Aufgaben und Tätigkeitsbereiche der Hebamme. In C. Mändle, S. Opitz-Kreuter & A. Wehling (Hrsg.), *Das Hebammenbuch. Lehrbuch der praktischen Geburtshilfe* (4. Aufl., S. 1–3). Stuttgart: Schattauer.

Mändle, C. (2003b). Schwangerenvorsorge. In C. Mändle, S. Opitz-Kreuter & A. Wehling (Hrsg.), *Das Hebammenbuch. Lehrbuch der praktischen Geburtshilfe* (4. Aufl., S. 135–166). Stuttgart: Schattauer.

Marsden, P. V. (2005). Recent Developments in Network Measurement. In P. J. Carrington, J. Scott & S. Wasserman (Eds.), *Models and methods in social network analysis* (Structural analysis in the social sciences 28, S. 8–30). Cambridge: Cambridge University Press.

Masten, A. S. & Gewirtz, A. H. (2006). Vulnerability and Resilience in Early Child Development. In K. McCartney & D. Phillips (Eds.), *Blackwell handbook of early childhood development* (Blackwell handbooks of developmental psychology, S. 22–42). Malden, Mass.: Blackwell Publ.

Mattern, E., Ayerle, G. M. & Behrens, J. (2012). *Zieldefinitionen für das berufliche Handeln von Familienhebammen. Eine Expertise im Auftrag des Nationalen Zentrums Frühe Hilfen* (Materialien zu frühen Hilfen Expertise, Bd. 5). Köln: NZFH.

Mattern, E. & Lange, U. (2012a). Die Rolle der Familienhebammen im System der Frühen Hilfen. *Frühe Kindheit Sonderausgabe, 14*, 66–75.

Mattern, E. & Lange, U. (2012b). Die Rolle der Familienhebammen im System der Frühen Hilfen. *Frühe Kindheit Sonderausgabe, 14*, 66–75.

Moosbrugger, H. & Kelava, A. (Hrsg.). (2012). *Testtheorie und Fragebogenkonstruktion* (2., aktual. und überarb. Aufl.). Berlin, Heidelberg: Springer-Verlag Berlin Heidelberg.

Moosbrugger, H. & Schermelleh-Engel, K. (2012). Explorative (EFA) und konfirmatorische Faktorenanalyse (CFA). In H. Moosbrugger & A. Kelava (Hrsg.), *Testtheorie und Fragebogenkonstruktion* (2., aktual. und überarb. Aufl., S. 325–344). Berlin, Heidelberg: Springer-Verlag Berlin Heidelberg.

Munder, T., Wilmers, F., Leonhart, R., Linster, H. W. & Barth, J. (2010). Working Alliance Inventory-Short Revised (WAI-SR): psychometric properties in outpatients and inpatients. *Clinical Psychology & Psychotherapy, 17*(3), 231–239.

Munro, S., Kornelsen, J. & Grzybowski, S. (2013). Models of maternity care in rural environments: barriers and attributes of interprofessional collaboration with midwives. *Midwifery, 29*(6), 646–652.

Neumann, A. & Renner, I. (2016). Barrieren für die Inanspruchnahme Früher Hilfen. Die Rolle der elterlichen Steuerungskompetenz. *Bundesgesundheitsblatt, Gesundheitsforschung, Gesundheitsschutz, 59*(10), 1281–1291.

Nievar, M. A., van Egeren, L. A. & Pollard, S. (2010). A meta-analysis of home visiting programs: Moderators of improvements in maternal behavior. *Infant Mental Health Journal, 31*(5), 499–520.

NZFH (Hrsg.). (2010). *Bundeskongress des Nationalen Zentrums Frühe Hilfen: Dokumentation*. Köln: NZFH.

NZFH. (2012). *Bestandsaufnahme frühe Hilfen – Dritte Teiluntersuchung: Kurzbefragung Jugendämter 2012* (Kompakt). Köln: NZFH.

NZFH. (2013). *Der Einsatz von Familienhebammen in Netzwerken Früher Hilfen: Leitfaden für Kommunen*. Köln: NZFH.

NZFH. (2014a). *Bundesinitiative Frühe Hilfen: Zwischenbericht 2014*. Köln: NZFH.

NZFH. (2014b). *Empfehlungen zu Qualitätskriterien für Netzwerke Früher Hilfen. Beitrag des NZFH-Beirates*. Köln: NZFH.
NZFH. (2014c). *Modellprojekte in den Ländern. Zusammenfassende Ergebnisdarstellung* (2. Aufl.). Köln: NZFH.
NZFH. (2015). *Verantwortungsgemeinschaft in den Frühen Hilfen. Regelungsstand und Regelungsbedarfe in den sozialrechtlichen Bezugssystemen. Beitrag des NZFH-Beirats*. Köln: Kompakt 4.
NZFH. (2016a). *Beiträge zur Qualitätsentwicklung im Kinderschutz. Qualitätsindikatoren für den Kinderschutz in Deutschland: Analyse der nationalen und internationalen Diskussion – Vorschläge für Qualitätsindikatoren* (Expertise, 6 Bände). Bonn: NZFH.
NZFH. (2016b). *Bundesinitiative Frühe Hilfen: Bericht 2016*. Köln: NZFH.
NZFH. (2020). *Qualitätsentwicklung in der Praxis unterstützen: Kommunale Qualitätsdialoge Frühe Hilfen. 1. Zwischenbericht 2019/2020*, NZFH.
NZFH. (2021a). *Frühe Hilfen aktuell 2/2021*. Köln: NZFH.
NZFH. (2021b). *Frühe Hilfen: Ein Überblick*. Köln: NZFH.
NZFH. (2021c). *Qualifizierungsmodule für Gesundheitsfachkräfte*. Zugriff am 10.10.2021. Verfügbar unter: https://www.fruehehilfen.de/qualitaetsentwicklung-fruehe-hilfen/qualifizierung/qualifizierungsmodule-fuer-gesundheitsfachkraefte/
Oerter, R. (2018). Entwicklung. In H.-U. Otto, H. Thiersch, R. Treptow & H. Ziegler (Hrsg.), *Handbuch Soziale Arbeit. Grundlagen der Sozialarbeit und Sozialpädagogik* (6., überarb. Aufl., S. 315–326). München: Ernst Reinhardt Verlag.
Olds, D. L. (1990). Can Home Visitation Improve the Health of Women and Children at Environmental Risk? *Pediatrics*, *86*(1), 108–116.
Olds, D. L. (2002). Prenatal and Infancy Home Visiting by Nurses: From Randomized Trials to Community Replication. *Prevention Science*, *3*(3), 153–172.
Olds, D. L. (2006). The nurse-family partnership: An evidence-based preventive intervention. *Infant Mental Health Journal*, *27*(1), 5–25.
Olds, D. L. (2010). The Nurse-Family Partnership: From Trials to Practice. In A. J. Reynolds, A. J. Rolnick, M. M. Englund & J. A. Temple (Hrsg.), *Childhood Programs and Practices in the First Decade of Life* (S. 49–75). Cambridge: Cambridge University Press.
Olds, D. L., Hill, P., Robinson, J., Song, N. & Little, C. (2000). Update on home visiting for pregnant women and parents of young children. *Current Problems in Pediatrics*, *30*(4), 107–141.
Olds, D. L. & Kitzman, H. (1993). Review of Research on Home Visiting for Pregnant Women and Parents of Young Children. *The Future of children*, *3*(3), 53.
Olds, D. L., Kitzman, H., Cole, R. & Robinson, J. (1997). Theoretical foundations of a program of home visitation for pregnant women and parents of young children. *Journal of Community Psychology*, *25*(1), 1–25.
Pabst, C., Küster, E.-U. & Sann, A. (2017). *Ziele und Methoden der Kommunalbefragungen. Faktenblatt 1 zu den Kommunalbefragungen zum Auf- und Ausbau der Frühen Hilfen*. Köln: NZFH.
Perry, B. L., Pescosolido, B. A. & Borgatti, S. P. (2018). *Egocentric network analysis: foundations, methods, and models* (Structural analysis in the social sciences 44). Cambridge: Cambridge University Press.
Petermann, F., Kusch, M. & Niebank, K. (1998). *Entwicklungspsychopathologie. Ein Lehrbuch*. Weinheim: Beltz Psychologie-Verl.-Union.

Petermann, F. & Resch, F. (2013). Entwicklungspsychopathologie. In F. Petermann (Hrsg.), *Lehrbuch der klinischen Kinderpsychologie* (7., überarb. und erw. Aufl., S. 57–76). Göttingen: Hogrefe.

Petermann, U., Petermann, F. & Damm, F. (2008). Entwicklungspsychopathologie der ersten Lebensjahre. *Zeitschrift für Psychiatrie, Psychologie und Psychotherapie, 56*(4), 243–253.

Psaila, K., Kruske, S., Fowler, C., Homer, C. & Schmied, V. (2014). Smoothing out the transition of care between maternity and child and family health services: perspectives of child and family health nurses and midwives'. *BMC Pregnancy and Childbirth, 14*, 151.

Psaila, K., Schmied, V., Fowler, C. & Kruske, S. (2015). Interprofessional collaboration at transition of care: perspectives of child and family health nurses and midwives. *Journal of Clinical Nursing, 24*(1–2), 160–172.

Ramsey, J. B. (1969). Tests for Specification Errors in Classical Linear Least Squares Regression Analysis. *Journal of the Royal Statistical Society, Series B, 31*(2), 350–371.

Rassenhofer, M. (2020). Kinderschutz in Deutschland. In K. H. Brisch, W. Sperl & K. Kruppa (Hrsg.), *Early Life Care. Frühe Hilfen von der Schwangerschaft bis zum 1. Lebensjahr: das Grundlagenbuch* (S. 205–213). Stuttgart: Klett-Cotta.

Renner, I. (2010). Zugangswege zu hoch belasteten Familien über ausgewählte Akteure des Gesundheitssystems. Ergebnisse einer explorativen Befragung von Modellprojekten Früher Hilfen. *Bundesgesundheitsblatt: Gesundheitsforschung, Gesundheitsschutz*, 10, S. 1048–1055.

Renner, I. (2012). *Wirkungsevaluation »Keiner fällt durchs Netz« – Ein Modellprojekt des Nationalen Zentrums Frühe Hilfen* (Kompakt). Köln: NZFH.

Renner, I., Saint, V., Neumann, A., Ukhova, D., Horstmann, S., Boettinger, U. et al. (2018). Improving psychosocial services for vulnerable families with young children: strengthening links between health and social services in Germany. *BMJ, 363*, k4786. Zugriff am 15.05.2021. Verfügbar unter: https://www.bmj.com/content/bmj/363/bmj.k4786.full.pdf

Renner, I. & Sann, A. (2010). Forschung und Praxisentwicklung Früher Hilfen. In I. Renner & A. Sann (Hrsg.), *Forschung und Praxisentwicklung Früher Hilfen. Modellprojekte, begleitet vom Nationalen Zentrum Frühe Hilfe* (S. 6–10). Köln: NZFH.

Renner, I. & Sann, A. (2013). Frühe Hilfen: Die Prävalenz des Bedarfs. In NZFH (Hrsg.), *Datenreport Frühe Hilfen* (S. 14–16). Köln: NZFH.

Renner, I. & Scharmanski, S. (2016). Gesundheitsfachkräfte in den Frühen Hilfen: Hat sich ihr Einsatz bewährt? *Bundesgesundheitsblatt, Gesundheitsforschung, Gesundheitsschutz, 59*(10), 1323–1331.

Renner, I., Scharmanski, S., van Staa, J., Neumann, A. & Paul, M. (2018). Gesundheit und Frühe Hilfen: Die intersektorale Kooperation im Blick der Forschung. *Bundesgesundheitsblatt, Gesundheitsforschung, Gesundheitsschutz, 61*(10), 1225–1235.

Renner, I., van Staa, J., Neumann, A., Sinß, F. & Paul, M. (2021). Frühe Hilfen aus der Distanz – Chancen und Herausforderungen bei der Unterstützung psychosozial belasteter Familien in der COVID-19-Pandemie. *Bundesgesundheitsblatt, Gesundheitsforschung, Gesundheitsschutz*. Zugriff am 03.11.2021. Verfügbar unter: https://doi.org/10.1007/s00103-021-03450-6

Rettig, H., Schröder, J. & Zeller, M. (2017). *Das Handeln von Familienhebammen: Entgrenzen, abgrenzen, begrenzen*. Weinheim, Basel: Beltz Juventa.

Rogers, E. M. (1983). *Diffusion of innovations* (3. Aufl.). New York, NY: Free Press.

Röhrle, B., Christiansen, H. & Schücking, B. (2012). *Hebammen-Präventionsstudie (HPS). Abschlussbericht 28.11.2012.* Zugriff am 10.10.2014. Verfügbar unter: https://docplayer. org/22862258-Hebammen-praeventionsstudie-hps.html

Rohs, M. (2014). *Massive Open Online Courses & Soziale Exklusion,* Jahrestagung der Deutsche Gesellschaft für wissenschaftliche Weiterbildung und Fernstudium. Zugriff am 10.10.2021. Verfügbar unter: https://dgwf.net/files/web/ueber_uns/jahrestagungen/2014/Vortraege/8.1-PPHH.pdf

Rönnau, M. & Fröhlich-Gildhoff, K. (2008). *Elternarbeit in der Gesundheitsförderung: Angebote und Zugangswege unter besonderer Berücksichtigung der Zielgruppe „schwer erreichbare Eltern". Expertise.* Stuttgart: Regierungspräsidium Stuttgart, Landesgesundheitsamt.

Rutter, M. (1990). Psychosocial resilience and protective mechanisms. In J. Rolf, A. S. Masten, D. Cicchetti, K. H. Nuchterlein & S. Weintraub (Hrsg.), *Risk and protective factors in the development of psychopathology* (S. 181–214). Cambridge: Cambridge University Press.

Rutter, M. (1996). Developmental psychopathology: Concepts and Prospects. In M. F. Lenzenweger & J. J. Haagaard (Eds.), *Frontiers of developmental psychopathology* (S. 209–237). New York: Oxford University Press.

Salaschek, M. & Nöcker, G. (2018). Online-Community für kommunale Akteure in der Gesundheitsförderung: Analyse von Bedarf und Nutzungsverhalten. *Bundesgesundheitsblatt, Gesundheitsforschung, Gesundheitsschutz, 61*(10), 1270–1278.

Salzmann, D., Lorenz, S., Sann, A., Fullerton, B., Liel, C., Schreier, A. et al. (2017). Wie geht es Familien mit Kleinkindern in Deutschland? In NZFH (Hrsg.), *Datenreport Frühe Hilfen: Ausgabe 2017* (S. 6–23). Köln: NZFH.

Sann, A. (2010). Kooperationsformen in Bereich Früher Hilfen. In NZFH (Hrsg.), *Bundeskongress des Nationalen Zentrums Frühe Hilfen: Dokumentation* (S. 46–47). Köln: NZFH.

Sann, A. (2014). Zum Verhältnis von Politik und Frühen Hilfen: Interview. *Sozialmagazin, 26*(7-8), 22–29.

Sann, A. (2020). Frühe Hilfen in Deutschland. In K. H. Brisch, W. Sperl & K. Kruppa (Hrsg.), *Early Life Care. Frühe Hilfen von der Schwangerschaft bis zum 1. Lebensjahr: das Grundlagenbuch* (S. 144–164). Stuttgart: Klett-Cotta.

Sann, A. & Küster, E.-U. (2013). Zum Stand des Ausbaus Früher Hilfen in den Kommunen. In NZFH (Hrsg.), *Datenreport Frühe Hilfen* (S. 36–45). Köln: NZFH.

Sann, A. & Schäfer, R. (2008). Das Nationale Zentrum Früher Hilfen – eine Plattform zur Unterstützung der Praxis. In P. Bastian, A. Diepholz & E. Lindner (Hrsg.), *Frühe Hilfen für Familien und soziale Frühwarnsysteme* (S. 103–122). Münster: Waxmann.

Schall, M. (2020). Entstehung und Verwendung von Microlearning im Kontext des beruflichen Lernens. *Zeitschrift für Berufs- und Wirtschaftspädagogik, 116*(2), 214–249.

Scharmanski, S. & Renner, I. (2018). Gesundheitsfachkräfte in den Frühen Hilfen: Wie nützlich ist die Zusatzqualifikation? Eine quantitative Studie. *Pflege, 31*(5), 1–11.

Schleiffer, R. (2009). Konsequenzen unsicherer Bindungsqualität: Verhaltensauffälligkeiten und Schulleistungsprobleme. In H. Julius, B. Gasteiger-Klicpera & R. Kißgen (Hrsg.), *Bindung im Kindesalter. Diagnostik und Interventionen* (S. 39–63). Göttingen: Hogrefe.

Schlüter-Cruse, M. (2018). *Die Kooperation freiberuflicher Hebammen im Kontext Früher Hilfen. Dissertation zur Erlangung des Grades eines Philosophical Doctors (Ph.D.).* Witten/Herdecke: Universität Wittern/Herdecke.

Schlüter-Cruse, M. & Sayn-Wittgenstein, F. zu. (2017). Die Vertrauensbeziehung zwischen freiberuflichen Hebammen und Klientinnen im Kontext der interprofessionellen Kooperation in den Frühen Hilfen: Eine qualitative Studie. *Zeitschrift für Hebammenwissenschaft, 4.*

Schlüter-Cruse, M., Schnepp, W. & Sayn-Wittgenstein, F. zu. (2016). Interprofessional cooperation by midwives in the field of out-of-hospital obstetrical care: an integrative review. *International Journal of Health Professions, 3*(2), 136–152.

Schoen, H. (2015). Online-Befragung. In R. Diaz-Bone & C. Weischer (Hrsg.), *Methoden-Lexikon für die Sozialwissenschaften* (S. 296). Wiesbaden: Springer VS.

Schöllhorn, A., König, C., Künster, A. K., Fegert, J. M. & Ziegenhain, U. (2010). Lücken und Brücken. In I. Renner & A. Sann (Hrsg.), *Forschung und Praxisentwicklung Früher Hilfen. Modellprojekte, begleitet vom Nationalen Zentrum Frühe Hilfe* (S. 202–221). Köln: NZFH.

Schone, R. (2014). Frühe Hilfen: Versuch einer Standortbestimmung im Koordinatensystem des Kinderschutzes. *Sozialmagazin, 26*(8), 15–21.

Schott, D. & Niestroj, M. (2017). *Netzwerke Frühe Hilfen systemisch verstehen und koordinieren: Evaluationsbericht zum Qualifizierungsmodul.* Köln: NZFH in Zusammenarbeit mit der Deutschen Gesellschaft für Systemische Therapie, Beratung und Familientherapie e. V.

Schröder, J., Zeller, M. & Rettig, H. (2014). Familienhebammen als professionelle Grenzarbeiterinnen? *Sozialmagazin, 26*(7-8), 62–69.

Schrödter, M. & Ziegler, H. (2007). *Was wirkt in der Kinder- und Jugendhilfe? Internationaler Überblick und Entwurf eines Indikatorensystems von Verwirklichungschancen.* Münster: Institut für soziale Arbeit e. V.

Schücking, B. (2011). Der Anfang: Schwangerschaft, Geburt und Wochenbett als Grundlage der Mutter-Kind-Beziehung. In H. Keller (Hrsg.), *Handbuch der Kleinkindforschung* (4., vollst. überarb. Aufl., S. 368–389). Bern: Verlag Hans Huber.

Schwanda, S., Schneider, S., Künster, A. K., König, C., Schöllhorn, A., Ziesel, B. et al. (2008). Prävention von Kindeswohlgefährdung auf der Basis früher Hilfen und interdisziplinärer Kooperation am Beispiel des Modellprojekts „Guter Start ins Kinderleben". *Gesundheitswesen (Bundesverband der Ärzte des Öffentlichen Gesundheitsdienstes (Germany)), 70*(11), 696–701.

Sexauer, A. & Weichsel, D. (2017). MOOC als didaktisches Konzept. Perspektiven veränderter Lernwelten. In F. Thissen (Hrsg.), *Lernen in virtuellen Räumen* (S. 190–208). De Gruyter Saur.

SGB V. *§ 134a Versorgung mit Hebammenhilfe.* Zugriff am 22.10.2018. Verfügbar unter: https://www.sozialgesetzbuch-sgb.de/sgbv/134a.html

Sierau, S., Jungmann, T. & Herzberg, P. Y. (2013). First-time parenthood under socially disadvantaged conditions: Linking caregivers' experiences of avoidance and relationship satisfaction with feelings of closeness to the infant. *Journal of Family Studies, 19*(2), 196–206.

Simon, S., Schnepp, W. & Sayn-Wittgenstein, F. zu. (2017). Die berufliche Praxis von Hebammen in der ambulanten Wochenbettbetreuung: eine Literaturanalyse. *Zeitschrift fur Geburtshilfe und Neonatologie, 221*(1), 12–24.

Social Science Statistics. (2018). *Critical Values Calculator*. Social Science Statistics. Zugriff am 27.10.2021. Verfügbar unter: https://www.socscistatistics.com/tests/criticalv alues/default.aspx

Sroufe, L. A., Carlson, E. A., Levy, A. K. & Egeland, B. (1999). Implications of attachment theory for developmental psychopathology. *Development and Psychopathology, 11*(1), 1–13.

Stamm, A. (2017). Nationales Gesundheitsziel: Gesundheit rund um die Geburt. *Die Hebamme: Fortbildungszeitschrift für Hebammen und Entbindungspfleger, 30*, 76–77.

Stiftung EINE CHANCE FÜR KINDER. (2020). *Handlungsempfehlungen für Koordinatorinnen zu dem Einsatz von Fachkräften Frühe Hilfen (FHFH)* (Schriftenreihe der Stiftung, Bd. 22). Hannover.

Streiner, D. L. (2003). Starting at the beginning: an introduction to coefficient alpha and internal consistency. *Journal of Personality Assessment, 80*(1), 99–103.

Suchodoletz, W. von (2007). Möglichkeiten und Grenzen von Prävention. In W. v. Stünzer (Hrsg.), *Prävention von Entwicklungsstörungen* (S. 1–9). Göttingen: Hogrefe.

Suess, G. J., Mali, A. & Bohlen, U. (2010). Einfluss des Bindungshintergrunds der HelferInnen auf Effekte der Intervention: Erste Ergebnisse und Erfahrungen aus dem Praxisforschungsprojekt „Wie Elternschaft gelingt (WiEge)". In I. Renner & A. Sann (Hrsg.), *Forschung und Praxisentwicklung Früher Hilfen. Modellprojekte, begleitet vom Nationalen Zentrum Frühe Hilfe* (S. 147–162). Köln: NZFH.

Taubner, S., Munder, T., Unger, A. & Wolter, S. (2013a). Wirksamkeitsstudien zu Frühen Hilfen in Deutschland: Ein narratives Review. *Kindheit und Entwicklung, 22*(4), 232–243.

Taubner, S., Munder, T., Unger, A. & Wolter, S. (2013b). Zur Wirksamkeit präventiver Früher Hilfen in Deutschland – ein systematisches Review und eine Metaanalyse. *Praxis der Kinderpsychologie und Kinderpsychiatrie, 62*(8), 598–619.

Thaiss, H. M. (2016). Frühe Hilfen in Deutschland – Chancen und Herausforderungen [Not Available]. *Bundesgesundheitsblatt, Gesundheitsforschung, Gesundheitsschutz, 59*(10), 1245–1246.

Toussaint, J. K. (2007). Eltern-Kind-Bindung. In V. J. Bloemeke (Hrsg.), *Psychologie und Psychopathologie für Hebammen. Die Betreuung von Frauen mit psychischen Problemen* (S. 310–356). Stuttgart: Hippokrates-Verl.

Trappmann, M., Hummell, H. J. & Sodeur, W. (2011). *Strukturanalyse sozialer Netzwerke. Konzepte, Modelle, Methoden* (2., überarb. Aufl.). Wiesbaden: VS Verlag für Sozialwissenschaften/Springer Fachmedien Wiesbaden GmbH.

Vajargah, F. V. & Nikbakht, M. (2015). Application Remlmodel and determining cut off of ICC bei Multi-Level Model based on Marcov Chains Simulation in health. *Journal of Fundamental and Applied Life Sciences, 5*(S2), 1432–1448.

Veith, S. (2016). *Evaluation des Netzwerkes der Frühen Hilfen in der Hansestadt Rostock: Im Auftrag des Amtes für Jugend und Soziales der Hansestadt Rostock*. Rostock: Universität Rostock. Zugriff am 03.03.2018. Verfügbar unter: https://www.iasp.uni-rostock.de/sto rages/uni-rostock/Alle_PHF/IASP/Projektberichte_und_OEffentlichkeitsarbeit/Publik ationen/Bericht_Evaluation_des_Netzwerks_der_Fruehen_Hilfen_in_Rostock_09.2016. pdf

Verbeek, M. (2015). *Moderne Ökonometrie*. Weinheim: Wiley-VCH.
Vonderlin, E. & Pauen, S. (2013). Von Null bis Drei: Entwicklungsrisiken und Entwicklungsabweichungen. In F. Petermann (Hrsg.), *Lehrbuch der klinischen Kinderpsychologie* (7., überarb. und erw. Aufl., S. 77–99). Göttingen: Hogrefe.
Voß, K. (2015). *Kindeswohlgefährdung bei häuslicher Gewalt! – 10 Jahre Kinder- und Jugendberatung in M-V,* Interventionsstelle gegen häusliche Gewalt und Stalking in M-V. Vortrag der interdisziplinären Fachtagung am 16.09.2015. Zugriff am 29.11.2019. Verfügbar unter: http://www.fhf-rostock.de/fileadmin/infopool/kindeswohlgefaehrdung/Kindeswohlgefaehrdung_bei_haeuslicher_Gewalt_-_10_Jahre_Kinder-_und_Jugendberatung_in_M-V.pdf
Voß, S. (2015). Mehrebenenanalysen. In K. Koch & S. Ellinger (Hrsg.), *Empirische Forschungsmethoden in der Heil- und Sonderpädagogik. Eine Einführung* (Lehrbuch, S. 207–214). Göttingen: Hogrefe.
Wagner, P. & Hering, L. (2014). Online-Befragung. In N. Baur & J. Blasius (Hrsg.), *Handbuch Methoden der empirischen Sozialforschung* (Handbuch, S. 660–673). Wiesbaden: Springer VS.
Weber, M., Tilch, S. & Schuster, G. (2021). Blended Learning – Positionierung zwischen Fern- und Präsenzstudium. In C. Hattula, J. Hilgers-Sekowsky & G. Schuster (Hrsg.), *Praxisorientierte Hochschullehre. Insights in innovative sowie digitale Lehrkonzepte und Kooperationen mit der Wirtschaft* (S. 339–349). Wiesbaden: Springer Gabler.
White, H. C. (2008). *Identity and Control. How Social Formations Emerge* (2. Aufl.). Princeton: Princeton University Press.
Wilmers, F. & Munder, T. (2016). WAI-SR: Working Alliance Inventory – Revidierte Kurzversion. In K. Geue, B. Strauß & E. Brähler (Hrsg.), *Diagnostische Verfahren in der Psychotherapie* (Diagnostik für Klinik und Praxis, Band 1, 3., überarb. und erw. Aufl., S. 511–514). Göttingen: Hogrefe.
Wilmers, F., Munder, T., Leonhardt, R., Herzog, T., Plassmann, R., Barth, J. & Linster, H. W. (2008). Die deutschsprachige Version des Working Alliance Inventory – short revised (WAI-SR). Ein schulenübergreifendes, ökonomisches und empirisch validiertes Instrument zur Erfassung der therapeutischen Allianz. *Klinische Diagnostik und Evaluation*, 3, S. 343–358.
Wolf, C. (2010). Egozentrierte Netzwerke: Datenerhebung und Datenanalyse. In C. Stegbauer & R. Häußling (Hrsg.), *Handbuch Netzwerkforschung* (Netzwerkforschung, Bd. 4, S. 471–483). Wiesbaden: VS Verlag für Sozialwissenschaften.
Wolff, R. (2008). Die strategische Herausforderung – ökologisch-systemische Entwicklungsperspektiven der Kinderschutzarbeit. In U. Ziegenhain & J. M. Fegert (Hrsg.), *Kindeswohlgefährdung und Vernachlässigung* (Beiträge zur Frühförderung interdisziplinär, Bd. 15, 2., durchges. Aufl., S. 37–51). München: Reinhardt.
Ziegenhain, U. (2008). Stärkung elterlicher Beziehungs- und Erziehungskompetenzen – Chance für präventive Hilfen im Kinderschutz. In U. Ziegenhain & J. M. Fegert (Hrsg.), *Kindeswohlgefährdung und Vernachlässigung* (Beiträge zur Frühförderung interdisziplinär, Bd. 15, 2., durchges. Aufl., S. 119–127). München: Reinhardt.
Ziegenhain, U., Derksen, B. & Dreisörner, R. (2004). Frühe Förderung von Resilienz bei jungen Müttern und ihren Säuglingen. *Kindheit und Entwicklung*, *13*(4), 226–234.

Ziegenhain, U., Fries, M., Bütow, B. & Derksen, B. (2004). *Entwicklungspsychologische Beratung für junge Eltern. Grundlagen und Handlungskonzepte für die Jugendhilfe* (Familienbildung und Beratung). Weinheim: Juventa-Verl.

Ziegenhain, U., Schöllhorn, A., Künster, A. K., Hofer, A., König, C. & Fegert, J. M. (2011). *Werkbuch Vernetzung. Modellprojekt Guter Start ins Kinderleben: Chancen und Stolpersteine interdisziplinärer Kooperation und Vernetzung im Bereich Früher Hilfen und im Kinderschutz* (4. Aufl.). Köln: NZFH c/o BZgA.

Zimmermann, P. (2000). Bindung, internale Arbeitsmodelle und Emotionsregulation: Die Rolle von Bindungserfahrungen im Risiko-Schutz-Modell. *Frühförderung Interdisziplinär, 19*(3), 119–129.

Zimmermann, P. (2002). Von Bindungserfahrungen zur individuellen Emotionsregulation: Das entwicklungspsychologische Konzept der Bindungstheorie. In B. Strauß & U. Bade (Hrsg.), *Klinische Bindungsforschung: Theorien, Methoden, Ergebnisse* (S. 147–161). Stuttgart: Schattauer.

Zimmermann, P., Vierhaus, M., Eickhorst, A., Sann, A. [A.], Egger, C., Förthner, J. et al. (2016). Aufwachsen unter familiärer Belastung in Deutschland: Design und Methoden einer entwicklungspsychologischen Studie zu Risiko- und Schutzmechanismen bei Familien mit unterschiedlicher psychosozialer Belastung. *Bundesgesundheitsblatt, Gesundheitsforschung, Gesundheitsschutz, 59*(10), 1262–1270.

Züll, C. & Menold, N. (2019). Offene Fragen. In N. Baur & J. Blasius (Hrsg.), *Handbuch Methoden der empirischen Sozialforschung* (S. 855–861). Wiesbaden: Springer VS.

Printed by Printforce, the Netherlands